성과와 결과를 창출하는
유능한 미래정부의 조건

The
B·L·U·E

Basics·Linkages·Unity·Equilibrium

Government

이 석 환

法 文 社

머 리 말

　인류는 나약한 존재임에 분명하다. 코로나 바이러스로 인해 전 세계의 경제와 사회활동이 위축되고 가라앉으면서 앞으로 코로나 바이러스가 정복된다 하더라도 모든게 정상으로 회복되기까지는 시간이 걸릴 수밖에 없음을 우리는 잘 알고 있다. 코로나 바이러스는 분명 우리의 일상생활과 살아가는 방식에 확실한 변화를 가져다 주었다. 비대면 강의와 회의, 재택근무, 사회적 거리두기, 실내·실외 마스크 착용 의무화, 주요 방문 장소마다 개인 동선 파악 및 기록화 등등 과거에 우리에게 익숙하지 않았던 상황들의 출현은 우리에게 새로운 삶의 방식을 요구하고 있고 행동양식과 문화는 더 빠른 속도로 변화하고 있다.

　한편 그 어느 때보다도 정부의 역할이 중요한 시기가 되었다. 정부는 방역과 경제라는 두 마리의 토끼를 동시에 잡아야 하는 어려운 책무를 맡고 있다. 방역은 국가가 결정하고 주도해야 하지만, 경제는 국가가 결정하고 주도하는 과정에서 많은 문제를 남긴다. 지금같이 어려운 시기에 세계 각국의 정부들은 정부주도의 경기부양 정책이나 어려운 소상공인을 위한 지원정책, 서민들에 대한 복지정책 들을 양산하고 이를 주도해 나갈 수밖에 없지만 말이다.

　필자가 가장 염려하는 부분이 이 부분인데 이렇게 코로나 여파로 인하여 긍정적 의도로 만들어진 경기부양을 위한 각종 지원프로그램들이 한번 만들어지면 나중에 코로나가 진정되었을 때 (즉 시기가 지났음에도 불구하고) 자동적으로 축소되거나 폐기되지 않을 확률이 높다는 점이다. 이미 만들어진 프로그램들은 유사한 다른 문제가 생기면 그쪽으로 응용되어 적용되고 예산과 인력은 그에 따라 더 늘어날 것이다. 결과(results)는 없는 상태에서 (오히려 예상치 못한 다른 문제가 더 파급되면서) 세금은 올라갈 것이고 정부도 점점 재정압박을 겪을 수밖에 없는데 정부가 이런 프로그램들을 과감하게 딱 잘라 버릴 수 없다는 것이 문제이다.

계속 체중이 늘어가고 병이 들어가며 올바른 성과와 결과를 보여주지 못하는 정부를 보면서 국민들은 정부를 신뢰하기 어렵다고 생각하게 되고 정부와 함께 살기 힘들다는 생각을 하게 될 것이다.

우리나라뿐 아니라 전 세계적으로 정부라는 조직에 대한 국민의 신뢰도는 점점 하락하고 있다. 처음부터 그랬을까? 아마도 아닐 것이다. 미국 독립선언서의 기초자이자 제3대 대통령이며, 건국의 아버지(founding father) 중 한 사람인 Thomas Jefferson은 정부의 목적을 "사람들이 서로에게 피해와 상처를 주지 못하게 막아주는 것(the purpose of government is to prevent men from injuring one another)"이라고 하였다.[1]

Jefferson이 말한 정부의 목적을 기준으로 정부신뢰가 떨어지는 원인을 논리적으로 분석해 본다면, 점점 더 많은 사람들이 다른 많은 사람들에게 피해를 주게 되고 이것을 정부가 막지 못하게 되는 상황이 오랜 기간 동안 발생해 왔고 문제를 해결하기 위해 더 많은 조직을 만들고 세금을 더 걷어 왔지만 여전히 피해사례가 증가했다고 보아야 한다. 즉 정부는 시민들이 기대했던 성과와 결과(performance and results)를 내지 못해왔던 것이다. 시민들이 실망하고 정부에 불만을 갖는 것은 당연하다.

무엇이 정부를 이렇게 무능하게 만들었는가? 여기에는 수많은 원인이 있겠지만 기본적으로 정부가 일관된 원칙을 유지해 오지 못했고, 진짜문제(real problem)가 무엇인지를 찾기 위해 시간을 투자하는데 인색했으며, 그러면 그럴수록 성급하게 직접 무언가를 해보려고 달려들어 일을 오히려 그르치는 (즉 'governing'을 하기보다는 'doing'에 집중하는) 오류를 범했고, 이러한 과정에서 오히려 날로 비대해져 가는 몸집을 가지고 모든 것을 다 해보겠다는 고집을 부리다가 국민들의 신뢰를 져버렸다고 보는 것이 아마도 설득력 있는 설명이지 않을까 생각한다.

특히 통치(governing)와 관련하여서는 정부는 직접 행동을 취하는데 집중하기

---

[1] Thomas Jefferson이 언급한 말들 중 liberty와 rights에 대하여 가장 많이 인용되는 문구들이 있는데 정부의 목적(purpose of government)과 관련하여서는 적시하고 있는 내용들이 통일된 동일한 문장은 없다. 즉 Jefferson이 단 한 마디로 정부의 목적을 정의하지는 않았지만 가장 대표적으로 표현할 수 있는 문장이며 다른 문장들도 내용은 같다.

자세한 내용은 https://www.theartofgoodgovernment.org/previnj.html 참조.

보다는 사회 내에 존재하는 다양한 조직과 단체들을 움직여서 이들이 성과 (performance)를 내게 해야 하고, 그래야 정부가 의도했던 결과(results)가 달성될 수 있다는 점을 알아야 한다. 이것 통치(governing)이다.

결국 문제해결을 위해 투입이 지속적으로 늘어남에도 불구하고 올바른 성과 와 결과가 제대로 나오지 않고 살만 찌고 있다는 것이 정부가 앓고 있는 병일 것이다.

그렇다면 어떻게 정부의 병을 고칠 수 있을까?

필자는 성과와 결과를 내는 정부를 만들기 위해서는 전략적 성과관리의 관점 에서 4가지 조건이 반드시 지켜져야 한다고 주장하고 이른바 블루정부(Blue Government)의 개념을 주창한다. 즉, 4가지 요소를 BLUE라는 단어의 이니셜을 이용해서 기초가 튼튼한 조직(Basics), 연계가 튼튼한 조직(Linkage), 사회와 조화 가 잘 되는 조직(Unity), 평형이 잘 유지되는 조직(Equilibrium)으로 구분하고 정 부조직은 이 부분을 중심으로 성과관리와 평가를 해야 하며, 이러한 요소들이 잘 지켜지는지를 시민들이 선거를 통해 감시해야 하고 국회가 정부를 견제할 때 중요한 판단기준으로 활용해야 한다고 주장한다.

블루정부(Blue Government)가 작동하기 위해서는 공무원이 깨어있어야 하고 4가지 핵심요소를 중심으로 한 성과관리와 평가가 중요하지만 무엇보다도 시민 이 깨어있어야 하고 국회(특히 정당)가 깨어있어야 한다. 그렇기 때문에 이 책은 공무원들뿐만 아니라 정부와 사회, 국가의 미래에 관심이 있는 시민들과 선출직 기관장, 국회의원, 시의원들에게 필독을 추천한다. 또 정부와 기업간 경계선이 모호해지는 세상을 겪으면서 기업 또한 Blue Government와 전혀 다른 조직일 수 없고 기업도 사회적 책임과 사회적 가치의 추구를 통하여 '이윤의 극대화'가 아닌 사회와 기업의 재투자를 위한 '최소한의 이윤'을 목표로 하는 조직이어야 함을 고려할 때 사회와 함께 지속가능한 기업을 운영하고 싶은 기업인들에게도 꼭 필요한 서적이라고 생각한다. 이분들께도 필독을 추천한다. 미국의 정치/행정 학자인 Hindy Schachter(1996)가 주장했듯이 "생산적인 사회는 생산적인 정부에 달려있기 때문이다(productive society depends on productive government)."

이러한 명제와 함께 이 책은 필자가 2008년도에 출간한 「UOFO (Unreasonable Objectives-focused Organization): 신뢰받는 정부와 기업을 위한 전략적 성과관리(법문사)」에서 다루었던 내용의 연장선상에서 지난 10년 이상의 환경변화에 따른 이론과 실제 간에 벌어진 gap을 메우고 한 단계 더 진보한 공공부문의 전략적 성과관리에 대한 이해를 돕기 위하여 새롭게 쓰여지게 되었다.

이 책의 구성은 다음과 같은 순서로 배열되었다.

먼저 이 책은 총 8개의 프롤로그로 시작한다. 8개의 프롤로그들은 BLUE Government를 주창하게 된 필자의 생각의 배경을 담고 있다. 먼저 BLUE Government의 실체를 밝힘과 동시에 성과관리의 본질, 정부와 국민간 관계와 역할, 행정학의 충돌하는 가치에 대한 관점의 재해석, 100년이 지나도 변화해서는 안 될 가치들에 대한 소고, 미래를 예측하지 않는 전략적 기획의 의미와 중요성, 4차 산업혁명시대와 인간의 본성을 통해 본 미래사회의 운명, 그리고 이 모든 것을 주도해야 하는 숙명을 안고 있는 행정과 행정학의 미래에 대하여 담론 수준에서 필자의 생각을 공유한다. 시간이 없는 독자들은 사실 머리말과 8개의 프롤로그만 읽어 보아도 Blue Government의 실체를 이해할 수 있다고 믿는다.

제1편에서는 기존의 행정학이 던진 딜레마적 과제인 'public'과 'administration'의 양립할 수 없는 가치의 충돌을 넘어서 이 두 개의 가치가 왜 함께 공존하지 않으면 안 되고 왜 서로 인과적으로 연계되어 있을 수밖에 없는지를 밝힌다.

제2편에서는 전략적 성과관리에 대한 올바른 이해를 위하여 기본적인 개념, 잘못 이해되어 잘못 적용되고 있는 부분들을 밝힌다. 전략과 전술에 대한 구분을 명확히 해야 함을 밝히고 공공부문의 성과에 대한 정의를 새롭게 하며 기존의 성과관리 모델들이 잘못 적용되어지고 있는 부분에 대하여 밝히고 각 모델들의 취지를 자세히 설명한다.

제3편에서는 이 책의 가장 핵심적인 부분인 블루정부(Blue Government)의 4가지 요소의 의미와 주요 내용들을 각각 상세히 설명하고 국내외 민간과 공공부문의 다양한 사례들을 소개한다. Basics에서는 기본원칙이 튼튼한 조직의 조건들을 이야기 하고 Linkages에서는 성과지표를 중심으로 조직간 정렬과 함께 정

책문제를 정의하는 측면에서 리스크(Risk)와 결과(Result) 연계가 중요함을 강조한다. Unity에서는 사회 속에서의 정부의 역할과 기능에 관한 이야기를 통치(governing)기능 중심으로 풀어나간다. 마지막으로 Equilibrium에서는 정치로부터 자유로울 수 없는 행정과 이에 대한 견제세력으로서의 국민(citizen)의 역할을 강조하고 이들 간에 힘의 평형관계를 논의해 나간다.

그리고 마지막으로 두 개의 에필로그를 통해 Blue Government의 의미와 중요성을 다시 한번 강조하고 Blue Government가 가져다 줄 미래사회의 모습을 제시한다.

10년 전인 2011년 1차 연구년을 모교인 뉴저지주립대학교(Rutgers University)에서 방문교수로 보내면서 성과관리에 대한 공부를 업데이트 할 수 있었고 당시 박사과정 강의를 한 학기 맡으면서 정리했던 논문들이 나의 성과관리에 대한 식견과 경험을 증가시켜주는데 큰 도움을 주었다. 그리고 2020년에 2차 연구년을 보내면서 코로나-19로 인하여 미국대학에서의 연구가 불가능해 졌지만 국내에 머물며 다양한 실무에 참여해 보고 이론공부를 하게 된 것이 이 책의 출간을 돕는데 결정적인 역할을 하였다. 이 모든 과정에서 연구에 충전할 수 있는 기회를 두 번이나 준 국민대학교의 지원에 감사드린다.

이 책을 집필하는데 실로 오랜 세월이 걸렸다. 2011년부터 원고를 쓰기 시작했으니 10년이 다 걸린 셈이다. 물론 그것은 바쁘다는 핑계로 필자의 게으름이 90%일 것이고 나머지 10% 정도는 그만큼 오랜 세월동안 성과관리 및 평가의 실무 현장에서의 오랜 경험을 통하여 생각의 깊이가 더해지는 시간이 필요했다는 점도 부인할 수 없다.

평생을 성과측정과 생산성 분야에서 열정을 가지고 이 분야에서의 세계적인 대가로서 선도적 역할과 후학들을 열정적으로 양성하시다가 지난 7월에 은퇴하신 Marc Holzer 교수님의 통찰력과 지도에 늘 감사드린다. 시장과 정부의 역할에 대해 기초를 잡아주신 석사과정 지도교수님이셨고 지금은 고려대학교 명예교수님으로 계시는 안문석 교수님께 감사드린다. 또한 원고 집필 과정에서 개별 이슈에 대하여 좋은 의견을 나누며 이제는 연구 동료가 된 충북도립대학교의 조주연 교수, 대구한의학대학교의 장봉진 교수에게 감사드린다. 늘 선배들 그룹은 좋은 멘토들이다. 지방행정연구원의 주재복 박사님, 경인여대의 박성진 교수님, 한경대학교의 박국흠 교수님, 국무조정실의 라영재 국장님, 신구대학교의 이종욱 교수님께서는 함께 토론하며 이 책을 집필하는 과정 내내 아이디어를 다듬는데 있어서 통찰력을 불어넣어 주셨다. 이외에도 일일이 지면을 통하여 이름을 언급해 드리지 못한 많은 선후배 동료 학자님들께 깊이 감사드린다.

그리고 학교에서 행정대학원장, 교무처장, 대외협력처장으로 근무하며 연구실을 자주 비웠는데 내 연구실에서 늘 자리를 지키며 한 문장 한 문장 교정과 함께 참고문헌 체크를 도와준 석사를 마친 정길호 조교와 초기 원고의 편집과정을 꼼꼼히 챙겨주다 미국 University of North Texas 박사과정으로 유학을 떠난 전영환 조교에게도 이 자리를 빌어 고마움을 전한다. 또한 이번학기에 내 대학원 수업인 「전략적 성과관리」를 들으면서 이 책의 마지막 편집과 교정, 색인, 참고문헌 작업을 완벽하게 도와준 석사과정의 김태영 조교에게 특별한 감사를 전한다.

본서를 발행해 주신 법문사의 사장님과 영업부의 유진걸 대리님께 감사드리고 책 출판과정에서 꼼꼼하게 원고를 보아주시고 편집과 관련하여 많은 아이디어를 제안해 주신 편집부의 배은영 선생님께 감사드린다.

언제나 그렇듯이 이 책을 쓰면서 가족의 소중함을 언급하지 않을 수 없다. 평생을 내가 하는 일에 아무런 간섭을 하지 않고 공기처럼 내 주변에서 묵묵히 지켜봐주는 아내 김경연의 내조와 대학생이 된 큰아들 동준, 고등학교 1학년에 진학하여 공부하느라 힘들게 고생하는 작은아들 동현의 아빠에 대한 신뢰와 사랑이 없었다면 본인이 이 책에 집중할 수 없었을 것이다.

감사드린다.

2021년 8월
팬데믹이 종료되는 그 날을 간절히 바라며
북악산 기슭에서
저자 이 석환

차 례

에필로그

Prologue
I

무엇이 Blue Government인가?

　블루하우스(Blue House)를 얘기하는 것이 아니다. 코로나 블루에서의 '블루'처럼 어둡고 우울한 면을 얘기하는 것도 아니다. 그러나 역설적으로 정부가 이 책에서 얘기하는 4가지 조건을 지키지 못하면 진짜 '블루한(우울한)' 정부가 될 수도 있다는 점을 강조하고자 한다. '블루'가 '우울한 블루'로 가지 않기 위한 '블루 정부론'인 셈이다.

　이 책을 통하여 필자는 정부가 막대한 국민의 세금을 쏟아 붓고도 좀처럼 성과를 제대로 내지 못하는 이유와 국민에게 신뢰받지 못하는 이유를 파헤치고 싶었다. 아무리 정권이 바뀌고 여·야가 교체되어도 정부는 그대로 남아있고 정부가 일을 비효율적으로 하거나 일을 못해서 국민들로부터 비난받는 것은 변하지 않는다. 결국 정치권이 정부를 개선시키지 못했다는 얘기일 수도 있고 정치권의 영향을 받는 정부가 결국 정치권도 똑같이 비효율적으로 움직이고 일을 못해서 국민신뢰를 받지 못하기 때문에 정부를 개선시키지 못했다는 얘기일 수도 있다. 오늘의 이 문제가 정치권 탓인지, 정부 탓인지를 두고 논쟁하려는 생각은 없다.

여기에는 공공조직이 민간조직과 다르기 때문에 성과와 결과를 측정하기 어렵다는 해묵은 논쟁을 넘어서 행정학을 새로운 시각에서 바라보아야 한다는 절박한 학자적 연구욕망이 깔려있다. 정부가 영혼이 있는 행정을 펼치고 성과와 결과를 보여줄 수 있다면 국민들의 신뢰를 얻는 것은 시간문제 아닐까? 이는 비단 대한민국 정부의 문제만이 아니며 전 세계적으로 선진국 정부들이 겪고 있는 비슷한 문제이기도 하다.

본서에서는 성과를 측정할 수 있고 성과를 창출해 나가는 정부의 모습을 Blue Government라고 칭하고 이러한 정부의 조건을 4가지로 압축하여 설명하고자 하였다. 이 논의의 범위는 절대적으로 전략적 성과관리에 한정되고 있지만 본질적으로 전략적 성과관리가 기획, 조직, 인사, 예산, 자원배분, 의사결정을 포괄하는 종합적인 학문의 영역이기 때문에 전략적 성과관리의 실체를 명확하게 다룸으로써 성과와 결과를 내는 정부의 조건을 정의할 수 있다고 믿는다.

필자는 영혼이 살아있는 행정과 성과를 내는 정부의 4개의 조건을 BLUE라는 단어를 통하여 각 이니셜 별로 조금 더 구체적으로 나누어 설명하고자 한다.

B(Basics): 영혼이 살아있는 행정과 성과를 내는 정부가 되기 위해서는 먼저 기초가 튼튼해야 한다. 이러한 기초(basics)는 조직의 미션과 핵심목적, 핵심가치, 성과와 결과에 대한 정의가 세월이 아무리 흘러도 변하지 않아야 한다는 것이다. 아무리 환경이 바뀌고 변화하여도 100년이 지나도 조직이 지켜야 할 것들이 있는데 이 기초들을 못 지켜 나가면 영혼 없는 정부가 되고 만다. 이 기초가 무너지면 나머지 세 가지의 요소(L, U, E)들이 무의미하게 된다.

L(Linkages): 영혼이 살아있는 행정과 성과를 내는 정부가 되기 위한 두 번째 조건은 연계(linkages)이다. 이 연계는 지표와 조직(또는 조직부서단위)간의 연계와, 위험사슬(Risk Chain)과 결과사슬(Result Chain)간의 연계로 나뉜다. 특히 정책문제정의와 관련하여 위험 사슬(Risk Chain)에 대한 분석이 없이 결과사슬(Result Chain)만으로 문제를 정의하면 올바른 정책이 도출될 수 없음을 강조한다. 많은 경우에 정부는 이러한 두 가지 사슬(Chain) 중 위험사슬(또는 순응사슬)을 파악하지 못하여 올바른 정책문제를 정의하는데 실패했고, 이로 인하여 결과사슬(Result Chain)에만 의존하게 되어 정책문제정의에 실패함으로써 정책이 의도했던 목표를 달성하지 못하고 실패를 반복해 왔다는 점을 강조한다.

U(Unity): 이렇게 잘 설정된 지표연계와 정책문제가 잘 정의되고 나면 정부는 사회 속에 존재하는 다양한 정부외의 조직들을 동원하여 성과를 내야 한다. Unity는 조화와 통합, 내지는 통일체를 의미하는데 결국 조율과 협력을 통하여 사회내의 모든 조직들이(민간기업, 비정부단체, 개별시민들 포함) 함께 문제를 해결하고 이들이 성과를 내게 해 주어야 정부의 사회적 · 정치적 목표가 궁극적으로 달성된다는 것이다. 여기서 중요한 정리를 하면 정부는 개별조직의 입장에서 자신들의 목표만 보고 가는 '집행(doing)'을 하기 보다는 '통치(governing)'에 더 많은 집중을 해야 한다는 점이다(Drucker, 2003). Unity는 바로 '통치하는 정부(governing government)'를 요구하고 있는 것이다.

E(Equilibrium): 평형(Equilibrium)은 서로 반대방향으로 작용하는 힘이 있고 양쪽의 힘이 똑같아서 어느 쪽으로도 움직이지 않는 상태를 의미한다. 양쪽 중 한쪽은 '정치로부터 자유로울 수 없는 정부'이고 반대쪽 한쪽은 '국민'이다. 이 평형은 결국 이론상으로 B · L · U가 작동하면 자동으로 완성되어야 하는 것이다. 그러나 현실에서 이를 가로막는 영역이 있는데 그것은 바로 '정치(politics)'라는 점을 강조한다. 이것은 아이러니하게도 결국 '정치로부터 자유로울 수 없는 정부'가 지켜야 하는 '대 국민 책임성(accountability)'에 대한 이야기이다. 정치로부터 자유로울 수 없는 행정은 선거라는 정치시스템에 영향을 받아 산출(output) 중심의 공약을 쏟아내게 된다. 아무도 결과(results)에 대해서는 신경 쓰지 않고 조직과 프로그램의 규모는 늘어만 가며 이를 유지하기 위한 혈세의 낭비를 책임질 사람이 없다. 이를 견제하기 위해 정부 내에 성과보고(performance reporting) 제도를 만들고 플랫폼을 통해 공개하게 하여야 하며, 이를 토대로 국민들이 선거를 통하여 또는 주민소송을 통하여 결과를 보여주지 못하는 선출직 최고관리자들을 견제하여야 한다는 점을 강조한다.

이상과 같은 개념에 기초하여 본서는 이른바 'BLUE Government'를 주창하고 책임 있고 올바른 성과와 결과를 내는 영혼이 있는 정부조직의 운영모델을 제시하고자 하였다. 이를 위해서는 기존의 행정학이 가지고 있었던 전통적인 시각의 일부를 새롭게 수정해야 하는 상황이 발생한다. 본서에서는 이에 대한 부분도 함께 다루게 된다.

Prologue II

성과관리(Performance Management)란 무엇인가?

성과(performance)란 무엇일까? 성과는 산출물(output)로서 업적 내지는 실적이다. 보통 정책이나 사업은 정부의 산출물로서 업적이고 실적이다. 이 정책이나 사업은 그 내용에 있어서는 다양한 구성요소를 담고 있다고 보아야 한다. 올바른 정책을 내 놓는다는 것은 단지 '좋은 출발(good beginning)'일 뿐이다. 이것이 곧 결과(results)를 의미하는 것이 아니기 때문이다. 하나의 정책은 다양한 구성요소를 가지고 있고 이러한 구성요소를 잘 관리해 나가는 과정을 성과관리라고 부른다고 할 수 있다. 구성요소를 관리해 나간다는 것은 해당 단일 정책만 보고 가는 게 아니라 이 정책이 의도한 효과에 영향을 미칠 외부적인 요인들(다른 부처의 정책과의 조율 등)까지도 관리하는 것을 의미하는 것이고 결과를 달성하기 위한 자원배분까지도 포함하는 종합적인 관리과정인 것이다.

또한 성과는 정책이 만들어진 이후에 결과로 가기위한 과정만 보는 것이 아니라 정책이 입안되기 전에 거쳐야 할 사전 문제정의 과정까지를 포함하는 것이다. 즉 최종결과지표(ultimate outcome measures)−중간결과지표(intermediate outcome measures) – 즉시결과지표(immediate outcome measures)로 이어지는 결과사슬(result chain)을 통해 문제를 정의하는 과정부터가 성과관리의 본격적 시작이 되어야 하고 이 과정을 통해 정책이 도출되는 것이다. 이렇게 신중하게 도출된 정책을 추진하는 과정에서도 수시로 피드백을 통해 점진적으로 수정해 나갈 수 있어야 한다. 그렇기 때문에 성과관리는 종합적인 과정이며 전략적 기획의 범위 내에서 움직이게 되어있다.

많은 사람들이 '성과' '성과'를 외치지만 성과에는 '좋은 성과(good perform-ance)'가 있고 '나쁜 성과(bad performance)'가 있을 것이다. 그것이 좋은 성과인지 나쁜 성과인지는 사전에 명확하게 판단할 길은 없다. 그러나 성과가 나온 다음에는 이것이 의도한 결과를 내었느냐 아니냐에 따라 좋은 성과와 나쁜 성과가 갈라질 것이다. 그렇게 때문에 성과를 관리해 나가야 하는 것이다. 성과를 진행해 나가는 과정에 피드백을 어떻게 받느냐에 따라서 나쁜 성과로 변할 수도 있고 좋은 성과로 변할 수도 있기 때문이다. 결국 성과를 관리해야 한다는 것은 결과로 가기 위한 여정을 관리하는 것이다.

많은 사람들이 성과(performance)와 결과(results)를 하나의 단어로 혼돈하는 경향이 있다. 이 기회에 성과와 결과는 다르다는 점을 명확히 밝히고 성과관리가 왜 필요하고 중요한지를 강조하고 싶다. 그래서 2010년에 개정된 미국의 정부성과 및 결과에 관한 법도 영어로 「Government Performance & Results Act Modernization Act: GPRAMA」이다.

The B·L·U·E Government Basics·Linkages·Unity·Equilibrium

Prologue
Ⅲ

정부는 절대선(絕對善)이 아니다
: 장기적인 토론과정을 거쳐 사회가 수용할 수 있는
질서를 함께 만들어야 한다.

    2008년도에 저자는 'UOFO(Unreasonable Objectives-focused Organization)'개념을 주창하며 전략적 성과관리 서적을 집필하였다. 공공부문의 성과관리와 평가논의가 한창이던 당시의 초창기 분위기 속에서 다양한 성과관리 접근방식들이 학자들과 실무자들 사이에서 논의되었고 공공부문에 적합한 성과관리 이론이 존재하지 않다보니 민간에서 사용되던 기법들이 그대로 여과 없이 넘어와서 처음 접하는 공공부문의 종사자들에게 혼돈을 주고 오해를 불러 일으켰던 것도 사실이다. 저자가 UOFO를 주창한 배경의 핵심은 바로 수직적·수평적 정렬(vertical and horizontal alignment)의 필요성이었다. 많은 공공조직들이 수직적·수평적 소통이 없이 칸막이 행정으로 자신들만의 목표를 보고 가는 상황을 보고 잘못하면 배가 산으로 갈 수 있다는 우려가 앞섰다. 그들이 보기에는 UO, 즉 합리적이지 않은 목표(unreasonable objectives)를 안겨주어야(왜냐하면 자신들이 속한 조직의 목표와 타조직의 목표가 충돌하는 경우가 허다했으므로) 서로가 머리를 맞대고 소통하며 충돌하는 목표를 해결해 나갈 수 있으리란 믿음에서 UO의 중요성을 주장하였던 것이다. 이 믿음은 지금도 변함이 없고 10년 이상이 훨씬 지난 지금 까지도 조직들 간 목표의 충돌은 허다하게 일어나고 있고 이것이 정부의 목표달 성에 걸림돌이 되고 있다.

저자는 당시의 UOFO가 대한민국이 안고 있는 공공부문의 문제를 풀 수 있 는 조직의 형태이고 모든 조직들이 UOFO가 되어야 한다고 주장했었는데 이러 한 주장은 우선 공공조직의 내부의 관점에서 UO 발견 및 달성을 위한 성과관 리시스템을 어떻게 설계하고 운영해 나가야 하는 것이냐 하는 것에 집중하였었 다. 10년 이상이 지난 지금, 돌이켜 보면 아직도 그때 당시에 지적했던 현상들 은 뚜렷한 개선을 보이고 있지 못하고 공공부문은 동일한 비난을 받고 있다. 더 나아가 UOFO에서 결과중심의 관리(result-based management)를 강조하였고 많 은 공공조직들이 결과지표(outcome measures)가 바람직하다는 생각을 갖게 된 것은 긍정적으로 평가되지만, 보다 구체적인 측면에서 산출지표와 결과지표 사 이에 존재하는 중요한 연결고리인 '중간성과지표(intermediate outcome measures)' 와 '즉시적 성과지표(immediate outcome measures)'를 찾아내는 데에는 그다지 성공적이지 못했으며 설사 발견해서 관리했다 하더라도 이를 위한 정책의 내용 이 해당집단으로 부터 순응도를 확보하는데 실패하여 의도했던 목표를 달성하지 못하는 사례들이 많이 나타났다. 이른바 정책의 순응도 내지는 위험성 분석을 고려하지 않은 문제해결노력들은 애초에 특정한 정책이 의도했던 문제를 해결하 기는커녕 더 큰 다른 문제들을 야기시켰다. 다시 말해 결과사슬(result chain)에 만 의존한 정책문제정의보다는 위험사슬(risk chain)과 함께 연계하여 정책문제를 정의하고 정책의 내용을 구성했어야 했는데 그러지 못했다. 정책실패로 명명되 는 이러한 현상들은 아직도 공공부문 내에서 현재진행형이다.

무엇이 문제일까?

Kaplan과 Norton(1992, 1993)이 주장한 것처럼 많은 조직들이 전략을 가지고 있는데 그 전략에 대해 구성원들이 체감하지 못하거나 공유되지 않아 집행이 안 되어서 일까? 아니면 공공부문의 관료제의 특성이 작동하여 변화를 받아들이려 하지 않고 자신들이 과거에 알아왔던 영역에만 집중해서일까? 아니면 성과관리와 관련하여 자문을 하고 위원회에서 활동하는 전문가들이나 전문기관의 지식이 올바르지 않거나 부족해서 올바른 자문을 못해주어서일까?

필자는 이 일련의 질문에 대하여 지난 10여 년간 고민한 결과 최고관리자가 top-down 방식으로 뜯어 고치려고 하거나 외부의 성공사례를 보여주는 방식들로는 해결이 어렵다고 판단하였고, 결국 공공조직들을 바람직한 방향으로 전환시키려면 근본적인 인식의 전환이 있어야 한다고 생각하게 되었다. 그것은 바로 성과관리의 기술적 방법론을 만들고 적용시키려고 강요하는 방식이 아닌 개인으로서의 나의 삶, 사회의 구성원으로서의 우리의 삶, 사회의 구성단위로서의 우리가 속한 조직의 삶과 관련하여 우리가 지켜야 할 근본적인 가치들의 중요성을 함께 고민하게 하고 이를 공론화시켜 나가는 것이야 말로(단기적으로 쉽진 않겠지만) 오래 지속될 수 있는 조직과 사회를 만들어 가는 유일한 방법이라 생각하게 되었다. 너무나도 당연하게 들리는 얘기지만 기술적인 방법론이나 조치들이 사람을 변화시키는 데는 한계가 있다.

정확한 원인을 알면 문제를 고칠 수 있는 근거가 생긴다. 잘못된 결과가 나오더라도 왜 잘못 되었는지에 대한 근본적인 이유를 알 수 있다면 나머지 디테일한 방법론은 가르치지 않아도 스스로 만들어 낼 수 있으며 강요하지 않아도 스스로 선택해 나갈 수 있다.

많은 사람들이 공공부문에서 일어나는 다양한 문제에 대하여(특히 정책이나 사업의 실패와 관련하여) 다양한 요인이 존재한다고 하는데 이 다양한 요인들은 너무 많아 일일이 손을 볼 수 없고 설사 손을 본다하여도 문제가 개선되지 않는다. 왜냐하면 조직이 근본적으로 왜 변화해야 하는지 스스로 느껴야 바꿀 수 있기 때문이다.

인간과 사회의 본질적 가정과 삶의 실질적 측면들을 들여다보지 못하고 정책의 기술적인 효과성 입증만을 위하여 노력하는 모습은 누가 봐도 신뢰할 수 없는 모습이다. 거기에는 '공감(sympathy)'이 빠져있기 때문이다.

BSC(Balanced ScoreCards)의 창시자들인 Kaplan과 Norton은 2001년도에 『The Strategy-focused Organization(SFO)』의 개념을 서적으로 출간하였다. 전략집중형 조직의 중요성과 BSC의 관점의 중요성을 강조한 것인데 이러한 SFO 역시 하나의 조직의 관점에서 바라보는 전략이라는 한계가 있었고 사회 속에서

SFO를 바라보는 관점은 담아내지 못하였다.

이러한 관점에서 본서에서 주장하는 Blue Government는 사회 속에서 문제를 찾는 '사회 집중형 조직(The Society-focused Organization)'이라 해도 될 것이다.

정부와 민간을 포함한 모든 조직들은 오로지 사회 속에서만 의미가 있을 수밖에 없다는 사실을 받아들이게 되면, 사회와의 관계 속에서 조직이 지켜야 할 원칙과 소신을 명확히 정의하고 조직의 존재이유를 정의하며 이에 대해 깊이 성찰하게 된다. 이 인식이 분명해져야 사회문제가 무엇인지를 제대로 찾아낼 수 있는 혜안이 생기고 문제를 해결할 수 있다.

정부는 절대선이 아니다. 정부가 거시적 관점에서 바람직하며 이상적인 사회적·정치적 목표를 설정한다 해서 그 목표들을 달성하는 수단(정책이나 사업)이나 과정까지 정부가 모두 옳다고 할 수는 없다. 종종 이런 이유 때문에 정부가 국민들을 가르치려 하거나 올바른 방향으로 국민들을 인도해야 한다고 생각하게 되면 그 정책은 대부분 의도했던 목표를 달성하지 못하고 결국에는 실패로 끝난다.

정책의 수혜자인 국민이 수용하지 못하는 한 정부의 정책은 절대 성공할 수 없다. 국민의 수준이 어느 정도 성숙한 수준인가를 논의하기 이전에 국민이 처한 삶의 위치와 상황, 그리고 경험과 맥락을 함께 이해하고 관찰하지 않으면 안 된다. 이건 시간이 많이 걸리는 과정이다. 그러나 이것만이 유일한 진짜문제를 정의하는 과정이고 이러한 문제를 제대로 찾고 정의할 때까지 섣불리 정책을 설계하고 집행해서는 안 된다. 예산과 시간낭비일 뿐 문제는 결코 해결되지 않는다.

아무리 정부가 옳다는 신념이 있어도 이미 사회적으로 수용된 사회질서(social order) 속에서 받아들여질 수 있는 것이 아니라면 그것은 엄청난 국민의 저항과 갈등의 비용을 치루어야 한다. 이것은 마치 이솝우화에 나오는 이야기처럼 바람과 햇님이 지나가는 행인의 옷을 벗기기 게임을 하는 경우와 마찬가지이다. 지나가는 행인의 입장에서 왜 두꺼운 옷을 입고 걸어가는지를 깊이 관찰하고 이해하여야 한다.

의대생들이 의과대학을 다니면서 배우는 교과서에 간이 안 좋은 환자에게 술을 끊는 것이 답이라고 가르치는 교육을 받았다면(실제 교과서에서는 이렇게 기술되어있다), 이들은 훗날 의사가 되어 간경화를 앓는 환자에게 (본인들이 배운대로)

술을 당장 끊으라고 경고할 것이다. 그러나 환자의 가족관계와 상황을 살펴보면 본인 스스로 술을 끊을 수 없는 환경에 있고 이럴 경우 술을 끊으라는 강력한 경고만으로 이 환자가 술을 끊고 간 기능이 회복되리라 생각하는 사람은 한 사람도 없을 것이다. 어디까지가 의사의 책임이며 환자를 어디까지 이해해야 하는 것일까? 이 말의 의미는 의사가 간경화를 앓는 사람을 혼자서는 못 고친다는 얘기다. 그 환자의 가족과 술을 마실 수밖에 없는 일터인 직장과 주변의 스트레스 받는 상황들이 함께 수술대에 올라야 한다.

영어의 이해(understanding)라는 단어는 다른 사람의 위가 아닌 밑에 서있을 때 그 사람을 비로써 이해할 수 있다는 의미에서 비롯되었다. 정부가 국민을 제대로 잘 이해하고 있는가? 아직도 정부가 혼자 모든 것을 다 해결 할 수 있다고 믿는가? 우리가 한번 되새겨 보아야 할 대목이다. 이것이 안 되면 결국 예산과 시간낭비에 몸집만 커지는 병든 정부가 되는 길을 막을 수 없게 된다.

Prologue
IV

행정(Public Administration)에 대한 관점과 개념의 재해석

: 양립불가와 충돌의 가치에서 긍정적 상관관계의 가치로

　왜 공공부문에 성과관리와 평가가 필요할까? 요즘처럼 평가가 만연한 사회에서 이러한 질문은 대단히 우매한 질문일지도 모른다. 그러나 의외로 많은 사람들이 왜 정부에 성과관리가 필요한지, 기업보다 정부에 오히려 더 성과관리가 필요한지를 명확하게 설명하지 못하고 있다. 정답을 말한다면 그것은 바로 정부든 기업이든 변화하는 환경에 적응하기 위해서는 일종의 관리 훈련(management discipline)이 필요한데 기업에는 이러한 훈련을 담당해 줄 주체가 있다. 그것은 바로 시장(market)이다. 정부의 입장에서 관리훈련을 담당하는 주체는 선거(election)다. 그러나 시장은 살아있는 생물이어서 바로바로 반응하고 피드백을 주고 채찍을 강하게 주는 반면 선거는 4년, 5년마다 반응하고 정치적인 이미지에 가려서 정부에게 진정한 의미의 관리훈련을 시키지 못한다. 이것이 바로 상시적 관리훈련자로서 성과관리시스템이 공공조직(중앙정부, 자치단체, 공공기관)에 어떤 다른 민간조직보다도 필요한 이유다. 시장이라는 무대에서 활동하는 민간기업도 성과관리를 더 구체적으로 해 나가는데 하물며 시장기능이 작동하지 않는 공공부문에서는 공공조직들이 더더욱 성과관리에 신경 써야 함은 두말할 나위가 없다.

특히 공공부문의 성과관리시스템 도입 및 운영은 투명성과 관련하여 더 중요한 의미가 있는데 그것은 정부를 정기적으로 견제해야 하는 국회의원들과 시민들에게 알권리 보장을 위하여 공공부문 성과관리시스템이 중요한 정보를 전달해야 하고 이것이 곧 행정의 '대 시민 책임성'으로 귀결된다는 점이다. 이러한 성과관리시스템이 없이 선거에만 의존하면 그동안의 기간은 깜깜이 행정이 되어 유권자가 올바른 판단을 내릴 수 없게 된다. 이것은 효율성에 주된 기반을 둔 성과관리시스템, 즉 목표를 설정하고 선택과 집중의 원리로 자원을 배분하며 관리하는 시스템이 이 궁극적으로 책임성이라는 민주적 가치에 기여한다는 것을 의미하는 것이다.

이러한 시각에서 저자는 공공부문의 성과관리가 제대로 작동되기 위해서는 기존의 행정학이 던진 딜레마적 과제인 'public'과 'administration'의 양립할 수 없는 가치의 충돌을 넘어서야 한다고 주장한다.

사실 기존의 행정학에서 많은 학문적 업적을 남겼던 Waldo(1980)는 "생산성가치(productivity values)도 중요한 가치인 반면, 비생산성가치 또는 민주적 가치(non-productivity values or democratic values)도 동일하게 중요한 가치"라는 점을 강조한다. 이 말의 의미는 둘 다 중요한 것이지만 서로 다른 것이어서 균형이 필요하다는 말로 이해된다. 이 말도 맞는 말이겠지만 저자는 이 두 개의 상반되어 보이는 가치들이 서로 섞일 수 없는 것이라는 가정에 반대한다. 효율성은 "input 대비 output"으로 정의될 수 있는데 사실 우리는 'output'의 내용에 대해 정의한 바도, 합의한 바도 없다. 그것이 결과(results)에 연계되어야 한다면 그 'output'의 내용은 'public'에 연계된 것이어야 한다는 것이다. 이러한 의미에서 'administration'은 'public'과 같이 가는 것이어야 한다.

다시 한번 강조하지만, 전체를 중시하는 효율성의 가치를 높이면 개인의 가치인 민주성의 가치(예를 들면 사회적 약자의 가치)가 침해된다는 논리는 외관상으로 일리가 있어 보이지만 그것은 효율성과 민주성을 전혀 별개의 독립적인 것으로 보았기 때문이다. 물론 모든 사람을 만족시킬 수는 없지만, 효율성의 가치가 극대화되기 위해서는 민주성의 가치가 뒷받침 되어야 한다는 관점을 갖게 되면 다양한 혁신적인 해법이 생길 수 있다. 이 해법이 생기지 않으면 지속가능하고 조화로운 사회는 불가능하다.

성과관리시스템과 행정의 책임성과의 관계에서 보았듯이 민주성과 효율성은 대립하는 가치가 아니라는 것을 우리는 알 수 있다. 즉 이 두 가치가 왜 함께 공존하지 않으면 안 되고 왜 서로 인과적으로 연계되어 있을 수밖에 없는지를 밝혀내고 이러한 관점에서 성과관리를 시작하여야 제대로 된 공공부문 성과관리를 할 수 있다. 'public'과 'administration'의 두 가치가 외형상으로는 충돌하지만 이를 서로에게 영향력을 주는 긍정적 상관관계로 치환하는 작업이 필요하다. 왜냐하면 지속가능하고 조화로운 사회를 만들기 위해서는 'public'과 'administration' 중 어느 한쪽도 충돌하게 놓아두어서는 안 되고 함께 가야 하기 때문이다. 'public' 은 'administration'을 필요로 하고 그 'administration'은 다시 'public'을 행복하게 할 수 있어야 한다. 이것이 바로 기존의 행정학적 시각에서 탈피하여(즉 충돌하는 가치의 관점에서 탈피하여), 두 개의 가치가 상호 win-win하는 긍정적 상관관계의 가치로 전환되어야 하는 이유이다.

정부는 출산율을 올리기 위해 한정된 자원을 가지고 가장 효과적인 프로그램들이 어떤 것이 있는지를 검토해야 한다. 올바른 프로그램이 나오려면 문제의 정의가 올바르게 되어야 하는데 이 문제는 당사자의 입장에서 가임기에 있는 젊은 부부가 왜 둘째 출산을 원하지 않으며, 미혼남녀들이 왜 결혼하고 있지 않은지를 살펴보아야 한다. 이미 태어난 아이 중심의 출산율 정책은 출산율을 올리지 못한다. 여기서 아이는 정책의 당사자가 아니기 때문이다. 따라서 여러 가지 대안 중 한정된 자원으로 출산율을 가장 잘 올릴 수 있을 것 같은 대안을 선택하는 것은 'administration'의 영역이지만 이러한 선택이 가능하게 하려면 문제를 잘 정의해야 하는데 이는 당사자의 관점, 즉 public의 관점 속으로 들어가야 한다는 것이다. 이것이 바로 지속가능한 사회를 위해 public과 administration이 대치되지 않고 서로에게 필요한 이유다.

따라서 이 책은 그동안 필자가 실무현장과 교육 장소에서 경험하며 정리된 성과관리에 대한 생각들을 보다 체계적으로 정리하여 공공부문에 종사하는 실무자들, 정부를 견제해야 하는 국회와 정당의 정치인들, 그리고 성과관리를 연구하는 연구자들에게 공공부문의 성과관리에 대한 문제의식을 던지고 성과와 결과를 내는 유능한 정부를 위한 논의를 시작하기 위해 쓰여졌다.

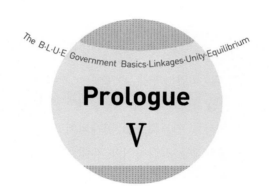

Prologue
V

변화해야 하는 것과
변화해서는 안 되는 것들
: 양립불가와 충돌의 가치에서 긍정적 상관관계의 가치로

아무리 외부환경이 변화무쌍하게 바뀌고 조직들은 이 환경에 대비하고 적응해야 한다 할지라도 내부에서 만큼은 변해서는 안 되는 근본적인 것들 (fundamentals)이 있다. 그것은 바로 조직의 핵심목적(core purpose), 핵심가치 (core values), 성과와 결과에 대한 일관된 정의(definition of performance and results) 들이다. 공공부문의 전략적 성과관리의 첫 단추는 최고관리층(top management)의 Integrity로부터 시작된다. Integrity를 우리말로 번역하면 이는 고결, 성실, 정직, 청렴 등으로 풀이된다. 그러나 이를 더 한국어에 가깝게 번역한다면 그것은 '훌륭한 인품(fine personality)' 내지는 '훌륭한 품성(fine character)' 이라고 하는 것이 더 좋을지 모르겠다. 다시 말해 Integrity는 훌륭한 성품과 인품이므로 이런 사람들에게서 나타나는 공통된 특징은 말과 행동에 일관성이 있다는 것이다. 즉 어제 어떤 말을 해 놓고 오늘 상황이 바뀌거나 어려워졌다고 말을 바꾸는 리더는 구성원들이 신뢰하기 어려울 것이다. 따라서 훌륭한 인품의 리더는 구성원들로 부터의 신뢰를 받게 되고 이러한 신뢰를 바탕으로 조직의 핵심가치와 핵심목적을 천명할 수 있다. 다른 것은 아무리 자주 바뀔 수 있다 해도 핵심가치와 핵심목적은 100년이 지나도 바꿔어서는 안될 만큼 소중한 것들이다.

핵심가치를 우리말로 표현하면 그것은 원칙과 소신 같은 것이다. 원칙과 소신은 지킬 때 이익이 발생하면 원칙과 소신이 아니다. 원칙과 소신은 지킬 때 단기적으로는 손해나 불이익이 발생하여야 한다. 그럼에도 불구하고 내가 지킬 수 있는 소중한 것이어야 한다는 것이다. 영혼이 있는 조직은 그들만의 원칙과 소신이 있다. 회사가 어렵다 하여 수십 년간 지켜왔던 핵심가치를 버린다면 그것은 이미 핵심가치가 아닌 것이다.

이렇듯 변해서는 안 되는 근본적인 것들을 지키려는 의지가 매우 강해야 조직이 오래갈 수 있다. 이것이 왜 중요한가 하면 이렇게 정해진 핵심목적과 핵심가치는 조직의 비전으로 이어지기 때문이다. 핵심목적과 핵심가치를 어떻게 구현할 것인가를 구체적으로 표현한 것이 바로 비전이기 때문이다. 비전은 단순한 슬로건이 아닌 구체적인 비전기술서로 표시되어져야 한다. 이렇게 기초가 튼튼한 조직만이 변화를 주도해 나갈 수 있고 외부환경의 위협으로부터 조직을 더 강하게 지키며 극복해 나갈 수 있다.

많은 조직들이 핵심목적과 핵심가치와는 별개로 비전을 설정한다는 것은 그만큼 성과관리를 잘 못 이해하고 있는 것이며 그런 조직은 성장할 수 없다. 설정한 비전이 구성원들의 공감을 얻지 못하기 때문이다. 조직의 성과목표와 성과지표가 연계된다 하더라도 무미건조한 형식적인 지표달성이 될 수 있을 뿐이다.

이렇게 변화해야 하는 것들과 변화해서는 안 될 것들을 구분하지 못한다면 조직은 오래갈 수 없다. 이러한 핵심이념과 비전에 기초해서 만들어진 중장기적 관점의 성과목표와 성과지표들도 마찬가지이다. 성과와 결과를 측정하는 지표들은 한번 정해지면 중장기적으로 지속적으로 관리해 나가야 한다. 수년 만에 지표를 바꾸거나 교체하는 등의 행동이 반복적으로 일어난다는 것은 지속적인 개선(continuous improvement)의 의지가 없는 것이나 마찬가지이다.

Prologue VI

'이미 발생한 미래'를 발견하는 능력

: 전통적인 기획과 전략적 기획, 그리고 전략적 성과관리

전통적인 기획(traditional planning)에서는 미래를 단순히 예측하는데 많은 비중을 두는 반면 전략적 기획(strategic planning)에서는 이미 일어난 주요사건에 주목하며 이를 통해 미래를 추론해 본다. Drucker(1998)가 언급했듯이 '이미 발생한 미래(future that has already happened)'를 찾아내는 게 더 중요하다는 것이다.

Drucker(1998)는 주목해야 할 변수로 인구통계학 변수(demographics)를 지적하고 현재 일어나고 있는 저출산(under-population)을 지목하였다. 이러한 저출산의 세계적인 현상에 기초해 볼 때 향후 20년 뒤에 어떤 일이 일어날지 자연스럽게 함의를 도출해 볼 수 있다는 것이다. Drucker는 이를 예측(prediction)이라 부르지 않았다. 이미 발생한 미래가 가져다주는 함의(implication)라고 강조하였다. Drucker가 예측하는 함의는 여러 가지이지만 우리는 여기서 일상적으로 수행하는 SWOT분석의 의미를 되새겨 볼 필요가 있다. 특히 외부 환경분석을 위해 기회(opportunities)와 위협(threats)요인들을 도출할 때 이러한 인구통계학적 변수를 기초로 하여 고객집단들을 분석하고 이미 발생하고 있는 사건들에 주목하면 어떠한 요인이 위협요인으로 다가올 것이고 어떠한 요인이 기회요인으로 다가올 것인지에 대하여 정확하게 정보를 얻을 수 있다.

이렇게 이미 발생한(또는 진행되고 있는) 미래를 잘 찾아내고 함의를 도출하기 위해서는 공공부문 종사자들의 역량이 강화되어야 한다. 전략적 기획이란 인구통계학적 변수의 변화 같은 지배적인 요인(dominant factor)을 파악하고 이미 발생한 미래를 목격하고 이 미래가 주는 함의를 찾아가면서 기회와 위협요인을 찾는 일련의 과정에서 시작되어야 한다. 그저 바람직한 미래 상태를 그려놓고 그리로 가자고 하면서 SWOT분석에서 근거 없는 시나리오를 쓰는 전통적인 기획과는 구별되어야 한다.

또한 전략적 관리 또는 전략적 성과관리는 이러한 전략적 기획을 1년 단위로 관리해 나가는 주기적 과정(annual cycle)을 일컫는 관리로 이해하면 될 것이다.

공공부문의 '이미 발생한 미래를 발견하는 능력'이 한 국가와 사회를 선진국가로 끌어올리는 유일한 능력이 될 것이다. 이것은 사실 민간기업도 마찬가지이다.

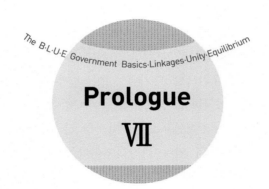

Prologue
Ⅶ

4차 산업혁명시대와 인구통계, 그리고 Economic Man

: 「기술 → 인구구조의 변화 → 기술」의 사이클

4차 산업혁명의 기술이 오늘날 우리사회에 가져다주는 임팩트는 실로 어마어마 하다. 스티브 잡스가 아이폰을 발표한 날짜가 2007년 1월 9일이니 2020년 기준으로 불과 13년 정도 지났다. 아이폰이 나오기 이전과 이후의 세상을 비교해 보면 불과 10여년 만에 사회·문화·정치·경제 모든 분야에서 행동양식과 문화, 법·제도 등에 걸쳐 엄청난 변화가 있어 왔음을 우리는 부인할 수 없다. 불과 13년 만에 이러한 엄청난 변화가 일어났음을 고려할 때 향후 10년 이후의 사회는 어떠한 모습일지 상상조차 하기 힘들다는 사람들이 많다.

하지만 기술의 발전모습을 상상할 수 없는 것은 아니다. 우리가 과거에 상상하거나 꿈꿔왔던 공상과학 만화와 영화의 내용들이 척척 현실화되는 과정을 지켜보면서 어느 정도 어떤 기술이 미래에 나올지를 예측해 볼 수는 있다.

그렇다면 앞으로의 사회는 기술이 지배하는 사회가 되는 것인가? 당연히 그렇다. 그러나 기술이 모든 것을 지배하고 기술이 진화하는 방향에 맞추어 사회가 따라가야 한다는 것은 아니다. 기술 뒤에는 가장 중요한 지배적인 요인인 인구구조(인구통계)의 변화가 있다. 비록 초기에는 기술이 방아쇠(trigger) 역할을 해서 인구구조에 변화를 주겠지만 인구구조의 변화는 다시 기술의 진화 방향을 결정한다는 것이다. 그리고 이러한 기술의 진화는 다시 인구구조의 변화에 장기적으로 영향을 미쳐 균형(balance)상태를 만들어 나갈 것이다. 적어도 보편적 이론인 시스템 이론(system's theory)의 관점에서 보면 그렇다.

저자는 지금의 저출산 문제는 고령화 현상에서 출발했다고 해도 과언이 아니라고 믿는다. 다시 말해 의료기술과 과학기술의 발달은 인간의 수명을 연장시켰고 이것은 고령화 사회를 촉진시켰으며 고령화 사회는 젊은 세대들에게 부양의 부담으로 작용하여 저출산의 문제를 낳게 되었다는 것이다. 물론 저출산의 원인에는 다양한 요인이 있겠지만 근본적인 이유는 기술혁신으로 인한 고령화 사회에 있다고 보는 것이다. 여기에 기술혁신은 사람이 감당해야 할 일자리마저 빼앗아 가 버리고 있다.

처음에는 기술이 세상을 변화시키는데 (고령화 사회의 초래와 함께) 기여했으나 이제 기술은 인구구조의 변화에 영향을 받는 종속변수가 되었다. 한동안 균형을 찾아갈 때까지 그러할 것이다. 시장의 입장에서도 아무리 기술이 발달하여 혁신적인 제품이 나오더라도 그것을 소비할 경제적 능력이 있는 사람이 없으면 의미 없는 것이다. 기술이 다시 인구구조의 변화에 역으로 영향을 줄 가능성, 즉 출산율을 높여줄 가능성이 아주 먼 미래의 이야기가 될 것이다.

정부는 시민들로부터 거두어들이는 한정된 자원인 세금으로 무한정 고령자들을 책임질 수 없고 젊은 세대는 일자리가 기본적으로 부족하고, 설사 있다 하여 아무리 경제활동을 열심히 해도 늘어나는 세금을 감당할 능력이 없다. 이것은 젊은 계층이 경제적인 인간(economic man)이라는 너무나도 당연한 가정을 잘 입증시켜 줄 것이다.

이제 우리에게 펼쳐질 미래는 이러한 제약조건하에 어떠한 혁신이 일어나 사회가 유지되는 것이냐에 달려있고 이러한 혁신은 궁극적으로는 언젠가는 한계에 직면하게 된다. 기존의 방식으로는 사회가 더 이상 유지되기 힘들다는 것을 깨달았을 때 새로운 기술의 혁신이 나타나 인간이 아이를 낳고 기르는 새로운 방법이 탄생할 것이고 새로운 형태의 돌봄 및 교육방식을 통해 양육비용을 감소시키는 사회를 만들어 낼 것이다.

이것은 아마도 지금까지 우리가 자연의 질서의 일부라고 생각했던 방식과는 전혀 다른 패러다임으로 다가올 가능성이 크다. 이와 동시에 새롭게 나타난 기술혁신들을 중심으로 다양하고 새로운 양질의 일자리가 창출되어져야 하고 이를 통해 인구는 다시 사회 규모에 맞게 증가세로 돌아서게 될 것이다. 다만 이때까지 고령화를 위한 기술혁신은 사회의 혁신패러다임 속에서 의도적 멈춤 상태가 될 수도 있을 것이다. 마치 이것은 핵기술을 보유하고 계속 개발하고 있으나 확산을 억지로 막고 있는 것과도 같은 논리가 될 것이다.

이렇게 먼 미래까지 시나리오를 쓰지 않는다 해도 저출산 현상이 올해에도 지속되거나 더 악화된다면, 분명한 것은 올내년에 갑자기 출산이 어떤 이유로 확 늘어나더라도 이들이 성인이 되어 생산 가능한 연령에 다다르기 까지는 향후 25년은 걸릴 것이며 그 기간 안에 적어도 우리는 이 사회가 어떤 모습으로 진화해 나갈지를 분명하게 그려 볼 수 있다. 그것은 바로 유치원에서 초중고, 그리고 고등교육에 이르는 교육생태계가 파괴되고 축소될 것이며 이 주변에서의 일자리가 크게 줄어들 것이고 이는 곧 청년들이 종사할 수 있는 질 높은 일자리가 점점 줄어들게 될 것이고 점점 고령화 사회의 무게 속에서 결혼과 출산율은 떨어지는 암울한 미래가 반복될 것이다. 여기서 핵심은 청년들을 위한 양질의 일자리이다. 단기적 관점에서의 프리터(freeter)족[1]을 양산하는 것이 아닌 양질의 고급 일자리여야 한다. 이러한 일자리를 창출하기 위해서는 기업이 혁신에 과감한 투자를 해야 하고 정부는 과감한 예산을 투입하여 미래의 신기술 개발에 앞장서야 하며 대학은 새로운 전공을 창출하고 새로운 지식근로자로서의 인재양성에 노력을 게을리 하면 안 된다. 이 과정을 통하여 새로운 기술혁신이 일어날 것이다.

새로운 기술의 도래는 옛날 일자리를 몰아냄과 동시에 새로운 일자리를 창출해 낼 것이다. 양질의 일자리 확보는 소비능력의 향상을 뒷받침하여 결혼과 출산 등 미래의 가족형성을 위한 기반능력의 향상으로 이어지는 핵심동력이기 때

---

1) 특정한 직업 없이 갖가지 아르바이트로 생활하는 젊은 층을 일컫는 말이다. Free(프리) + Arbeit(아르바이트)를 줄인 말로 90년대 초반 일본에서 경제불황으로 인해 직장없이 갖가지 아르바이트로 생활하는 청년층에게 '후리터족'이라 붙여진 신조어이다. [네이버 지식백과] 프리터족(시사상식사전, pmg 지식엔진연구소).

문에 매우 중요하다. 물론 경제기반향상 및 소비력의 향상이 결혼, 출산으로 이
어지는 것은 아니지만 (그 외에도 다양한 사회문화적인 요인이 있지만) 기본적으로
는 이 부분이 가장 먼저 해결되어져야 한다. 적어도 대한민국사회는 저출산과
관련하여 경제적 요인과 사회문화적 요인의 두 가지를 동시에 문제점으로 가지
고 있다는 점이 염려스러운 현실이다.

어쨌든 이것은 Drucker가 이야기 한 것처럼 예측이 아닌 이미 발생한 사건
이 주는 명백한 함의이다. 즉, 저출산으로 대변되는 인구통계의 변화가 지배적인
요인(dominant factor)이라고 할 때 새로운 기술혁신이 일어나 새로운 양질의 일
자리가 나타나지 않으면 앞으로의 사회는 더 어려워지게 된다는 것을 알 수 있
다. 그에 맞추어 기술의 적용과 변화가 어느 방향으로 나타날지를 가늠해 볼 수
있다. 앞에서 언급했던 전략적 기획이 중요한 이유가 바로 여기에 있다.

행정의 미래와 행정학 전공 인재들의 미래
: 공공부문의 역량의 중요성

　이러한 시대적 변화, 즉 4차 산업혁명시대의 도래와 인구감소, 정부의 만성적 재정적자에 대한 우려 등으로 인한 행정 분야에서의 인력수요의 변화는 다음과 같을 것이다.

　첫째, 앞으로는 공무원의 숫자를 무작정 늘리기가 쉽지 않을 것이며 부족한 인력을 대신하기 위하여 빅데이터를 기반으로 한 다양한 로봇서비스와 인공지능 시스템이 대민업무 및 행정관리업무(기획, 조직, 인사, 재무, 감사, 평가 등)를 대행하게 될 것이다. 대민업무와 관련하여 무인발급기, 온라인 서류발급 등 이미 비대면 서비스가 확산되고 있으나 이를 넘어서서 인공지능의 발달로 각종 인허가 사항여부에 대한 시뮬레이션, 행정소송 및 심판관련 사건에 대한 시뮬레이션 등이 가능해져 다양한 비대면 서비스가 개설될 것이다. 행정서비스 소비자 입장에서는 이는 비용절감으로 나타난다. 왜냐하면 전문가에게 사전에 컨설팅을 받을 필요가 없이(예를 들면, 소송에서 이길 수 있을 것인가 없을 것인가와 관련하여 변호사에게 컨설팅을 받을 필요성이 줄어 들 것이다) 인공지능의 도움을 받아 결과를 미리 예측해 볼 수 있다.[1] 이와 같이 인공지능이 모든 영역에서 데이터만 누적되면 상담역의 역할을 할 수 있고 고차원의 시뮬레이션 결과를 보여주어 개인들의 의사결정을 도울 수 있다. 이로 인해 어느 정도까지는 중·고급 전문직 인력의 일자리를 빼앗아 갈 것이다. 결국 윤리적 문제나 보편적 가치와 관련된 어려운 문제를 판단하는 경우 사람의 힘이 필요하므로 소수의 통찰력을 가진 각 분야에서의 전문가만을 필요로 할 것이다.

둘째, 이와 더불어 적은 인력으로 고생하는 공공부문은 이른바 '순찰비용'을 감당해 내기가 쉽지 않을 것이다. 미래의 행정은 이러한 순찰비용을 최소화하는 방향으로 기술이 발전할 것임에 틀림없다. 예컨대 동네의 어느 도로에 움푹 패인곳(pothole)이 생겨 보수가 필요한 경우, 등굣길에 위험한 장소 및 시설물이 방치되어 처리가 필요한 경우, 공무원들이 일일이 장소를 찾아다닐 수 있는 시간과 여력이 없을 것이다. 예를 들어 모든 (자율주행)자동차에 충격센서를 부착하여 도로관할의 자치단체에게 그 충격의 정도를 송신하게 하면 발생빈도에 따라 특정구간의 도로에서 pothole이 많이 발생하고 있다는 정보를 얻을 수 있고 이에 따라 보수를 하는 현실이 다가온다면 이는 무리한 상상이 아니다.[2] 또한 초등학교 학생들의 등굣길에 어두침침한 골목이 있고 평상시에는 조용하지만 늘 일정한 시간에 동네 불량배들이 어린 아이들을 괴롭히는 곳이 있다면 이는 인공지능도 잡아내기 어려운 부분일 것이다. 부모도 모르고 선생님도 모르지만 직접 그 길을 이용하는 어린이들만이 인지할 수 있다. 초등학생들이 스마트 폰으로 이런 장소를 직접 사진을 찍어 온라인상의 지도에 올리고 구청이 이를 토대로 등굣길 안전정책의 우선순위를 정하는 의사결정을 내리고, 조치를 하게 되는 세상이 온다면 이것도 무리한 상상이 아니다.[3] 사실은 위의 두 가지 내용들이 아

---

1) 최근 기업은행이 AI를 이용한 부동산 자동심사 시스템을 도입하여 운영하고 있다. 자세한 내용은 신문기사 <https://www.hankyung.com/economy/article/2020092254996> 참조.

2) 이미 미국 보스톤시에는 2012년도부터 이와 유사한 시도를 해 본적이 있다. 스마트폰 앱을 이용해서 시에 pothole 정보를 전달해 주는 시스템의 적용가능성이 그것이다. 자세한 내용은 <https://www.wbur.org/news/2012/04/24/boston-smart-bumb-app> 기사 참조. 그러나 현재는 아직 이 앱이 완벽하지 않아 온라인상으로 시민들이 보고하는 사이트를 운영하고 있다.

3) 본서에서는 Blue Government의 마지막 조건인 평형(Equilibrium)을 다루는 부분에서 시민의 역할과 참여의 중요성을 강조하고 참여형 GIS(geographical information system) 시스템인 '커

직 완전하지 않지만 이미 시도되고 일어나고 있다는 점에 주목해야 한다. 따라서 미래행정시스템에서는 대내적으로는 기술이 사람을 편리하게 할 뿐 아니라 대외적으로는 사람과 사람, 그리고 정부와 사회를 연결시켜 협력해서 문제를 정의하고 해결해 나가는 이른바 플랫폼(platform) 기술이 빠른 속도로 발전할 것이다. 이에 따라 시장에서는 컴퓨터 프로그래머와 소프트웨어 전공자들에 대한 수요가 급증할 것이고 정부 내에서도 이와 관련된 유지보수 인력이 증가하게 될 것이다. 다만, 이러한 플랫폼 기술들이 정부와 시민, 시민과 시민들을 연결시켜 참여하게 하기 위해서는 공무원이 나서서 할 수 없다. 결국 기술은 기술이고 이 기술에 시민들을 끌어들이는 것은 공무원이 아닌 해당영역에 열정을 가지고 시민들을 교육하고 설득하며 이끌어 나갈 수 있는 분야별 전문가일 것이다. 즉 미래에는 정부 밖에서 시민참여와 관련하여 교육과 참여를 유도할 수 있는 비정부기관들에 대한 수요가 증가할 것이고 이 기관들을 구성할 해당분야에서의 시민참여 전문가들에 대한 수요가 증가할 것이다.

셋째, 미래행정은 기본적으로 데이터 중심의 행정으로 전환될 것이므로 양적/질적데이터에 대한 분석이 가능한 전문가에 대한 수요도 증가할 것이다. 하지만 궁극적으로 인공지능이 이 모든 데이터를 흡수해야 하는데 무조건 아무 데이터나 학습시킬 수는 없는 일이고 분야별, 기능별로 일종의 틀(frame)내지는 시스템 설계가 필요하다. 예를 들면 성과관리시스템의 frame을 만들어 주어야 거기에 데이터를 배치시킬 것이기 때문에 인사행정, 재무행정, 성과관리, 조직관리 분야에서의 시스템들을 설계해 주는 이른바 '시스템 디자이너'들에 대한 수요가 늘어날 것이다. 이 분야 역시 전문지식을 가지고 있어야 하는 영역이다.

넷째, 정부조직내의 훌륭한 리더는 인공지능이 아닌 사람이어야 하고 의사결정을 하는 주체도 궁극적으로 사람이어야 한다. 인공지능과 로봇이 사람의 일자리를 대체한다고 하지만 어디까지나 사람이 존재하기 때문에 그에 따라 종속적으로 존재하는 인공지능이고 로봇이다. 아무리 세상이 바뀌어도 로봇이나 인공지능이 조직의 장이 되어 국가를 이끌 수는 없는 일이다. 하지만 그러한 시대가 열리는 것이 기술적으로 가능하다고 본다. 정부는 국민이 견제해야 하는 대상이

뮤니티 매핑(community mapping)'을 소개하고 있다. 미래사회는 '공동생산(co-production)'의 개념이 더 확장적으로 적용될 것이다.

고 로봇정부시대가 온다 하더라도 국민에 의해 통제받는 정부여야 한다. 그것이 무너진다면 정부는 존재의미가 없다. 인공지능과 로봇의 윤리, 더 나아가서 행정 윤리에 대한 지식을 가진 전문가들이 요구되고 컴퓨터 프로그래머나 기계공학을 전공한 전문가들을 교육시키는 행정학·법학 등의 역할이 강화될 것이며 이러한 교육을 담당하는 행정·법률전문가들의 수요가 증가할 것이다.

그렇다면 행정학은 앞으로 무엇을 가르쳐야 하고 어떠한 인재를 양성해야 하는가? 그것은 바로 로봇과 인공지능 중심의 행정시대에 민원행정서비스의 대부분의 영역에서는 일반직 공무원에 대한 수요가 급격히 줄어들 가능성이 높기 때문에 정부도 소수의 통찰력을 가진 인재들만을 요구하게 될 것이다. 따라서 로봇과 인공지능시스템을 설계하고 제작하는 이공계열 학생들과 행정학과 학생들의 융합적 협업이 필요하거나 이공계열 학생들이 행정학을 동시에 공부해야 하는 새로운 융합전공이 탄생하게 될 것이다. 이와 동시에 행정윤리와 그러한 윤리가 내재화된 헌법과 행정법 등에 대한 심화된 교육을 받고 다양한 시민들의 관점과 상황적 맥락을 잘 이해하고 정책을 기획할 수 있는 통찰력 있는 지식 근로자(knowledge worker)의 양성을 요구하게 될 것이다.

참고문헌

이석환(2008). 「UOFO: 신뢰받는 정부와 기업을 위한 전략적 성과관리」, 법문사.

Drucker, Peter.(1998). "The Future that has already happened," *The Futurist Magazine* (November 1998 issue): pp. 16-18.

_____.(2003). 「단절의 시대」, 이재규 옮김, 한국경제신문.

Kaplan, R.S. & Norton, D.P.(1992). "The Balanced Scorecard -Measures that Drive Performance," *Harvard Business Review*, January-February, pp. 71-79.

_____.(1993). "Putting the Balanced Scorecard to Work," *Harvard Business Review*, September-October, pp. 134-142.

_____.(2001). *The Strategy focused Organization: How Balanced Scorecard Companies Thrive in the New Business Environment*, Boston, MA: Harvard Business School Press.

Waldo, D.(1980). *The Enterprise of Public Administration: A Summary View*, California: Chandler & Sharp Publishers, Inc.

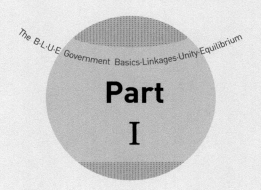

Part I

세계 경제, 정치의 변화를 통해 본 정부 역할의 변천사

: 민주성과 효율성에 대한 극렬한 논쟁

C·h·a·p·t·e·r

01 민주성(Public)과 효율성(Administration)의 가치
: 대립인가? 아니면 상생인가?

02 행정학 발달사로 부터의 교훈
: 민주성과 효율성간의 대립과 공존을 넘어선 상생의 가치로의 관점의 전환

민주성(Public)과 효율성(Administration)의 가치
: 대립인가? 아니면 상생인가?

　정부역할에 대한 논쟁은 한마디로 얘기하면 두 개의 서로 다른 가치, 즉 민주성(public)과 효율성(administration)의 가치를 어떻게 이해하고 적용하느냐에 관한 반복된 논쟁의 역사였다. Blue Government를 이해하기 위해서는 이런 정부역할의 변천사를 살펴볼 필요가 있다. 결론부터 얘기하면 이 두개의 가치들이 서로 상반된 가치라고 이해하고 경우에 따라서 이들 가치 간에 우선순위를 따질 수 있다고 생각한다면 Blue Government와 함께 할 수 없다. 이 두 가치는 동등하게 중요하고 함께해야만 서로 좋아질 수 있는 가치라는 것을 이해해야 한다.

　Blue Government는 민주성과 효율성의 가치를 동등하게 취급하고 상생할 수 있는 요인으로 파악한다. 즉 민주성의 가치가 보호되고 상승되어야 효율성의 가치가 올라갈 수 있다고 주장한다. 그 반대의 경우도 마찬가지이다. 효율성의 가치가 올라가는 것은 곧 민주성의 가치가 보호되는 것이어야 한다. 이와 관련하여서는 이 책의 【프롤로그 IV】에서 언급한바 있다.

　문제는 정부역할에 대한 발달사가 이 두 개의 가치를 대립하고 양립하기 어려운 가치로 보는 관점의 연속이었다는 점이다. 더 나아가 큰 혼돈 중의 하나는 효율성이라는 개념이 그 내부에서 가치와 사실을 분리하는 쪽으로 이해되기 시작하고 효율성은 마치 가치를 제외한 사실에만 집중하는 것처럼 여겨졌다는 사실이다. 반면 민주성은 가치와 사실이 구분될 수 없다는 주장 하에 가치 그 자체에 더 집중하는 것처럼 여겨져 왔다는 것이다.

Blue Government는 이 모든 논쟁의 근거를 지지하지 않는다. 다시 말해 민주성과 효율성은 동등하게 중요한 가치이면서도 서로 차원이 달라 양립할 수 없는 존재가 아니라는 것이다. 민주성이 보장되지 않으면 전체관점에서 효율성이 온전히 달성될 수 없다. 민주성과 효율성이 상생의 가치라는 것은 서로에게 어느 한쪽이 결핍되면 온전하게 진가를 발휘하지 못한다는 점을 주목해야 한다. 이러한 관점에서 Blue Government는 효율성이 강조되던 시기에 그 문제를 민주성에서 찾지 않고 효율성 자체의 문제인 것으로 간주하고, 민주성이 강조되던 시기에 그 문제를 민주성 내부에서만 찾아왔던 정부역할에 대한 발달사와 그 궤를 달리한다.

궁극적으로는 'public'이 원해서 'administration'을 만든 것이고 'administration'을 잘 달성하기 위해서는 'public'의 가치가 잘 반영되어야만 하는 것이다. 이것이 바로 "public for administration, administration for public"인 것이다.

어쨌거나 정부역할에 대한 발달사를 보면 이들 가치 간 우선순위를 놓고 벌인 치열한 논쟁의 역사였다고 할 수 있다. 그리고 이는 시장중심의 경제 질서와 정부주도의 경제 질서 간 어느 것이 더 바람직한 것인가에 대한 논쟁으로부터 늘 시작되었다는 점을 주목할 필요가 있다.

이제 정부역할을 둘러싼 논의 과정을 두 개의 가치들을 중심으로 시대적 배경과 함께 살펴보고자 한다.

1. 효율성 중심의 행정시대 (1880s-1910s)

1) Woodrow Wilson의 「행정에 대한 연구(The Study of Administration)」

근대 행정학 연구의 공식적 출발점을 행정학자들은 1887년에 출간된 논문인 Wilson의 "The Study of Administration"에서 찾는다. 학자가 되기로 결심했던 Wilson은 이 논문을 저명학술지인 「Political Science Quarterly」에 게재한 이후 모교인 프린스턴 대학의 법학교수로 임용되고 총장까지 역임하면서 본인이 배운 행정학을 적용시켜 나갔던 것으로 추측된다. 이후 정계로 진출하여 1910년에 뉴저지 주지사를 거쳐 민주당 대통령으로 1913년에 28대 미국 대통령에 당선되었던 인물이다. Wilson은 존스홉킨스 대학에서 정치학과 역사(political science and history)전공으로 박사학위를 받았는데 학위논문의 제목이 "의회정부(Congressional Government)"이다.[1] 제목에서 알 수 있듯이 학자로서의 Wilson은 당시 만연했던 엽관주의(spoils system)의 폐해가 심하다고 느꼈고 전문성이 없는 정치인들이 선거에 승리했다는 이유로 대거 공직에 들어와 다음 선거에만 신경 쓰며 무능하고 부패한 정부를 만들어 가고 있다고 생각했다. 이른바 정치가 행정과 분리되어야 한다는 정치행정 2원론을 주창하게 되었던 것이다. 이런 생각이 그대로 반영되어 "The Study of Administration"이라는 논문에서 실제 행정이 의회와 정치권의 영향으로 인해 그 어느 것도 제대로 할 수 없다고 느꼈고, 이에 행정을 "정교하고 체계적인 법의 집행(detailed and systematic execution of public law)"으로 한정하여 정의하고 법을 만드는 것은 입법부에서 정치과정을 통해 감당하여야 하는 것이라고 주장하였다. 즉, 정치와 행정을 의도적으로 구분하려 하였고 그의 논문 제목에서 알 수 있듯이 오늘날 행정을 의미하는 'public administra-tion'에서 의도적으로 'public'이라는 단어를 삭제하였던 것이다. 이는 또한 그보다 4년 앞서 1883년에 「펜들턴공무원법(Pendleton Civil Service Act)」이 제정되면서 연방정부의 공무원들의 정치적 중립이 요구되고 엽관제(spoils system)에서 실적제(merit system)로 전환하게 된 시점과도 맥을 같이 하는 것이다.

Wilson은 'public'의 가치가 정치적 과정을 통하여 다양한 이해관계자 및 이익집단과의 담론을 통하여 형성되는 가치라고 보았고, 행정은 이를 정치권의 영역으로 넘기고 'administration'의 가치만 미시적으로 집중하는 것으로 보고자 하였던 것이다. 따라서 이러한 공식적인 행정학 연구의 출범은 'public'의 가치를 의도적으로 배제하여 정치의 영역으로 넘기고 'administration'이 추구하는 효율성의 가치를 극대화하는데 초점이 맞춰진 상태로 출범하게 되었던 것이다.[2]

---

1) Wilson의 생애와 관련하여서는 Princeton University의 홈페이지를 참조.
   <https://pr.princeton.edu/pub/presidents/wilson/>
2) 어떤 면에서는 Wilson의 이러한 효율성 중심의 생각들이 뉴저지 주지사와 미국 대통령을 지내면서 더 강화되었던 것으로 추론해 볼 수 있다. 이 때문에 민주성의 가치들이 배제하면서 Wilson의 인종차별주의적 시각과 이에 기반한 정책들이 많은 비판을 받아온 것도 사실이다. 이러한 비판이 누적되어 2020년 6월에 Princeton University에서는 대학이사회(Board of Trustees)의 결정으로 오랜 전통과 명문으로 이름을 알려왔던 <Woodrow Wilson School

2) Adam Smith의 등장과 시장의 자유, 그리고 효율성

그러나 위에서 언급한 엽관주의의 폐해라고 하는 연방정부 내에서의 문제 외에 당시의 더 큰 시대적 배경은 이른바 초기자본주의의 등장이었다. 즉 시장의 기능이 강조되고 1776년도에 Adam Smith의 「국부론(the wealth of nations)」이 나오면서 '보이지 않는 손(invisible hands)'에 의해 시장이 움직이고 시장의 자유가 보장되어야 한다는 시각이 강조되었다. 당시 정부는 시장에 거의 관여하지 않는 시기였고, 그러다 보니 정부의 입장에서는 많은 기능들이 시장에서 자동적으로 수행되고 문제가 해결되었기 때문에, 복잡하게 시민의 입장에서 무엇을 보호해야 하거나 규제해야 하는 필요성을 느끼지 못하였다. 이에 따라 정부도 'administration'의 가치에 충실하게(시장이 추구하는 가치는 효율성인데 이는 'administration'이 대변하는 것이므로) 시장에 대한 관여를 최소화하고, 시민사회에서 일어나는 일에 대해서는 정치권으로 넘기면서 효율성 중심의 행정을 펼치게 되었던 것이다.

이러한 영향을 받아 'Wilsonian tradition' 즉 윌슨의 전통을 따르는 후속학자들의 논문과 저서가 나오기 시작했고 1900년에 Frank Goodnow는 「행정과 정치(Politics and Administration)」라는 저서를, 1926년에 Leonard White는 「행정학 개론(Introduction to the Study of Public Administration)」이라는 개론서를 출간하기 시작했다. 이들 모두 행정을 정치와 분리된 것으로 보려는 시각을 견지하였고 주로 관리적 측면(managerial aspect)을 강조하려 하였다. 이 무렵 행정의 효율성의 가치에 대한 논의는 1937년에 Luther Gulick의 POSDCORB(Planning, Organizing, Staffing, Directing, Coordinating, Reporting, and Budgeting)라는 행정의 원리에 의해 꽃을 피우게 되었다. 그리고 이러한 논의가 정점을 이룬 것이 1910년도에 F. Taylor의 「Scientific Management」이다. Taylor는 이른바 「시간

---

of Public and International Affairs>의 이름에서 Wilson의 이름을 삭제하고 <Princeton School of Public and International Affairs>로 개명하게 되었다. 미국사회와 대학이 추구해야 할 중요한 민주성 가치 중의 하나인 다양성과 수용성(diversity and inclusion)에 Wilson의 사상과 행적이 적절하지 않다는 이유에서 였다. 자세한 내용은 아래의 프린스톤 대학 홈페이지 참조.

<https://www.princeton.edu/news/2020/06/27/board-trustees-decision-removing-woodrow-woodrow-wilsons-name-public-policy-school-and>

과 동작에 관한 연구(time and motion study)」를 통하여 행정에 'One Best Way'가 있다는 점을 강조하고 이러한 행정의 효율성을 강조하는 내용의 저서를 펴냈던 것이다. 행정학의 이러한 연구방향은 당시의 시대적 상황과 맞물려 초기자본주의의 정착을 촉진시키며 시장기능을 건드리지 않는 것이 최선이라는 또 하나의 'One Best Way' 정신을 강화시켜 나갔고 이는 사회문제해결을 위해서도 'One Best Policy'가 존재한다고 믿게 하는 중요한 근거가 되었다.

2. 민주성 중심의 행정시대 (1910s-1950s)

1) Adam Smith의 몰락과 효율성 중심(시장의 자유보장)의 행정에 대한 반성: 케인즈 학파(Keynesian School)의 등장과 민주성의 강화

그러다가 1914~1918년에 걸쳐 일어났던 1차 세계대전은 사실상 발칸반도를 둘러싼 패권 경쟁의 구도 속에서 일어난 전쟁이었다 할 수 있고 이는 식민지 확보를 위한 제국주의를 위한 열강들의 패권싸움이었다 할 수 있다.[3] 이것은 결국 산업화로 인하여 공급이 수요보다 많아지게 된 잉여생산 또는 공급과잉이 문제가 된 것이고 더 많은 수요를 찾기 위해 세계열강들이 식민지 개척에 나선 것이다. 미국은 처음에 이 전쟁에서 중립선언을 하다가 나중에 참여하게 되면서 연합국의 전쟁승리 후 1차 세계대전의 최대 수혜국으로 우뚝 서게 된다. 전쟁 중에 군수물자를 팔아 가장 큰 수혜자가 되고 미국 경제가 활황에 이르게 된다. 그러나 이러한 순간도 잠시였고 전쟁이 끝나고 나니 무기를 판매할 곳이 없어지게 되고 공장이 문을 닫고 사람들이 직장을 잃는 사태가 나타나기 시작했다. 1929년 10월 24일, 뉴욕증권시장이 급작스레 붕괴된 '검은 목요일(Black Thursday)'이라고 불리는 사건으로 시작된 세계공황이 시작되었다. 이러한 배경 속에서 1932년에 미국의 루즈벨트 대통령은 경제를 살리기 위해 정부의 강력한 개입의지를 표명하는 뉴딜(New Deal) 정책을 발표하게 된다.[4]

---

3) 1차 세계대전 관련 역사적 사건들에 대한 많은 서적 및 자료들은 각종 on-off line에서 충분히 접근가능하다. 본서는 세계사 서적이 아니므로 역사적 사건들을 간략하게 fact 중심으로 기술하고 세계열강들의 관점이 아닌 행정학의 태두인 미국의 역사를 중심으로 정부의 역할변화를 해석해 본다.

4) 당시의 New Deal 정책의 시대적 배경과 루즈벨트 대통령의 당선과 관련하여서는 아래의 웹사이트를 참조. <https://www.britannica.com/event/New-Deal>

이는 기존의 자유방임주의(laissez-faire)의 흐름을 따랐던 '보이지 않는 손'과 'One Best Way'가 시장에서 작동하지 않음을 직시하고 국가의 개입을 강조하여 대규모 건설 사업을 일으키고 사회복지와 수당 등을 강조하기 시작했던 것이다. 이 시기에 나타난 자본주의를 '초기자본주의'와 구분하여 '수정자본주의'라고 부르는데 케인즈를 비롯한 경제학자들이 국가의 시장개입이 필요하다는 이론적 근거를 대면서 정부의 역할에 변화를 가져오기 시작했다.[5]

이는 정부의 운영원리가 효율성 중심에서 사회적인 문제와 이슈에 적극 관심을 갖는 민주성 중심으로 움직였다는 것을 의미한다. 즉, 입법부에서 만들어진 법을 'One Best Way' 정신을 가지고 효율적으로 집행하는 것만으로는 사회의 문제를 해결할 수 없으며 정부가 보다 복잡하게 얽힌 사회문제에 주도적으로 개입해야 하는 상황이 도래하였음을 의미하는 것이다. 1939년에서 1945년에 이르는 2차 세계대전을 거치면서 세계열강들은 더 큰 피해를 입게 되었으나 전후 복구를 통하여 다시 경제는 살아나기 시작했다. 그러나 이 이후에 정부는 지속적으로 팽창하기 시작하였으며 정부도 'One Best Way' 방식의 효율성 중심의 해결책은 근본 해결책이 아니라는 상황을 인식하게 되고 다시 정부가 시장에 개입하여 민주성의 가치를 구현함으로써 시민들의 풍요로운 삶을 보장해 주어야 한다는 주장이 설득력을 얻게 되었으며, 이 과정에서 결국 정치와 행정은 분리가 어렵다는 점을 인식하게 되었다.

2) Herbert Simon의 「Administrative Behavior」와 Charles Lindblom 의 「The Science of Muddling Through」: 가치와 사실 간의 구분에 대한 논쟁과 정부의 의사결정

이러한 시장 중심의 경제 질서에 대한 비판과 함께 정부의 효율성 중심의 의사결정체계에 대한 본격적인 비판이 시작되었다. 1946년에 Herbert Simon은 "행정의 속담(The Proverbs of Administration)"이라는 논문을 미국행정학회보 (Public Administration Review)에 게재하고 이듬해인 1947년에 그의 중대한 역작'

---

5) 케인지언 경제학(keynesian economics)의 태두 배경과 관련항여서는 아래의 웹사이트를 참조.
<https://www.britannica.com/topic/Keynesian-economics>

인 「행정행태론(Administrative Behavior)」을 출간하면서 가치(value)와 사실(fact)의 구분은 정말 어렵다는 것을 강조하고 이를 분리해서 사실만을 가지고 효율성에 집중하려 했던 Wilson학파들의 학문적 세계를 비판하기 시작하였다. Simon은 조직구성원들의 행정행태를 이해하는 것이 조직이해의 핵심이며 이들의 의사결정은 절대 합리적인 기준에 의해 사실(fact)에 입각해서만 이루어지는 것이 아님을 강조하였고 'One Best Way' 방식에 입각한 의사결정은 공무원들도 실행에 옮기기 어렵고 그렇게 해서 만들어진 정책에 반응하는 시민들의 행태도 사실에 입각해서 예측한대로 움직이지 않는다는 점을 이해해야 한다는 것이었다. 따라서 사람들이 가지고 있는 주관적 가치에 대한 중요성을 강조하기 시작하였던 것이다. Simon은 제한된 합리성(bounded rationality)을 주장하며 인간이 합리적으로 모든 대안을 검토하지 못하고 어느 정도의 대안을 검토하는 선에서 만족하는 의사결정을 내린다는 점을 강조하였다. 이러한 학풍을 이어받아 1959년에는 Charles Lindblom이 "The Science of Muddling Through"라는 논문을 역시 미국행정학회보(PAR)에 발표하였고 이 논문에서 효율성에 입각한 합리적 의사결정 모형(rational-comprehensive)은 비현실적이며 이른바 '연속적이고 제한적인 비교(successive limited comparisons)'가 가장 현실적인 의사결정 모형이라 주장하였다. Lindblom(1959)은 이 논문에서 특정한 정책을 선택하기 위한 과정에서 공무원들이 충돌하고 대립되는 가치들 간에 우선순위를 정하는 것은 불가능하고 가치들 간에도 절대 합의될 수 없다고 주장한다. 만일 두 개의 정책이 존재하고 두 개 모두 동일한 목표를 달성하는 것으로 가정된다면 각각의 정책들이 가져다주는 장점의 차이를 한계적으로(marginally) 또는 점진적으로(incrementally) 비교 분석해서 그중에 정책결정자 본인이 선호하는 하나의 가치를 정하고 이에 더 부합하는 정책을 선택하는 것이 가장 바람직하다고 주장한다. 그러나 정책결정자는 본인이 최종 선택한 정책이 모든 문제를 해결할 것이라고 기대하지 않으며 하나의 시작으로 생각하고 각각의 정책이 시행되면서 시행착오를 거쳐 점진적 변화를 해 나간다는 것이고 이것이 가장 안전하고 오류를 줄일 수 있다는 것이다. 따라서 이 과정에서는 다양하게 대립되는 가치에 대해서는 사람들 간에 절대 합의될 수 없지만 자신의 의사결정을 다른 사람의 의사결정과 연계하여 논의하는 과정에서 상호간 조정(mutual adjustment)을 통하여 무엇이 정책의 올바름

(correctness)이고 무엇이 좋은 정책(good policy)인가에 대해서는 사람들이 동의할 수 있다고 강조한다. 이것은 사실 Peter Drucker(1976)가 얘기한 '주지된 부동의(informed dissent)'의 개념과 같은 것이다. 즉 만장일치의 합의가 아니라 서로의 의견을 다 듣고 난 뒤 끝까지 상대방의 가치에 대해 동의하지는 않지만 입장을 이해하고 정책의 방향의 옳음에 대해 동의할 수 있다는 것이다.

결론을 정리하면 합리모형에서 강조하는 방식으로 억지로 가치를 우선순위를 정하고 가장 큰 효용을 가져다주는 정책을 선택하는 것이 결국 복잡하게 얽힌 사회문제를 해결하지 못했다는 것이다.

3. 효율성 중심의 행정시대 재 대두

1) 케인즈 학파의 한계대두와 시카고 학파의 시대 도래: 과도한 정부개입과 투자에 대한 불신 급증으로 시장의 효율성 가치의 재 부각(1960-1970)

케인즈 학파의 영향으로 새롭게 형성된 수정자본주의는 정부의 강력한 시장개입을 통하여 분배와 소득 간 균형을 이루고 함께 발전하는 사회를 이루고자 하는 것이 목표였다. 그러나 다시 'public' 가치에 대한 과도한 강조와 시장에 대한 규제는 기업가들의 활동을 위축시켰고 종업원들의 인권보호와 노조의 활동 강화로 인해 구조조정이 어려워지고 수지타산을 맞추기 위해 시장의 수요는 감소함에도 불구하고 상품의 가격은 올려야 하는 이른바 '스태그플레이션(stagflation)'을 초래하였다. 자본가들을 중심으로 한 시장의 불만이 점점 커지기 시작했고 이러한 과정에서 장기불황이 이어지게 되었다. 이러한 과정에서 과거 초기자본주의로의 복귀를 주장하는 시카고 학파들에 의해 이른바 신자유주의(Neo-liberalism)가 대두되게 되었다.

신자유주의는 Adam Smith 시대의 자유주의와 사상을 같이 하고 있고 자유 시장(free market)에 대한 신뢰와 함께 정부의 지나친 시장개입이 전체주의(totalitarianism)를 초래할 수 있다는 점을 강조하였다. 더 나아가 경기를 부양하기 위한 정부의 어떠한 개입도 성공하지 못할 것이라는 점을 강조하고 있다.

2) Johnson 정부의 위대한 사회(Great Society)에 대한 비판과 Nixon 정부의 닉슨독트린(Nixon Doctrine), 그리고 레이건 행정부의 레이거너믹스(Reaganomics)：신자유주의로의 여행

1963년에 John F. Kennedy 대통령의 사망으로 대통령직을 계승한 Johnson 대통령은 이른바 '위대한 사회(Great Society)'를 정치 슬로건으로 선포하고 사회복지프로그램 확대정책을 펴 나가게 된다. 대규모의 예산이 투입되는 빈곤과의 전쟁(War on Poverty)을 선언하고 빈곤퇴치프로그램이 실시되면서 그 효과가 단기간에 나타나지 않았고 당시 베트남 전쟁과 관련하여 연방정부는 많은 예산을 쏟아 부은 상태였다. 이러한 상황에서 Johnson 정부의 빈곤퇴치 프로그램의 효과성에 대해 논쟁이 벌어져 미국시민들이 연방정부의 정책이슈와 관련하여 양극화되는 현상을 보이는 단계까지 상황은 악화되었다.[6] 이러한 저항으로 인해 Johnson정부는 크게 영향력이 약화되어 재선을 포기해야만 하는 상황으로 치닫게 되었던 것이다. 이 무렵 나온 1965년 Head Start Program(가난한 취학 전 아동을 대상으로 한 교육지원프로그램)은 Johnson 정부의 빈곤퇴치의 의지를 보여준 대표 프로그램이었다. 이러한 상황 하에서 미국시민들 또한 정부의 정책성과에 대해 관심을 갖게 되었고 이를 검증하려는 노력들이 나타나게 되었는데, 이른바 '논리실증주의' 즉 논리적으로 인과관계를 입증하여 정책을 평가해야 한다는 사상이 주목을 받게 되었다. 이 과정들을 통하여 정부개입의 효과성이 논리실증주의 시각에서 입증되지 않음을 주장하게 되고, 이는 다시 효율성의 가치가 부각되고 정부의 개입이 아닌 시장의 자유를 보장해야 한다는 목소리로 다시 전환되기 시작했다.

이러한 경향은 대통령 선거를 거치면서 닉슨대통령이 당선되는 과정에서 Johnson 행정부의 '빈곤과의 전쟁'은 큰 실패였다는 선거캠페인의 기조를 재강조하고 베트남 전쟁에서의 미군 철수, 한국에서의 주한미군 철수 등 미국 정부의 지출을 줄이는 이른바 「닉슨독트린」에 입각한 정책들을 통해 더욱 강화되었다. 이에 Nixon 행정부는 Johnson 행정부의 대표프로그램인 ＜Head Start＞에

---

6) Aaron Cooly, War on Poverty, available at https://www.britannica.com/topic/War-on-Poverty# ref1223416, accessd on Nov. 14. 2020.

대한 성과평가를 Westinghouse라는 여론조사회사를 통해 1966년에서 1967년까지 1년간 104개의 Head Start Center에 의해 지원받았던 아이들을 대상으로 이른바 '유사실험설계(quasi-experimental research design)'를 사용하여 Head Start 지원을 받았던 어린이들과 지원을 받지 않았던 어린이들 간에 인지적 발전(cognitive development)과 감성적 발전(emotional development)에 있어서 어떤 차이가 있었는지를 분석하고자 하였다. 그 결과 Head Start 프로그램 지원을 받지 않았던 어린이들(통제집단)보다 프로그램지원을 받은 어린이들(실험집단)에게서 인지적 발전(cognitive development)과 감성적 발전(emotional development)의 두 지표의 점수가 통계적으로 유의미하게 좋게 나타나지 않았다는 결과를 얻었으며, 따라서 이 정책은 실패한 것으로 결론짓고 New York Times에서 이를 대대적으로 보도하였다.[7]

이러한 논리실증주의와 효율성 중심의 사고는 1970년대에 들어서서 닉슨행정부의 경제 철학에 반영되기 시작하였고 레이거노믹스의 근간이 되었으며 클린턴 행정부의 정부재구조화(Reinventing Government)의 기초가 되었다.

닉슨행정부의 경제정책과 레이건 행정부의 레이거노믹스의 근간이 된 신자유주의는 기본적으로 자유 시장, 재산권 존중, 정부규제의 완화를 강조한 경제 원리였기 때문에 초기 자본주의와 비슷한 방식으로 복귀하는 것을 의미하기도 하였다. 이에 따라 이미 초기자본주의에서 겪었던 문제점들, 즉 공급과잉을 해결해 줄 수 있는 시장 개척의 한계의 문제점을 여전히 가지고 있었지만 소련을 중심으로 한 공산주의체제가 무너지면서 시장개척과 자유무역을 기치로 새로운 가능성을 제시하게 되었고 이에 따라 기업하기 좋은 친환경적 여건이 갖추어지면서 노동자들과 자본가들 간에 소득격차가 더 늘어나고 다시 노동자들의 기본권 보호와 분배의 문제, 형평성의 문제가 사회 이슈가 될 수밖에 없는 환경이 만들어지게 되었다.

---

7) Westinghouse는 cognitive development는 '읽고 쓰는 능력'을 의미하며 'reading score'로도 결과를 측정할 수 있는 것으로 논의되었다. Head Start와 관련된 배경과 논의에 대한 자세한 내용은 Fischer, Frank.(1995). *Evaluating Public Policy*, IL: Chicago, Nelson-Hall 참조.

4. 민주성 중심의 행정시대를 열려는 반짝 시도: 신행정학의 등장 (1960년대 후반~1970년대)

이러한 경향에 반발하여 다시 1968년 D. Waldo의 주재 하에 50명의 소장학자들이 미국 시라큐스 시내 Minnowbrook 회의장에서 모여 신행정(new public administration)을 주창하면서 이른바 간주관성(inter-subjectivity)에 기초한 현상학적 관점을 강조하면서 기존의 실증주의에 반대하고 사회적 형평성을 강조하며 다시 시장 보다는 정부의 역할이, 효율성 보다는 민주성 중심의 행정의 가치가 중요하다는 점을 주장하기 시작하였다. 신행정학은 행정의 가치와 규범을 강조하고 사회적 약자들을 위한 배려에 행정서비스가 집중되어져야 한다는 점을 주장하였으며, 행정학의 처방성과 적실성을 강조한 학문의 새로운 지평을 열었다는데 의미가 있다. 그러나 1970년대에 아랍-이스라엘 간에 번진 중동전쟁으로 인해 촉발된 유가파동으로 인한 미국 내 경제침체의 강화, 미국의 베트남 전쟁에서의 패배로 인한 정부에 대한 신뢰저하, 그리고 정부가 많은 예산을 들여 추진하거나 목표로 삼았던 부분들이 대부분 이루어지지 않는 모습들을 보면서 신행정학에서 주장한 민주성 중심의 행정의 가치가 효율성의 가치를 대체하기에는 여론상으로 역부족이었다.

5. 효율성 중심의 행정시대의 순항

1) 양립하는 가치문제 해결을 위한 시도와 공공선택론의 등장: 효율성의 전성시대의 성숙(1970s-1980s)

이러한 시대적 배경 하에서 1970년대에 등장한 공공선택론(Public Choice)은 행정의 딜레마적 고민을 신자유주의 질서체계로 해결해 보려고 하는 중요한 시도였다. V. Ostrom은 그의 저서 「Intellectual Crisis of Public Administration」에서 민주적 행정(Democratic Administration)의 원칙을 제창하였으며 그 구체적인 내용은 아래와 같다.

1. 개인은 부패하게 되어있다.
2. 정치권력은 악용되게 되어있다. 따라서 권력을 분산시키고 견제시키지 않으면 안 된다.
3. 헌법이 이미 개별 기관의 의사결정 권한을 부여하고 있기 때문에 이를 재정리하려는 조직정렬은 문제가 된다.
4. 행정은 정치 안에서 영향 받게 되어있다. 공공재를 공급하는 역할이 영향을 받는다.
5. 경쟁적 구도인 'multi‒organizational arrangements'를 통해 다양한 서비스 제공할 수 있다.
6. 'single center of power'에 책임을 지는 완벽한 서비스는 다양한 시민의 요구에 부응하지 못한다.
7. 이는 결국 효율성을 극대화하지 못한다.
8. 중첩된 관할구역은 인류복지를 위해 매우 중요하다.

공공선택론은 경쟁구도의 효율성의 가치를 중시하면서 '가외성(redundancy)'의 중요성을 제창하였다. 이는 말 그대로 중복에 대한 개념을 낭비적이거나 비효율적인 가치로 간주하지 않았고 이러한 가외성을 유사기관 간 경쟁으로 승화시켜 책임성 있는 행정을 이루고자 하였던 것이다.

그러나 이러한 노력은 여전히 시민사회를 끌어들여 공생하는 구조로 가기보다는 시장중심의 기능개편과 분권화의 논리가 강조되면서 정부의 기능을 줄여서 민영화를 해야 바람직하고 시장경쟁원리에 입각한 서비스의 질 개선이 더 효과가 있다는 시각이 팽배해지면서 다시 예전 효율성의 개념으로 돌아가게 되었다.

2) 클린턴 행정부와 신공공관리론의 등장: 감축관리, 민영화로 이어지는 효율성의 전성시대(1980s‒2010s)

1980년대에 들어서면서 영미 국가들을 중심으로, 이제 정부운영 및 개혁도 시장체제를 벤치마킹하여 이루어져야 한다는 신공공관리론(new public management)이 등장하게 되었다. 신자유주의 패러다임과 함께 정부관료제의 운영체제를 민간부문처럼 경쟁과 성과중심의 원칙에 기초한 운영체제로 바꾸고 감축관리를 통해 낭비요인을 제거함으로써 과감하게 정부가 하던 일을 민영화 시켜, 소위 '작은 정부'를 만들어야 한다는 이론이 등장하게 되었던 것이다.

신공공관리론을 주장하는 학자들은 이러한 방식으로 정부관료제의 효율성을 높여 나가야 하고 이것이 곧 정부에 대한 시민들의 신뢰를 회복하는 길이라고 주장하였다. 이는 사실상 1887년 윌슨이 주장한 행정으로 되돌아가는 것을 의미하는 것이기도 하며 다시 'One Best Way' 행정의 중요성과 행정의 원리(principles of management)에 집중하게 하는 배경이 되었다. 이러한 경향이 심화되어 1992년에 Osborne & Gaebler는 그들의 저서 「Reinventing Government」를 통하여 클린턴 행정부의 정부혁신의 이론적 기반을 제공하게 되었다. 당시 클린턴 행정부가 국가성과평가위원회(National Performance Review)를 통하여 강조한 정부개혁의 방향과 지향점은 아래와 같았다.

- **불필요한 형식과 문서 없애기(Cutting the Red Tape)**
  - 규제완화
  - 지방정부 이양
  - 예산과정, 조달절차 축소
- **고객 최우선 주의(Putting the Customer First)**
  - 시민의 목소리
  - 기관간의 경쟁
  - Market 기능을 이용
- **결과를 달성하게 하기 위한 권한위임(Empowering employees to get results)**
  - 성과에 대한 책임
  - 필요한 업무지식, 개인역량 강화,
  - 노사관계
- **기본으로 돌아가기(Cutting back to basics)**
  - 불필요한 일 줄이기
  - 일하는 방식의 개선

출처: Holzer and Callahan (1997). *Government at Work: Best Practices and Model Programs*, Thousand Oaks, CA: Sage.

따라서 경쟁에 기초한 성과와 결과중심의 행정을 그 어느 때보다도 더 강하게 요구하게 되었고 그 이후의 행정부에 깊숙하게 영향을 미쳤다. 부시 행정부에서는 정부의 재정사업의 성과를 평가하는 PART(Program Assessment Rating Tools) 같은 제도가 생겨나게 되었고 오바마 행정부에서는 1993년에 연방정부의 성과를 관리하고 책임을 묻는 제도를 정착시키기 위해 제정한 GPRA(Government Performance and Results Act)를 더 강화하여 GPRAMA(GPRA Modernization Act)를 만들었으며, 이 법에 의하여 연방정부는 전략기획과 성과계획에 대하여 대통령이 취임한 이후 이듬해 2월 첫 번째 월요일 전까지 홈페이지에 내용을 접근가능하게 올려놓아야 하고 이 사실을 대통령과 의회에게 통보하여야 한다.

6. 민주성과 효율성의 공존시대: 후기실증주의적 시각과 질적방법론에 대한 관심증대(1990s-)

이러한 신공공관리적 접근은 사실상 획일적 효율성 추구만을 강조한 결과, 사회적 형평성의 문제를 다시 낳았고 경제구조를 빈익빈, 부익부의 구조로 양극화시키면서 새로운 해결책을 모색해야 한다는 주장들이 나타나기 시작했는데, 이른바 논리실증주의(positivism)의 문제점을 지적하고 상황적 확인(situational validation)과 사회적 지지(societal vindication), 사회적 선택(social choice)을 중심으로 커뮤니티의 담론을 이끌어야 하고 이러한 각 단계별 담론에 의해 정책의 성과를 평가할 수 있어야 한다는 후기실증주의(postpositivism)적 관점들이 대두되게 되었다.[8]

즉, 논리실증주의에 기반 하여 성과를 측정하고 평가하는 데에는 많은 한계를 가지고 있다고 보고 계량적으로 측정될 수 없는 질적인 부분을 어떻게 반영하여 평가를 할 것인가에 많은 관심이 쏠리게 된 것이다. 이를 위해 질적인 연구를 위한 방법론들이 다양하게 제시되었고(근거이론, 사회적 자본 이론 등), 이러한 시각에 기반 하여 공공부문의 운영 및 성과를 위로부터의 관리가 아닌 밑에서부터의 관리, 즉 시민이 참여하고 소통하는 구조를 만드는데 관심을 갖게 되

---

8) 이 부분도 본서의 Linkages 부분에서 더 구체적으로 다루어진다. 자세한 내용은 Fischer, Frank.(1995). *Evaluating Public Policy*, IL: Chicago, Nelson-Hall 참조.

었다. 이와 동시에 효율성과 민주성간의 균형을 찾으려는 노력이 나타나게 되었고, 이른바 'New Governance'의 형태로 정부와 시장, 시민, 그리고 제3영역 간에 걸친 광범위한 '협치'의 개념이 등장하면서 행정의 효율성의 논리와 민주성의 논리가 공존하는 방법을 강구하려 하였다.

　New Governance의 개념이 기존의 행정이론과 다른 점은 효율성과 민주성간의 관계를 논하는 것을 넘어서서 '협치'의 개념으로 민주성의 문제를 해결하려고 했다는 점을 들 수 있다. 이러한 시각은 기존의 신공공관리적 접근을 전면으로 부정하기 보다는 균형 있고 보완적인 시각에서 문제를 해결하고자 했다는데 큰 의미가 있다. 따라서 효율성의 가치와 민주성의 가치를 균형있게 고려해서 의사결정을 하고 정책을 평가하는 것이 옳다는 주장을 하고 있는 것이며 현재까지 가장 바람직한 상태의 시각이라 할 수 있다. 그러나 여전히 한계인 것은 효율성과 민주성의 가치를 각각 별개의 것으로 보고 있다는 점이고 보다 적극적인 사고의 전환이 이루어져야 한다는 점을 강조하고 싶다. 이러한 의미에서 Blue Government는 양립하는 두 가치의 단순한 공존이 아닌 서로에게 상호 보완 관계로 도움을 주면서 발전할 수 있는 순기능적 상생가치의 관계 설정을 강조하고 있다.

행정학 발달사로 부터의 교훈
: 민주성과 효율성간의 대립과 공존을 넘어선 상생의 가치로의 관점의 전환

이와 같이 행정학의 발달사를 보면 시종일관 'public'의 가치와 'adminis-tration'의 가치간의 대립구도 속에서 시대적 상황에 따라 어느 한쪽의 가치가 집중적으로 강조되느냐의 게임이었다. 그러나 이렇게 이분법적인 가치에 대한 이해로는 사회가 결코 지속적으로 발전하지 못한다는 것을 깨달아야 한다. 다시 말해, 효율성의 가치를 목표로 두고 효율성의 가치 속에서 모든 수단을 동원하여 달성하려고 하다 보니 효율성의 목표는 물리적으로 달성되었지만 사회적으로 많은 후유증을 낳았다. 반대로 공공의 가치(민주성의 가치)를 공공부문 내부에 존재하는 수단과 방법으로만 달성하려 하다 보니 공공성의 목표는 달성되는 듯 하였으나 장기적으로 효율성의 가치가 간과되어 경제적으로 장기불황이 이어졌다. 우리는 이 시점에서 'public'과 'administration' 중 어디에 방점을 찍을 것인가에 관심을 갖기 보다는 이 두 개의 가치를 어떻게 하면 상생의 가치로 만들 것인가에 관심을 가져야 한다.

많은 행정학자나 행정학을 공부하는 학생들이 아마도 결국에는 'public'에 방점이 있다고 생각하는 경우가 많을 것이다. 경영학이 "business administration"이므로 이와 대비되는 시각으로 'public'이 강조될 수는 있지만 "public administration" 내에서는 두 가치가 동등한 것이고 별개의 것이 아닌 서로 상생하는 가치로 이해해야 한다. 즉 두 단어 중 어디에다가도 방점을 찍을 수 없다는 얘기다.

많은 행정학 연구자들이 신자유주의 패러다임과 신공공관리론의 문제를 지적하기 위해 행정의 민주성과 책임성을 논하고 시민참여를 논하고 있지만 사실은 우리가 간과하고 있는 중요한 점이 있다. 그것은 바로 행정의 민주성과 책임성이 그 자체가 목적이 아니라 'public'은 어떻게 하면 'administration'이라는 효율성의 목적을 실현하기 위하여 활용될 수 있는가를 고민해야 하고, 반대로 'administration'도 그 자체가 목적이 아니라 어떻게 하면 'public'의 가치를 잘 구현하는데 기여할 수 있을까를 고민해야 한다는 것이다. 그런데 흥미로운 점은 'administration'의 가치를 달성하기 위하여 public의 가치를 끌어들일 때 자연스럽게 'administration'은 'public'을 위한 수단이 된다는 점이다.

우리는 그 옛날 수력사회(hydraulic society)에서부터 물이 있는 곳을 중심으로 사람들이 모여살기 시작하면서 국가를 만들고 행정을 시작할 때 public의 가치를 극대화하기 위해 모인 것이 아니라 개인의 이해관계와 가치들이 충돌하는 것을 조율하고 조정하는 역할을 담당하는 누군가가 필요했고 이러한 administration의 기능이 필요해서 국가를 만들고 정부를 만든 것이라는 점을 잊어서는 안 된다(Waldo, 1980).

흥미로운 것은 'administration'과 'public'이 겉으로는 충돌의 모습을 하고 있지만 태생적으로 연계되어 있기 때문에, 'public'의 가치를 'administration'의 가치를 달성하는 과정 안으로 끌어들이지 않으면 'administration' 가치만으로는 많은 후유증을 낳고 실제 단기적으로 목표달성이 되었다 하더라도 문제가 지속적으로 발생할 수밖에 없다는 것이다. 이것은 결국 과거 초기자본주의와 수정자본주의가 실패했던 경험에서 볼 수 있듯이 결국 자본가와 노동자와의 관계 속에서 노동자들의 소비가 살아나지 않으면 자본가도 망할 수밖에 없는 역사를 되풀이 해왔다는 점에서 오늘날 신자유주의가 추구하고 있는 패러다임 또한 지속가능하다고 보기 어렵다. 끊임없이 경쟁과 성과가 강조되고 있지만, 이 게임에서 탈락한 사람들이 결국 소비능력을 잃게 되고, 경쟁과 성과가 무엇을 위한 성과인지를 알기 어려운 결말로 치닫게 될 것이다.

역사적으로 공공선택론이 양자의 가치를 동시에 해결해 보려고 이른바 민주행정(democratic administration)의 개념을 주장하였으나 이 이론은 그 focus를 시장중심의 경쟁의 가치에 두고 효율성의 가치를 새롭게 해석하려는 시도였지 여전히 'public'을 독립적 개념으로 보고 'administration'의 운영방식의 변화를 통하여 'public'의 가치를 실현하려고 하였다는 점에서 한계가 있었다. 즉, 'public'의 가치를 끌어들이지 않은 상태에서의 'administration'만을 가지고 'public'의 가치를 실현할 수 있다고 보았다는데 문제가 있었던 것이다.

'public'의 가치를 'administration'의 달성에 끌어들인다는 것이 무슨 의미일까? 이것은 'administration'의 문제를 'administration' 내부에서 뿐만 아니라 'public'에서도 찾아야 한다는 것을 의미한다. 이것은 문제를 어떻게 정의하느냐에 관한 것이고 정책문제를 잘 정의하는 것은 매우 중요한 단계이다. 정책문제가 잘 정의되어야 올바른 정책이 나올 수 있기 때문이다. 효율성의 가치달성을 위해 효율성의 가치 내에서 문제를 정의하려 하지 말고 'public'의 영역에서 시민들 개개인 또는 특정 그룹에게 해당 정책의 주제가 의미하는 바가 무엇인지를 파악하고 사회전체적인 차원에서의 다른 집단의 가치들을 얼마나 충돌할 수 있는지 파악해야 한다. 이러한 부분을 고려하여 정책문제를 정의하고 이를 해결하기 위한 정책수단을 강구하여야 한다. 이것이 바로 공공성(public)의 측면에서의 위험분석(risk analysis)이다. 효율성의 목적을 위해 효율성의 수단으로 정책을 확정짓기 전에 그 정책이 public 차원에서의 어떤 위험(risk)성을 가지고 있는지를 분석한 후 정책의 내용을 결정해야 한다. 이 과정이 생략된 정책은 예기치 못한 결과를 초래하게 되고 전체의 목표를 달성한다는 명분하에 선의의 피해자가 발생하며 새로운 갈등을 유발시킨다. 이러한 갈등은 정책에 대한 불순응으로 나타나고 결국에는 정책의 의도한 성과를 달성하지 못하고 실패로 돌아가는 역사를 우리는 무수히도 많이 목격해 왔다.

이것이 바로 Blue Government가 지향하는 방향이다. Blue Government는 문제를 단숨에 해결하려 하는 Big Jump를 추천하지 않는다. 점진적인 변화(incremental change)를 통하여 시행착오를 겪어가면서 함께 조율하면서 사회·정치·경제문제들을 풀어나가는 정부를 만들어야 하고 이렇게 되어야 지속가능한 사회가 된다는 점을 강조하고자 한다.

이상에서 언급한 문제들을 해결하지 못하면 실패의 역사는 되풀이된다. 또다시 효율성(administration)의 시대를 강조했다가 또다시 민주성(public)의 가치를 강조해야만 하는 시대가 온다. 이제 이 패러다임을 종식시키고 새로운 패러다임을 선언해야 한다.

코로나 이후시대에 우리사회에도 많은 변화가 올 것이라고 전문가들은 예측한다. 중세의 흑사병이 과학기술의 발달과 생산성의 강화, 르네상스를 야기 시켰듯이 코로나 바이러스가 향후 국제사회에 미칠 영향은 사회, 문화, 경제, 정치, 과학, 환경 등 모든 분야에서 방대하다고 한다. 한 가지를 예를 들면, 우선 경제분야에서 포스트 코로나 시대에 정부와 시장은 서로 어떤 스탠스를 가지고 움직여야 할까? 효율성의 가치를 강조하는 것이 유리할까 아니면 민주성의 가치를 강조하는 것이 유리할까?

Blue Government는 여기에도 답을 한다.

코로나로 인해 더 매출이 늘어나거나 코로나와 상관없는 영역에서 매출이 늘어나는 기업이 있는 반면 코로나로 인하여 직격탄을 맞는 기업과 소상공인, 자영업자들은 생존을 걱정해야 하는 정도로 힘들어 지고 있다. 코로나 이후에 양극화가 더 심각해 질 것이 분명하다. 이는 4차 산업혁명의 진행과 더불어 더 심화될 것이다. 이제 정부는 국가전체의 성장을 놓고 또 한번의 딜레마에 빠지게 될 것이다. 그러나 이 책에서 얘기한 대로 민주성과 효율성을 별개의 개념으로 생각하고 한쪽을 줄여서 반대쪽을 늘리려는 정책을 사용한다면 일시적 효과는 있을지 몰라도 장기적으로 문제해결은 어려워 질 것이다. Blue Government는 매출이 늘어난 기업들이 그렇지 않은 소상공인, 중소기업들과 함께 일할 수 있는 구조를 만드는 것이 정부의 역할이라고 생각한다. 쉽지 않은 얘기지만 Blue Government는 이들이 함께 일해서 성과를 낼 수 있는 그런 목표를 고민하고 그것을 통해 우리사회가 더 조화롭게 발전할 수 있는 그런 목표를 찾는다. Blue Government는 이를 위해 새로운 오케스트라단을 만들고 정부가 지휘자의 역할을 하면서 단원을 모집한다. 이때 단원들은 기업과 소상공인, 지역사회, 학교, 병원 등으로 구성될 것이다. 양극화의 문제는 정부의 일시적 보상이나 분배로 해결될 수 없는 것이다. 사회구성원들이 함께 가는 구조와 판을 짜 주는 것, 모델을 만들어 주는 것, 이것이 Blue Government가 추구하는 방향이다. 어렵지만 이 방향이 맞다. 그렇기 때문에 정부는 유능해야 하고 유능한 정부만이 결과 (results)를 낼 수 있다.

이제 Blue Government를 본격적으로 이해하기 전에 공공부문의 성과관리의 특성에 대해 알아보고 넘어가는 것이 중요하다. 제2편에서는 공공부문의 전략적 성과관리에 대한 올바른 이해를 중심으로 논의를 펴 나가고 제3편에서 Blue Government의 실체를 구체적으로 논의해 나가기로 한다.

참고문헌

Drucker, F. Peter.(1976). "What Results Should You Expect? A Users' Guide to MBO." *Public Administration Review*, 36(1), pp. 12-19.

Fischer, F.(1995). *Evaluating Public Policy*, IL: Chicago, Nelson−Hall.

Goodnow, F.(1900). *Politics and Administration: A study in Government*. New York: The Macmillan Company.

Gulick, Luther.(1937). "Notes on the Theory of Organization." In Gulick, Luther; Urwick, Lyndall (eds.). *Papers on the Science of Administration*. New York: Institute of Public Administration.

Holzer, M. & K. Callahan.(1997). *Government at Work: Best Practices and Model Programs*, Thousand Oaks, CA: Sage.

Lindblom, C.E.(1959). "The Science of Muddling Through." *Public Administration Review*, pp. 79-88.

Osborne, D. and Gaebler, T.(1992). *Reinventing Government: How the Entrepreneurial Spirit is Transforming the Public Sector*, New York, NY: A Plume Book.

Ostrom, V.(2008). *The Intellectual Crisis in American Public Administration*. University of Alabama Press.

Simon, H.A.(1946). "The Proverbs of Administration." *Public Administration Review*, 6(1), pp. 53-67.

_____.(1947). *Administrative Behavior: A Study of Decision Making Process in Administrative Organization*, New York: Macmillan Company.

Smith, A.(1976). *The Wealth of Nations (Bantam Classics): Introduction by Alan B. Krueger(2003)*, New York: Bantam Books.

Taylor, F.W.(1914). Scientific Management. *The Sociological Review*, 7(3), pp. 266-269.

Waldo, D.(1980). *The Enterprise of Public Administration: A Summary View*, California: Chandler & Sharp Publishers, Inc.

White, L.(1926). *Introduction to the Study of Public Administration*, New York: The Macmillan Company.

Wilson, W.(1887). "The Study of Administration." *Political Science Quarterly*, 2(2), pp. 197-222.

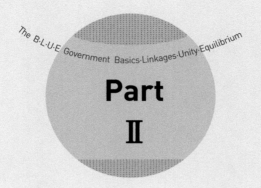

The B·L·U·E Government Basics·Linkages·Unity·Equilibrium

Part
II

공공부문의 전략적
성과관리에 대한 이해

C·h·a·p·t·e·r

전략과 전술에 대한 이해
: 전략집중형 조직(Strategy-focused Organization : SFO)의 두 가지 구성요소

성과관리(performance management)라는 단어를 사용할 때 마다 거의 자동적으로 앞에 와서 붙는 형용사가 있는데 그것이 바로 '전략적(strategic)'이라는 말이다. 원래 전략(strategy)의 개념은 군대에서 비롯된 것을 경영학에서 차용해서 경영관리용어로 정착시킨 것이라 할 수 있다.

위키디피아 영어사전에 의하면 전략은 '불확실성 하에 한 개 이상의 목표를 달성하기 위한 상위의 계획(a high level plan to achieve one or more goals under conditions of uncertainty)'으로 정의되고 있으며, 군사이론에서는 전시와 평시에 국가의 안전과 승리를 위해 대규모로, 장기적 계획을 가지고 국가의 모든 힘을 활용하는 것(the utilization during both peace and war, of all of the nation's forces, through large scale, long-range planning and development, to ensure security and victory)으로 정의하고 있다(Random House Dictionary).

더 나아가 전략은 일반적으로 목표를 설정하고 목표를 달성하기 위한 행동을 결정하며 행동을 실행에 옮기기 위한 자원을 동원하는 일련의 과정을 포함하는 광의적 개념으로 정의하고 있기도 하다. 그러나 이러한 전략을 언급할 때 분리해서 생각해야 하는 개념이 있는데, 이것이 전술(tactics)이라는 개념이다. 어떤 면에서는 전략의 일부로 이해되기도 하지만 보다 명확한 이해를 위해서는 분리해서 언급하는 것이 좋을 것이다. 사전에 의하면 전술은 '하나 또는 그 이상의 구체적인 과업으로서 집행되는 개념화된 행동(a conceptual action implemented as one or more specific tasks)'으로 정의된다.

다시 말해 전략은 중장기적 관점을 포함하는 조직의 상위목표달성 계획을 의미하는 것이고 이것은 많은 조직의 경우 중장기 발전계획 또는 로드맵이라는 이름으로 공공부문에도 알려져 있는 것이다. 따라서 이러한 전략으로부터 나온 전략목표는 한번 설정되면 자주 바꾸는 것이 아니다. 최소한 3－7년은 관찰해 가며 그 추이를 관찰하고 지표를 바꾸지 말아야 한다. 반면 전술은 보다 단기적 관점에서 구체적인 과업을 의미하며 전략목표를 달성하기 위해 설계된 구체적인 행동이기 때문에 문제가 있으면 그때그때 수정해서 활용할 수 있게 된다. 여기서 전략적 성과관리의 기본 프레임이 나온다. 전략에 해당하는 성과지표를 전략지표라고 하고 이러한 지표를 달성하기 위한 복수의 수단들(구체적인 자원이 배분되어야 하는 과업들)이 연계되어져야만 전략적 성과관리가 온전한 모습을 갖출 수 있다는 것이다. 많은 경우 조직에 전략지표는 있으나 전술에 해당하는 지표 내지는 과업들이 관리되지 않아 전략지표의 달성에도 불구하고 어떻게 과정이 관리가 되었고 어떻게 자원이 배분되었는지를 알 수 없는 경우가 많다. 전략지표는 대부분 결과지표에 해당하므로 통제 불가능성이 높아서 전술에 해당하는 과업들이 분명하게 구분되어 관리가 되지 않으면 조직의 노력이 얼마나 목표달성에 기여했는지를 알 수가 없다. 이것은 결국 피드백을 할 수 없다는 것을 의미하는 것이다. 전략과 전술이 연계되어 관리되지 않는다는 것은 관점 없이 일을 한다는 것과 마찬가지이며 이러한 조직에는 자원배분의 비효율성이 발생하게 되고 전략집중형 조직(strategy-focused organization: SFO)은 불가능해 지는 것이다.

여기서 또 한가지 중요한 것은 특히 공공부문에서의 전략지표는 최종결과 관점의 전략지표(ultimate outcome measures)만을 설정하는데서 그치는 것이 아니라는 점이다. 이러한 궁극적 지표에 도달하기 위한 전(前)단계의 지표들, 즉 선행지표들인 중간결과지표(intermediate outcome measures)와 즉시적 결과지표(immediate outcome measures)의 설정이 필수적이고 이 두 개의 지표들이 올바르게 설정되어야 올바른 전술(정책이나 프로그램이 제시하는 구체적 산출물)들이 도출될 수 있다는 점이다. 이 과정이 바로 정책문제정의에 해당하는 부분인데 많은 경우 공공조직들이 이 부분을 고민하지 않고 바로 최종결과지표를 향해 정책을 고안하고 문제해결을 시도하거나 중간결과지표와 즉시적 결과지표를 고려한다 하더라도 깊은 고민을 하지 않고 규제기관의 입장에서 또는 서비스 공급자의 입장에서 자의적으로 판단하여 설정하는 오류를 범하고 있어 전략집중형 조직의 의미를 실천하지 못하고 있다.

이러한 의미에서 오늘날 많은 조직들이 전략집중형 조직(SFO)을 표방하고 있으나 실제 SFO는 많지 않은 것이 현실이다. 아래의 <그림 2-1>에서 보듯이 전략(성과)지표는 궁극적 결과와 중간결과, 즉시적 결과로 세분화되고 이러한 일련의 전략지표 하에 여러 개의 전술지표(산출지표, 정책/프로그램)들이 열매처럼 연결되어 있는 모습이 전략집중형 조직의 실체라 할 수 있다.

그림 2-1   전략지표(결과지표)와 전술지표간 관계도

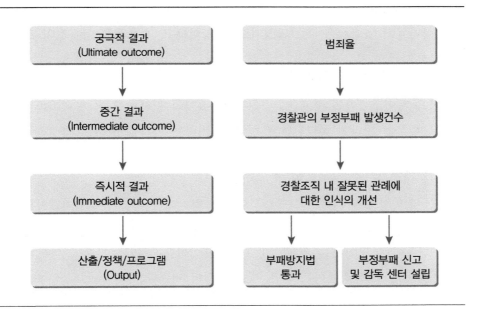

공공부문 성과에 대한 정의
: 효율성과 효과성 그리고 반응성

효율성과 효과성은 너무나 오래된 개념이지만 아직까지도 정확한 개념정의와 관련하여서는 학자들과 실무자들 간에 완전한 합의가 되어있지 못한 개념이다. 많은 학자들이 효과성을 '목표달성정도'로 정의하고, 효율성을 능률성의 또 다른 이름으로 사용하며 '투입대비 산출의 비율'로 정의하기도 한다(Bennewitz, 1980; Hatry, Winnie, & Fisk, 1981). 한편, Drucker(2008)는 "옳은 일을 하는 것"을 효과성이라 하였고 "일을 옳게 하는 것"을 효율성이라 하면서 전자는 리더십에 해당하고 후자는 관리에 해당한다고 하였다. 이렇듯 학자들 마다 효과성과 효율성에 대한 개념정의의 차원이 약간씩 다르고 개념이 정확하지 않다보니 현실에서도 이를 이해하는데 어려움을 겪고 있다.

우선 효과성을 단순히 목표달성정도라고 정의하면 이것이 투입지표이든 과정지표이든, 산출지표이든 간에 달성여부만을 가지고 효과성으로 정의해 버리기 쉽다. 더욱이 이것이 산출지표인지 결과지표인지를 가리는 문제로 들어가면 목표달성정도는 어느 지표이든 같은 개념이 되어 버린다. Usilaner & Soniet(1980)는 효과성이란, "중앙 및 지방정부와 지역사회가 추구해야 할 목적(Goal)이 달성되고 있는가에 관한 정도를 의미하며 이는 서비스의 질(반응성, 우선순위, 형평성, 만족도, 예상치 못한 효과, 서비스 이용자 수 등)과 서비스의 최종결과 및 영향을 포함한다"고 주장한다. 즉 정부의 활동과 서비스들의 양이 숫자로 표현되어 나타난 것을 산출지표로 보고 있으며, 이러한 산출지표를 중심으로 서비스의 질과 최종결과를 평가하는 것이 효과성의 차원이고 이것이 결과지표라는 것이다.

공공부문의 성과관리는 민간기업들의 성과관리와는 달리 효율성과 효과성의 차원에만 국한되지 않고 '정치적 차원'을 포함시켜야 한다. 생산적인 정부는 시민에 대한 '반응성' 없이는 존재하지 않으며(Schachter, 1996), 비생산적인 가치(non-productivity value)도 중요한 가치라는 점(Waldo, 1980)을 고려할 때 '반응성(responsiveness)'이라는 정치적인 가치를 담고 성과를 평가해야 한다(Yang & Holzer, 2006).[1] 한편, 효율성은 주어진 자원을 가지고 어떻게 효율적으로 서비스를 생산해 낼 수 있을까를 보는 척도이다. 이를 위해서는 투입, 과정, 산출지표를 개별적으로 다루는 것이 아니라 서로간의 연계 속에서 효율성 지표(예를 들어, 투입대비 산출의 비율)를 측정해 볼 수 있어야 한다.

그러나 현실에서는 효과성과 효율성의 개념을 구분한다 할지라도 효율성지표 내에서 투입, 과정, 산출지표 간의 관계를 복합적으로 고려하지 못하고 개별적인 지표로 관리하거나 평가해 오고 있다. 실제에서는 이러한 투입대비 산출비율의 지표, 즉 노동시간 또는 인건비, 또는 사업비용 당 달성되어져야하는 목표들이 측정되고 있지 못하다. 이른바 자본 및 노동의 투입으로 인한 목표의 달성정도가 측정되어져야 하는데 (비록 어려움이 많지만) 효율성 지표를 측정한다고 하면서 투입지표와 과정지표, 산출지표들을 별개의 독립적인 것으로 활용하고 있어 어떤 정보로도 사용할 수 없다(Epstein, 1994). 이러한 논의를 종합하면 공공부문의 성과를 아래의 그림과 같이 정의할 수 있다.

---

1) 이러한 관점에서 Fischer(1995)의 정책평가 종합모형은 좋은 틀을 제시한다. Fischer는 4단계 평가모형을 제시하고 있는데 이는 효율성 관점에서 계량지표를 측정하고 분석하는 것 외에 해당 정책과 프로그램에 대하여 목표의 상황적 확인(situational validation), 사회적 수용성(societal vindication), 사회가치(social choice)와의 부합성 등에 대한 담론과 평가가 이루어져야 한다고 주장한다. 이는 효과성의 차원에서 고려되어져야 하는 중요한 가치를 언급하고 있는 것이다. 이 부분에 대해서는 본서에서 다시 구체적으로 논의하기로 한다.

그림 2-1 공공성과의 개념 및 포뮬러

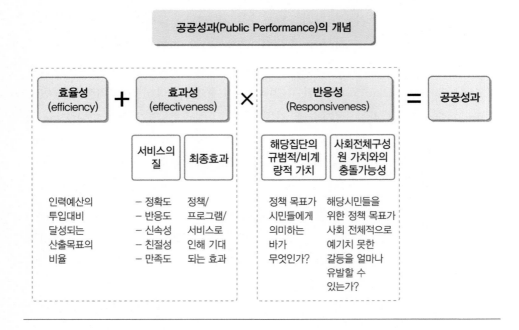

위의 <그림 2-2>에서 효율성과 효과성은 50:50의 비율로 점수를 합산할 수 있는데, 반응성이라는 차원은 0에서 1 사이의 계수 값을 갖는다. 다시 말해, 효율성과 효과성의 합이 100점이라 할지라도 반응성 계수가 0.5이면 전체 점수는 50점밖에 되지 않는다는 말이 된다. 이는 효율성과 효과성을 달성함에 있어 그 과정에 반응성(responsiveness)의 가치를 끌어들이지 못하면 실질적으로 또 다른 문제를 야기할 수 있는 위험(risk)이 있고 본질적으로 문제를 해결할 수 없게 된다. 또한 설사 설정한 계량목표치가 달성되었다 할지라도 지속가능하기 어렵다는 말이 된다. 이것이 공공부문의 성과관리모델이 민간부문의 성과관리모델을 그대로 따를 수 없는 이유가 된다.

Chapter

03

성과관리모델들이 보여주는 공통철학과 방향
: B · L · U · E

1. 목표관리(MBO), 총체적품질관리(TQM), 균형성과관리(BSC)의 공통점: B · L · U · E

결국 공공부문에서의 성과의 개념은 관리적 차원(managerial aspect)과 정치적 차원(political aspect)의 두 가지의 관점에서 이해되어져야 한다. 물론 이러한 두 가지 관점만 갖춘다고 해서 성과가 자동으로 향상되는 것은 당연히 아니다. 성과 향상(performance improvement)은 상당히 종합적이면서도 복잡한 개념이며 (Holzer & Lee, 2004), 따라서 다양한 차원(dimension)과 요인(factor)들에 의해 영향을 받을 수밖에 없다.

기존의 선행연구들에 의하면 최고관리층의 지원, 조직구성원들의 몰입도, 성과측정과 평가시스템, 교육, 보상체계, 성과에 기초한 예산관리, 시민 참여, 피드백 등이 성과향상에 다양하게 영향을 미친다는 사실을 입증해 주고 있지만(이석환, 2008; Holzer & Lee, 2004; Holzer & Callahan, 1998; Halachmi & Holzer, 1986), 결국에 가장 중요한 것은 사람에 관한 것이다. 리더의 역할이 중요하고 구성원을 어떻게 조직이 의도한 방향대로 동기부여를 시켜 움직일 수 있게 하느냐가 가장 관건인 것이다(Werther & Ruch & McClure, 1986).

이 장에서 소개될 주요성과관리 모델들인 MBO, TQM, BSC는 결국 BLUE를 구현하기 위해 사람들을 어떻게 움직이게 할 수 있는지에 관한 큰 틀을 제시하고 있다고 할 수 있다. 결국 이 세 가지 주요 성과관리모델들이 강조하는 것들을 종합해 보면 각각 강조점과 포인트는 다를 수 있지만 결국 BLUE의 4가지 요소를 공통적으로 강조하고 있다는 점을 발견하게 된다. 다만 BLUE를 구체적으로 구현하기 위한 성과관리시스템은 더 정교하게 설계될 필요가 있을 것이다. 이른바 'Management by BLUE'에 대한 논의는 이 책의 제3편에서 구체적으로 다루게 된다.

2. 목표관리제: Management by Objectives(MBO)

목표에 의한 관리(MBO)만큼 우리나라에서 잘못 이해되어 부작용을 낳은 제도도 많지 않은 것 같다. 아직도 MBO를 개인단위에서의 성과평가 도구로 인식하거나 BSC(Balanced ScoreCards)보다 못한 구제도로 인식하는 경향이 있는 것 같아 안타깝다. MBO의 개념이 공식적으로 만들어지고 소개된 것은 Peter Drucker가 1954년에 그의 책 「The Practice of Management」에서 그 개념과 내용을 소개한 이후부터이다. MBO의 창시자라 할 수 있는 Drucker는 그의 책에서 MBO는 조직성과관리 도구라는 점을 명확하게 언급하였는데 이는 BSC가 지적했던 과거의 MBO를 포함한 성과관리도구가 성과를 단면적으로만 측정하고 평가했다는(즉, 재정적 관점만을 중시하고 고객이나 기타 내부과정, 학습성장 관점의 측정은 다차원적으로 하지 않았다는) 비판과는 전혀 달리 실제 Drucker의 책을 살펴보면 BSC를 능가하는 다차원적 목표를 제시하고 있음을 알 수 있다.

Drucker에 의하면 목표는 크게 8가지로 나눠지며, 측정되고 가시적인(tangible) 목표보다 가시적으로 측정되기 어려운(intangible) 목표가 더 소중하고 가치 있다는 점을 강조한다. 8가지 목표는 기업의 관점에서 (1) 시장에서의 위치(market standing), (2) 혁신(Innovation), (3) 생산성(productivity), (4) 물리적 재정적 자원(physical and financial resources), (5) 이윤가능성(profitability), (6) 관리자의 성과와 역량개발(manager performance and development), (7) 종업원의 성과와 태도(worker performance and attitude), (8) 공공에 대한 책임(public responsibility)이 그것이다.

보다시피 MBO는 BSC보다 훨씬 더 자세하게 다차원적으로 목표설정을 할 것을 요구하고 있고, 말 그대로 종합적인 조직의 성과관리를 위한 도구였음을 말해주고 있다. 더구나 1954년 그 시대에 오늘날 기업의 사회적 책임(social responsibility)에 해당하는 공공에 대한 책임(public responsibility)을 강조하고 이를 목표로 설정할 것을 요구했다는 점도 주목할 만하다. 이미 이때부터 기업과 정부의 목표는 공통분모를 가지고 있었던 것이고 이러한 차원에서 기업과 정부의 경계선이 모호해 지고 있다는 표현을 쓰는 것이다. 이하에서는 MBO의 8가지 목표들을 좀 더 자세하게 살펴보기로 한다.

1) 시장에서의 위치(market standing)

이것은 시장점유율을 의미하는 것으로 단순한 매출액의 증가가 중요한 것은 아니며 최소한의 시장점유율과 최대의 시장점유율간의 균형을 유지하는 것이 중요하다는 것이다. 특히 최대의 시장점유율은 경계해야 하는데 이는 변화에 대한 저항을 불러올 수도 있기 때문이다. 시장에서의 회사의 위치를 측정하기 위한 지표의 내용은 아래와 같다.

> – 기존시장에서의 우리 모델의 점유율이 어느 정도인가?
> – 새로운 시장에서의 기존 우리 모델의 점유율이 어느 정도인가?
> – 포기하거나 버려야 할 기존의 우리 모델들이 적절히 버려지고 있는가?
> – 기존시장에서 요구되어지는 우리의 새 모델들이 어느 정도나 있는가?
> – 새로운 시장을 창출할 수 있는 모델이 개발되고 있는가?
> – 고객만족상태를 정기적으로 측정하는 목표가 있는가?

2) 혁신(Innovation)

혁신영역에서는 시장에서의 위치(market standing)의 목표를 달성하기 위한 수단들을 적절히 혁신적으로 강구하고 있는지가 핵심이 된다.

- 매출액과 시장점유율 등을 달성하기 위한 구체적인 모델과 계획이 준비되어 있는가?
- 고객과의 관계개선 및 신속대응을 위한 조직 내의 관리시스템이 작동하고 있는가?
- 환경변화와 기술변화에 따른 기존모델의 개선 및 새로운 모델 도출 노력들이 일어나고 있는가?

3) 생산성(productivity)

이는 순수하게 계량적인 의미로 사업을 수행하는데 들었던 총 비용과 총 수입 간의 차이를 의미하며, 다른 말로는 기여가치(contributed value)라고도 칭한다. 구체적인 지표의 내용은 다음과 같다.

- 총수입이 총비용을 넘어서고 있는가?
- 총수입이 총비용을 넘어섰다면 조직의 최소기준을 넘어섰는가?

4) 물리적·재정적 자원(physical and financial resources)

시장에서의 위치(market standing)의 목표를 달성하기 위해서는 중장기적으로 필요한 물리적 시설과 자본에 대한 투자가 잘 되고 있는지를 파악하는 것이 중요하다. 이 부분은 주로 경영진의 일이며 경영진의 통찰력과 추진력에 따라 결정되게 된다. 구체적인 지표의 내용은 아래와 같다.

- 직원들이 일을 할 수 있는 충분한 공간과 시설이 확충되고 있는가?
- 새로운 사업목표달성을 위한 재정적 투자가 적절히 일어나고 있는가?
- 수익의 극대화가 아닌 생존과 번영을 위한 최소한의 수익을 목표로 투자관리가 이루어지고 있는가?

5) 이윤가능성(profitability)

이윤과 관련하여서 Drucker는 새로운 개념을 제시하고 있는데, 이른바 이윤은 극대화의 대상이 아니라 최소화의 대상이어야 한다는 것이다. 다른 의미로 보면 이윤이라는 것은 회사의 생존과 혁신을 위하여 필요로 하는 비용을 충당하기 위한 것이므로 그러한 관점에서 이윤의 규모를 잘 결정해야 한다고 주장한다. 이러한 시각에서 이윤은 극대화의 대상이 아닌 위험(risk)을 관리하기 위한 비용(cost)의 개념이다. 따라서 적절한 지표를 도출하기 위해 아래의 질문들에 답해야 할 것이다.

- 이윤 중에 ROI(Return on Investment)를 얼마나 늘려나가는가?
- 이윤 중에 비즈니스에서 살아남고 머무르기 위한 비용(cost)의 비율은 어떠한가?
- 이윤 중에 새로운 고정자산의 구입, 혁신과 확장을 위해 사용하는 비율은 어떠한가?

6) 관리자의 성과와 역량개발(manager performance and development)

관리자급에 있는 구성원들이 스스로 목표를 설정하고 스스로 통제를 해가며 조직의 정신(spirit)을 내재화시키고 내일을 위한 관리자로서 역량을 강화하려고 노력하고 있는지를 파악하는 것이 중요하다. 비록 계량적으로 측정하기 어렵지만 앞서 언급한 영역들보다 훨씬 더 중요한 영역이라 할 수 있다. 이 영역에서는 다음과 같은 내용들이 지표의 후보로 다루어져야 한다.

- 부하직원의 역량을 키워주고 약점이 아닌 장점을 발견하며 성장시켜주려 하는가?
- 구성원들을 조화(harmony)와 평화(peace)에 얽매이지 않고 성과(Performance)에 기초하여 관리하고 있는가?
- 구성원들의 혁신적 도전을 격려하고 실패에 대한 책임을 관리자가 지려고 노력하는가?

7) 종업원의 성과와 태도(worker performance and attitude)

이는 조직구성원들이 조직과 동료, 상사에 대해 갖는 감정과 태도를 의미하는 것으로 조직에 남아있고 싶은 욕구와 성과를 향상시키려는 욕구에 직결되는 중요한 사항들이다. 많은 경우에 이러한 지표들은 표면적 지표(surface Indicators)이므로 이를 중심으로 원인분석을 하는 작업이 중요한 과제가 되나 구체적인 설문지를 통하여 이러한 내용을 측정할 수 있다. 아래는 구성원들의 동기부여상태를 측정할 수 있는 개념들이며 상사의 관찰과 평가를 통해 측정될 수 있다.

> – 이직률, 직무만족도, 몰입도, 신뢰도, 가외적 노력행태, 탈진감, 혁신적 행태, 참여율 등

8) 공공에 대한 책임(public responsibility)

마지막 영역은 공공에 대한 책임인데 이는 사회(society)를 기업의 단순한 환경으로 보지 않고 하나의 맞물려 돌아가는 유기체로 보고 회사의 문제해결 노력이 사회를 개선하는 방향으로 가야 한다는 것을 의미하는 것이다. 이를 측정하기 위해서는 아래와 같은 질문에 대답해야 한다.

> – 조직이 이윤을 내고 있는가?
> – 사회의 다양한 구성요소들과 공생 발전할 수 있는 일을 하고 있는가?
> – 조직이 사회에 임팩트를 주고 중요한 가치를 확산하는데 기여하고 있는가?

3. 총체적 품질관리: Total Quality Management(TQM)–Deming's 14 points

TQM을 창시했던 Edward Deming은 기존의 MBO를 배격하고 새로운 품질관리를 해야 한다고 주장하였다. 이른바 Deming의 14가지 포인트를 강조하면서 성과관리의 새 패러다임을 제시하고자 하였다. 그러나 이러한 시도 역시 Peter Drucker가 제창한 MBO의 개념이 무엇인지를 정확히 파악하지 못한 채 MBO를 비판한 사례에 속한다. 그러나 이러한 비판사례와 관계없이, 총체적 품질관리(TQM)가 강조하는 14개의 포인트는 고객의 니즈에 부응하고 변화하는 환경에 적응하기 위해 조직의 역량을 키워야 모든 조직의 관리자들에게 많은 교훈을 주고 있고 실제 많은 현장에 적용되고 있다. Deming이 강조한 14개의 포인트는 상호 독립적인 것은 아니며 상당부분 연계되어 있고 중복된 의미를 가지고 있기

도 하다.[1]

1) 제품과 서비스를 개선하기 위해 목적의 불변성을 창출하라(Create constancy of purpose for improving products and services)

목적의 상시성 또는 불변성(constancy of purpose)이라는 것은 제품과 서비스의 개선을 위한 의사결정에 중요한 기준을 제공해 주는 것이 된다. 목적의 상시성이란 장기적 관점에서의 사고(long-term thinking)이고 시스템으로서의 조직의 사고방식이다.

2) 새로운 철학을 도입하라(Adopt the new philosophy)

관리자들은 변화하는 환경과 패러다임 변화에 맞추어 새로운 책임과 지식을 배워야 한다. 그러기 위해서는 과거의 경험이나 습관으로부터 자유롭지 못하면 새로운 사고를 할 수도 없고 새롭게 혁신할 수도 없다. 서구방식의 경영관리에 문제가 있음을 알아야 하고 아시아 조직들의 관리방식(특히 일본 기업들의 관리방식, 즉 japanese management)에 새로운 점들이 무엇인지를 늘 학습하고 배우려고 노력해야 한다.

3) 검사에 대한 의존성을 줄여라(Cease dependence on inspection to achieve quality)

많은 경우에 관리자들은 생산품의 결점을 발견하기 위하여 특정한 시점이나 단계에서 대량으로 조사를 하고 불량품이 발견되면 폐기하거나 다시 작업하게 하는 과정을 되풀이 한다. 그러나 TQM적 시각에서 보면 이것은 오히려 쓸데없

---

1) 본 서에서는 Deming의 14개의 포인트를 상세히 소개하기 위해 Deming Institute의 Website에 올라와 있는 "Dr. Deming's 14 Points for Management"의 내용들을 기초로 하였음을 밝힌다. <http://deming.org/explore/fourteen-points/> 이 사이트에서 Deming의 세 가지 대표적 저서인 「The New Economics for Industry, Government, Education」와 「Out of the Crisis」, 그리고 「Essential Deming: Leadership Principles from Father of Quality」의 핵심적 내용을 종합하여 Deming이 주장했던 14가지 포인트에 대해 입체적으로 케이스 스터디와 보고서 등을 통하여 잘 설명하고 있다. TQM 관련 논문들도 다수가 있으나 14가지 포인트 자체에 대하여 심층적으로 기술하는 논문은 거의 없어 이 사이트가 가장 적절한 출처라 할 수 있다.

는 비용을 유발하는 과정이다. 검사를 통해 불량을 찾아내면 이미 늦은 것이다. 실질적인 품질개선은 이러한 불량품 조사로부터 나오는 것이 아니라 과정개선(process improvement)으로 부터 나온다. 이것은 사실상 조직구성원에 대한 성과 평가(performance review)의 논리에도 적용되는 것인데 특정시점에서 평가하여 오류를 지적하고 개선을 요구하는 것보다는 처음부터 성과코칭(performance coaching)을 통하여, 이른바 'performance preview'를 하는 것이 더 중요하다는 것이다.

> **4) 가격중심의 비즈니스를 칭찬하는 유혹을 떨쳐 버려라. 대신에 전체비 용을 줄이려고 노력하라. 어떤 아이템이던지 장기적 관계 속에서 신 뢰와 충성도를 얻기 위해 하나의 하청업체에 집중하라**(Avoid the temptation of awarding business on price tag, Instead, minimize total cost. Move toward a single supplier for any one item, on a long−term relationship of loyalty and trust)

이것은 한마디로 소탐대실 하지 말라는 것이다. 예를 들면 값이 싼 소프트웨어를 사게 되면 (근시안적 시각에서 비용을 절약하기 위해) 결국 조직구성원들의 시간을 더 낭비하게 만들 것이고 이는 또 다른 인력채용과 인건비 상승 등 예기치 못한 비용을 발생시킬 것이고 결국 콜센터의 운영비용을 깎는 결과를 낳아 고객이 다른 경쟁회사로 떠나가게 하는 우를 범하지 말라는 것이다.

또 다른 예는 전체(whole)와 부분(parts)에 대한 이야기이다. 조직이 관리시스템을 만들면서 비용을 줄이는 목표를 각 부서에게 부여한다면 각 부서는 비용을 줄이는 것을 최우선으로 삼아 일을 할 것이다. 개별부서들의 그러한 행위가 다른 부서들에게 서로 또 다른 비용을 발생시킨다는 것을 모르는 채 말이다.

Deming이 주장한 또 하나의 핵심 포인트는 공급자(suppliers)와의 오랜 관계를 유지하고 신뢰와 충성도를 유발시키라는 점이다. 많은 경우에 기업들이 공급자 또는 하청업체들을 동반자(partner)로 생각하지 않고 협상테이블에서 이겨야 하는 상대로 인식하고 있는 한 기업은 성장할 수 없다. 기업도 시스템이기 때문에 고객뿐 아니라 하청업체들과도 유기적으로 잘 연결되어 있어야 한다. 당시 Deming의 주장으로는 미국기업들이 일본기업들(Toyota와 Honda)을 배워야 한다고 했다. 일본기업들은 하청업체에 대하여 높은 기대를 가지고 있고 하청업체들이 기업에게 줄 수 있는 가치들을 개선하려고 노력하며 마치 하청업체들을 본사의 내부 조직부서인 것처럼 대한다는 것이다. 이렇게 되기 위해서는 관계의 본질(nature of relationship)을 바꾸어야 한다. 많은 기업들이 하청업체와 동반자관계에서 협력하며 일하려고 노력한다고 주장하나 실제 이를 행동에 옮기는 기업들은 많지 않다는 것이다.

5) 생산과 서비스 시스템을 상시적으로 개선하라(Improve constantly and forever the system of production and service to improve quality and productivity, and thus constantly decrease costs)

시스템을 상시적으로 그리고 영원히 개선하라는 의미는 피드백의 중요성과 관련이 있다. 그러나 이러한 상시적 개선의 목적이 반드시 ROI(Return on Investment) 때문 만은 아니다. 적어도 이러한 과정이 직장에서 또는 일상에서 우리의 자원관리(resource management) 내지는 자원배분의 적정성을 확보할 수 있도록 돕는다는 것이다. 이것은 특정한 재화나 서비스를 생산해 내는 시스템을 상시적으로 개선하라는 말로 일하는 방식이나 각종 제도의 개선을 비용과 품질의 관점에서 끊임없이 고민해야 한다는 것을 의미한다. 즉, 조직이 늘 자원을 배분하면서 끊임없이 점검하고 따져보는 문화를 제도화시켜 전체비용(개별비용의 합이 아니다)을 끊임없이 줄여나가는데 노력해야 한다는 것이다.

특히 시스템내의 개선이 중요한 이유를 알기 위해서는 시스템 활동의 결과를 측정하는 실적 데이터와 목표 데이터간의 차이 내지는 변동(variation)을 이해해야 한다. 변동이란 기본적으로 있어서는 안 되는 것인데 이것은 좋은 결과와 좋지 않은 결과간의 차이라 볼 수 있다.

변동이 있다는 것은 좋지 않은 결과(poor result)가 나왔다는 것이고 여기에 문제의 원인을 찾을 때 두 종류의 변동원인이 있다고 보고 이 두 종류를 분간해 내는 게 중요하다고 본다. 하나는 일반적 원인 변동(common cause variation)이고 다른 하나는 특수원인 변동(special cause variation)이다. 여기서 일반적 원인 변동은 시스템내에서 발생하는 자연적 결과들(natural results of the system)이라고 보고 있고 Deming은 사례 중의 94%는 일반적 원인변동(common cause variation)이라 주장한다. 이러한 원인들은 예측가능하다고 보고 있다. 반면 특수 원인 변동(special cause variation)은 시스템 밖에서 발생한 예측할 수 없는 사건으로부터 초래된 원인을 말한다. 예컨대 감영병과 지진 같은 경우이다. Deming은 이러한 의미에서 전체문제의 94%에 해당하는 일반적 원인변동을 해결하기 위해서라도 시스템 개선에 집중해야 한다고 주장하고 있는 것이다.

6) 교육훈련을 제도화시켜라(Institute training on the job)

Deming은 사람을 시스템의 일부라고 주장했다(people are part of the system). 이 말의 의미는 사람들이 성과를 낼 수 있도록 채용, 교육훈련, 감독 및 코칭, 각종 도움을 제공해야 한다는 것이다. 종종 조직의 구성원들은 숙련되지 않은 다른 상관이나 동료들로부터 업무를 배우게 되는데 이는 결국 과업을 제대로 수행하기 어렵게 만드는 요인이 된다. 따라서 교육훈련을 제도화시키고 지속적인 훈련이 이루어지도록 조직이 지원해주는 것이 필요하다. 실제로 새로운 전문적인 업무를 하면서도 이와 관련한 직업교육 및 훈련을 받지 못하는 경우가 많아 개선이 요망된다. TQM은 이러한 교육훈련제도의 상시적 운영을 강조하고 있다.

또 하나의 중요한 사실은 앞의 상시적 시스템 개선과도 연관이 있는데, 시스템과 사람과의 관계에서 문제가 되는 것은 시스템이지 사람이 아니라는 점이다. 많은 경우 조직들은 문제의 원인을 찾을 때 시스템에서 찾으려고 시도하기보다는 비난을 할 수 있는 사람을 찾는데 더 익숙하고 그 책임을 사람에게 지우려 한다. 그러나 새로운 사람이 다시 그 자리에 들어왔을 때 분위기는 쇄신될 수 있어도 근본적인 문제는 해결될 수 없다. 오히려 사람들을 잘 교육시켜서 앞서 언급한 데이터가 주는 원인변동(cause variation)을 이해하고 구분할 수 있는 역량을 키우는 교육훈련이 시급한 것이다. 이 부분이 작동이 안 되면 결국 시스템 차원에서의 피드백은 어려워지게 된다. 잘못된 제품이나 서비스가 만들어져도 잘못의 원인을 시스템에서 찾기보다는 사람이나 외부에서 찾는 오류를 범할 수밖에 없다.

7) 리더십을 제도화시켜라(Institute leadership)

리더의 역할은 조직의 변화(transformation)를 이끌어 내는 것이다. 이러한 관점에서 Deming은 리더는 구체적으로 3가지 요건을 갖추고 있어야 하는데 그것은 지식(knowledge), 인격(personality), 설득력(persuasive power)이라고 주장한다. 첫째, 리더는 이론(theory)을 가지고 있어야 한다. 리더는 구성원들에게 지금 시도하고 있는 변화가 어떤 이익을 가져다 줄 것이며 조직에게 어떤 미래를 보장할 것인지에 대하여 명확하게 이해하고 있어야 한다. 둘째, 리더는 자신뿐 아니라 조직에 대한 의무(obligation)로서 '변화'를 달성해야 한다고 느껴야 한다. 셋째, 리더는 계획과 함께 이를 실행하기 위한 단계적 절차(step by step)를 가지고 있어야 하며 이를 쉽고 간단한 용어로 구성원들에게 설명할 수 있어야 한다. 다만, 리더가 생산성과 품질에 대해 외향적으로 강조하거나 몰입한 것을 단순히 보여주는 것만으로는 불충분하며 생산성과 품질이 무엇인지를 명확하게 알고 있어야 하고(그것은 리더가 무엇을 해야 할지를 알고 있어야 한다는 것을 의미한다), 이것은 위임할 수 없다는 것이다.

결국 리더는 실질적인 액션을 취할 수 있어야 하고 사람들을 변화시키고 설득할 수 있는 힘을 가지고 있어야 한다. 한편 아랫사람들을 감독하고 관리하는 데 있어 직원들의 실패를 찾아내고 기록하는데 집중하기 보다는 실패의 원인을 찾아내어 원인을 제거하는데 더 많은 노력과 시간을 기울여야 한다. TQM은 이러한 올바른 리더십을 조직 내에 확산시키고 제도화해 나가는 과정을 강조하고 있다.

8) 두려움을 쫓아 보내라(Drive out fear)

Deming은 조직 구성원들이 두려움을 느끼면 오염된 데이터가 생성된다고 주장했다. 오염된 데이터란 의도된 데이터이며 안 좋은 숫자를 빼거나 조작하여 그럴듯한 데이터로 변형된 데이터를 말한다. 구성원들은 안 좋은 뉴스(bad news)를 상관에게 전달하고 싶어 하지 않으며 자리를 유지하기 위해서 좋은 뉴스(good news)만 전달할 수밖에 없다는 것이다.

오염된 데이터는 관리자의 의사결정을 잘못된 방향으로 유도할 것이고 이는 조직이 망하는 길이다. 따라서 부서나 개인평가 시 외관상 드러나는 데이터에만 의존하여 데이터가 좋게 나타나는 부서나 개인을 표창하거나 승진시키는 제도가 있다면 그 조직에서는 데이터가 오염될 가능성이 크다. 또한 데이터를 수집하는 방법에 대하여 명확하게 조작화된 정의(good operational definition)를 내리지 못한 조직에서도 오염된 데이터가 나올 가능성이 크다. 그리고 마지막으로 데이터를 보고 의사결정을 해야 하는 사람들이 데이터가 의미하는 바를 깊게 이해하지 못하면(즉 현장을 제대로 이해하지 못하면) 오염된 데이터가 생성될 가능성이 높다. 그러나 무엇보다도 문제가 발생할 때 사람의 탓으로 보려는 문화는 두려움을 증대시키고 이는 결과에 대하여 정직한 데이터를 생산하기보다는 오염된 데이터를 만들게 하는 원인이 된다는 것을 명심해야 한다.

9) 전문영역간의 칸막이를 제거하라(Break down barriers between staff areas)

연구와 디자인, 생산라인, 마케팅에 근무하는 사람들을 하나의 팀으로 묶어야 한다. 많은 경우에 이들 부서들은 칸막이가 높게 만들어져 있기 때문에 서로 대화를 하는 일이 별로 없고 따라서 일의 효율성을 떨어뜨린다. 앞에서 언급되었듯이 부서단위에서 각자 최적화 목표를 추구하다 보면 전체 조직차원에서의 최적화를 이루지 못하고 서로가 서로의 발목을 붙잡는 결과를 초래하는 경우가 많다. 종종 실국이나 부서단위는 서로 경쟁하거나 충돌하는 목표를 가지고 있을 수밖에 없다. 이러한 부서들은 문제를 해결하기 위해서 절대로 팀(team)으로 일하지 않는다. 전형적으로 특정 부서의 목표추구는 다른 부서의 목표달성에 골치 아픈 문젯거리를 만들어내기도 한다는 사실을 알아야 한다.

10) 지나친 슬로건이나 권고, 목표치를 남용하는 것을 피하라(Avoid overusing slogans, exhortations, and targets for the work force)

조직에서 사용하는 슬로건이나 권고, 목표치 부여 등은 실제로 구성원들을 동기부여시키지 않는다. 조직구성원들로 하여금 슬로건을 만들게 해야 하는데 이는 기존의 경영 컨설턴트들이 주장과는 반대의 이야기이다(즉 경영컨설턴트들은 조직이 배너와 슬로건을 만들고 곳곳에 뿌려야 한다고 주장한다). 아무리 그럴듯한 배너와 슬로건을 보여준다 하더라도 이를 달성하기 위한 자원을 배분해 주지 않으면 의미가 없다. 자원배분과 지원이 없이 품질향상만을 요구하는 관리자는 잘못된 것이다. 더 나아가 무결점(zero defect) 같은 구호를 강조하고 권고하는 것은 많은 경우 작업장에서 일하는 구성원들에게 요구할 사항이 아니다. 이것은 그들의 책임범위를 벗어 난 것이다. 왜냐하면 많은 저품질, 저생산 문제의 원인들은 시스템으로부터 나오는 것이지 구성원들의 역량이나 권한에 달려있지 않기 때문이다.

11) 계량적인 목표할당을 강조하지 말고 MBO를 제거하라(De-emphasize numerical quotas and eliminate MBO)

흔히, 할당(quotas)은 숫자로 주어질 수밖에 없으며 이것이 품질을 측정하는 도구가 되기도 한다. 그런데 이러한 할당이 비효율과 높은 비용을 초래할 수 있다는 것이다. 일단 할당이 주어지면 사람들은 수단과 방법을 가리지 않고 무조건 달성하게 되어있는데 이 과정에서 많은 문제가 발생한다는 것이며 일반적으로 우리가 측정 가능한 것만 측정하려 하기 때문에 사실상 상품과 서비스에 직접적인 관련이 없는 영역이 측정되는 현상도 나타난다. 즉, 잘못된 것을 정확하게 측정하고 있는 셈이 된다는 것이다. 더 나아가 앞서 언급한 '두려움'을 걷어내지 못하면 숫자중심의 목표들은 오염된 데이터를 양산하게 되어 관리자의 올바른 의사결정을 방해하게 된다.

더 나아가 MBO와 같은 실적 중심의 평가는 시스템에 순응하는 사람들에게 보상을 하는 것이지 시스템을 개선시킨 사람들에게 하는 보상이 아니기 때문에 이러한 성과평가방식을 버려야 한다고 주장한다.[2] 시스템이나 공정, 방법들을 개선하지 않고 구성원에게만 책임을 묻는 것은 옳지 않은 일이다. 다시 말해 개선을 위한 노력들은 사람에게 집중되어서는 안 되고 시스템, 공정, 방법들에 대해 이루어져야 한다는 것이다. Deming은 성과의 94% 이상이 사람들이 함께 일

---

2) 그러나 사실 Deming도 이 부분은 오해를 하고 있는 듯하다. 앞서 Peter Drucker가 주창한 MBO를 살펴보았듯이 MBO는 일방적으로 숫자로 표현되는 목표를 제시하고 상관이 부하직원을 원사이드(one-side)로 평가하는 평가방식이 아니라는 것을 알 수 있다. 즉 부하직원과 관리자간 소통을 통하여 목표를 합의하고 이를 실행하면서 지속적으로 지원하는 과정을 MBO는 중요하게 생각한다.

하고 상호작용하는 시스템에서 나온다고 주장하면서 사람중심의 문제해결방식 (Who-based approach to performance)인 성과평가(performance appraisal)는 한계가 있다고 주장한다. 그렇다면 가장 중요한 것은 사람들 간의 상호작용 (interaction)을 측정하는 것인데 이를 중요하게 생각하는 조직이 거의 없다고 주장한다.

12) 숙련의 자부에 장애가 되는 요인들을 제거하라(Remove barriers to pride of workmanship)

사람들은 일반적으로 일을 잘 해내고 싶어 하지만 그것이 마음먹은 대로 안 될 때 좌절감을 느낀다. 잘못된 지시를 내리는 상관, 불량 장비와 프로세스 등이 열심히 일하는 사람들을 좌절시키는 요인들이다. 성과를 달성하는데 장애요인이 조직 환경 차원에서 무엇인가를 파악하고 이를 개선하려는 노력이 선행되어져야 구성원들이 성과를 낼 수 있다. 업무 중 화장실에서 몇 분을 쓰고 건물 밖 흡연장소에서 몇 분을 사용하는지를 파악하려고 하는 통제위주의 관리방식은 생산성 향상에 전혀 도움이 되지 못하며 구성원들의 자부심에 상처를 줄 뿐이다. 생산성 향상을 위한 책임은 관리(management)에게 있는 것이지 구성원들에게 있는 것이 아니라는 점을 TQM은 다시 한번 강조하고 있다.

13) 활발한 교육프로그램과 자기개선을 제도화하라(Institute a vigorous program of education and self-improvement)

앞서 언급한 교육 강조(Institute training)와도 중복되는 부분이 있지만 관리자를 위한 교육프로그램들을 활발하게 작동시켜야 하고 구성원들은 또한 적극적으로 지속적인 자기학습과 개선노력에 충실해야 한다는 점을 강조하는 것이다. 끊임없이 변화하는 환경에 적응하기 위해서는 변화관리의 마인드를 확산시키기 위한 교육이 필수적이며 새로운 방식과 일하는 방식의 개선을 유도하는 교육들이 지속적으로 있어야 한다는 것이다.

14) 변화를 이루기 위해 회사의 모든 사람을 관여시켜라(Put everybody in the company to work to accomplish the transformation)

언제나 그렇듯이 조직에 새로운 변화를 일으키고 업무를 추진해 나가기 위해서는 최고관리층(top management)의 구체적인 계획과 함께 실질적이고 선제적인 행동이 필요하다. 구성원 스스로는 이러한 일을 할 수 없다. 성과향상과 품질향상을 위한 최고관리층의 시스템 개선 노력이 없으면 구성원들은 성과를 낼 수 없다. 결과중심의 관리에서 결과에 개인 구성원들이 미치는 영향력은 5~10% 이하이고 나머지는 시스템에 책임이 있으니 시스템을 바꾸고 창출할 수 있는 관리자들(최고관리층 포함)이 책임을 져야 한다는 것이다. 그러나 이렇게 창출된 관리시스템 속에서 모든 조직 구성원이 결과에 대하여 기여하지 않으면 의미가 없다. 이러한 변화의 노력은 결국 모든 사람들이 함께 하여야 가능한 것이다.

4. 균형성과점수표: Balanced Scorecard(BSC)

이상에서 언급된 성과관리와 관련한 논의들을 보다 체계적으로 정리하여 한동안 민간부문과 공공부문에 큰 유행을 불러일으켰던 (그리고 현재까지도 대부분의 조직에서 적용되고 있는) 성과관리모델이 있었는데 그것이 바로 균형성과점수표(BSC)이다.

이 개념을 창시한 Kaplan과 Norton(1992)은 민간부문에서의 오랜 현장연구들을 통해 기업의 관리자들이 의사결정을 내릴 때 재정지표(financial measures)에만 의존하지 않고 다양한 지표들을 동시에 고려하여 의사결정을 내리는 것을 확인하였다. 또한 실패하는 많은 기업들이 단기적 목표에만 집중하는 경향을 보이고 장기적 목표에 소홀이 하는 경향이 나타나 이를 연계시켜 주는 관리시스템이 필요하다고 판단하였다.

이에 BSC의 개념을 개발하여 재정적 관점에 기초한 재정지표 이외에 고객관점, 내부과정적 관점, 학습과 성장의 관점(또는 혁신과 학습의 관점)에 관한 운영지표 내지는 지침(operational measures)들을 구성하고 이를 종합적으로 한눈에 보여줄 수 있는 형태로 성과관리의 틀을 고안해 내게 되었다. 이러한 운영지표들이 결국에는 미래의 재정지표를 올려주는 동인(driver)이 된다는 것이다.

BSC는 기본적으로 시스템 내부의 관점과 시스템 외부의 관점을 구분하고 있다. 즉 성과를 4가지 관점(perspectives)에서 측정하고 관리해야 한다는 점을 강조하고 있는데, 우선 시스템 내부의 관점에서는 재정적 관점(financial perspective), 내부과정적 관점(internal process perspective), 학습과 성장의 관점(learning & growth perspective)이 그것이며, 시스템 외부의 관점에서는 고객관점(customer perspective)이 그것이다.

그림 2-3　BSC의 4가지 관점과 구조도

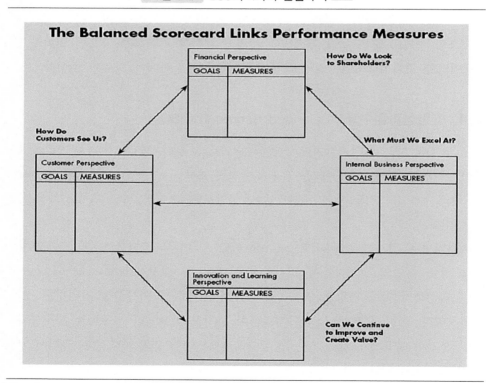

출처: Kaplan, R.S. and Norton, D.P.(1992). The balanced scorecard—measures that drive performance, *Harvard Business Review*, January—February: pp. 71—79.

각각의 관점은 성과목표(performance goal)로 구성되고 성과목표가 구체화되어 성과지표(performance measures)로 측정하게 되어 있으며 관점 간에 논리적 연계가 설정되어 있다.

결국 BSC에서는 시스템 내부의 관점들이 좋아지면 그 결과 시스템 외부의 관점인 고객관점이 좋아져서 조직의 전략과 비전이 달성된다는 논리이다. BSC는 이러한 틀 제공을 통하여 민간조직뿐 아니라 공공조직에게도 성과관리를 위한 훌륭한 틀(template)을 제공했다.

현재도 BSC는 다양한 모습과 형태로 한국을 비롯하여[3] 미국, 영국, 싱가포르, 호주, 일본 등 선진국을 중심으로 확산·운영되고 있으며 전 세계 공공부문 성과관리의 기초적인 틀을 제시하고 있다.

BSC의 기여는 여러 가지 비판에도 불구하고 공공부문 전반에 미션과 비전, 전략, 성과목표와 성과지표라는 개념을 전파시키고 내재화시키는데 기여했다는 점이다. 이제는 어느 공공조직을 보아도 비전과 전략을 고민하지 않는 조직이 없으며, 이러한 전략을 달성하기 위해 성과목표와 성과지표를 관리하지 않는 조직이 없다. 아무리 작은 조직이라도 이러한 체계를 다 가지고 있다. 이러한 체계들이 BSC로 불리던 다른 이름으로 불리던 그건 중요한 것이 아니다.

결국 Kaplan과 Norton(1992)은 그들의 논문에서 BSC는 크게 두 가지 측면에서 장점이 있다고 주장하고 있다. 첫째, BSC는 외관상으로 관련이 없어 보이는 다양한 요소들을 연결하여 소수의 관리가능한 정보로 한 눈에 볼 수 있도록 정리해 주는 기능을 함으로써 회사의 경쟁적인 어젠더들을 관리할 수 있게 해준다는 것이다. 즉 고객지향적인 회사가 되는 것, 고객요구에 대한 반응타임을 줄이는 것, 품질을 개선하는 것, 팀워크를 강조하는 것, 신상품 출시에 걸리는 시간을 앞당기는 것, 장기적 관점을 위해 관리하는 것 등 외관상 이질적인 구성요소들을 한눈에 보게 하면서 종합적 관리를 가능하게 한다는 것이다.

둘째, BSC는 관리자들로 하여금 이른바 부분최적화(sub-optimization)의 문제를 피해나갈 수 있게 도와준다는 것이다. 이것은 4가지 관점 간 거시적 인과관계의 연계를 통해 확인해 볼 수 있는데, BSC는 개별영역에서의 개선의 합이 전

---

3) 한국에서는 경기도 부천시가 2004년에 저자의 자문으로 공공부문에서는 국내 최초로 시범운영을 거쳐 BSC를 도입하였고 이듬해에 행정자치부가 BSC를 중앙정부차원에서 최초로 도입하기 시작하여 중앙정부와 지방자치단체, 공공기관으로 확산되어 나갔다. 경기도 부천시의 BSC 도입사례와 관련하여서는 이석환(2006). 공공부문 BSC 적용사례분석: 부천시의 사례를 중심으로, 「한국행정학보」 40권 1호, pp. 127-149 참조.

체의 입장에서 성과의 합으로 이어지지 않을 수 있다는 점을 알게 한다. 예를 들어 TTM(time to market), 즉 "신상품에 대한 컨셉 수립부터 실제 상품이 시장에 출시되는데까지 걸리는 시간"을 줄이기 위해 두 가지의 방법이 있을 수 있다. 하나는 신제품을 출시하는 관리체계를 개선하는 것이고 다른 하나는 기존상품과 거의 차이가 없지만 약간 다른 상품들을 점진적으로 출시하면서 TTM을 줄여나가는 것이다. 후자가 당연히 바람직하지 않은 것이며 이 경우에 TTM이 혁신과 학습의 관점에서 관리가 되고 달성되었다 하더라도 궁극적으로 고객의 관점에서 신상품의 판매가 증가하지 않으면 그 차이(gap)를 알 수 있게 된다는 것이다.

그러면 이제 BSC가 주장하는 4가지 관점을 각각 살펴보고자 한다.

1) 고객의 관점(Customer Perspective)

시스템 외부의 관점인 고객관점에서의 기본 질문은 "고객들이 우리 회사를 어떻게 바라보고 있는가?(How do our customers see us?)" 이다. 이것은 어떤 조직이든 조직의 재화나 서비스를 사용해 주어야 하는 고객들이 그 조직을 어떻게 바라보고 있는가에 관한 관점을 의미한다. 고객제일주의나 고객을 왕으로 모셔야 한다는 기업들의 핵심가치가 이러한 관점에 고스란히 반영되게 된다. 따라서 고객의 관점에서는 고객들의 서비스에 대한 만족도, 제품 추천의사, 체감도, 시장점유율, 그리고 고객의 입장에서 중요하다고 생각되어 지는 상태가 목표 상태로 정의되어 진다.

2) 재정적 관점(Financial Perspectives)

원래 초장기 BSC에서는 4가지 관점 중에서 재정적 관점을 맨 위의 관점으로 올려놓았었다. 왜냐하면 기업을 대상으로 하는 관리에서 출발했기 때문에 수익률, 현금의 흐름과 함께 ROI(Return on Investment)등 다양한 재정관점의 지표들이 최종적인 관점으로 판단되었다. 이 관점에서는 "How do we look to our shareholders?"가 주된 질문으로 "주주들에게 우리 회사가 어떻게 보이는가?"를 확인하는 것이다.

그림 2-4 ECI 회사의 BSC 예시

ECI's Balanced Business Scorecard

Financial Perspective

GOALS	MEASURES
Survive	Cash flow
Succeed	Quarterly sales growth and operating income by division
Prosper	Increased market share and ROE

Customer Perspective

GOALS	MEASURES
New products	Percent of sales from new products
	Percent of sales from proprietary products
Responsive supply	On-time delivery (defined by customer)
Preferred supplier	Share of key accounts' purchases
	Ranking by key accounts
Customer partnership	Number of cooperative engineering efforts

Internal Business Perspective

GOALS	MEASURES
Technology capability	Manufacturing geometry vs. competition
Manufacturing excellence	Cycle time Unit cost Yield
Design productivity	Silicon efficiency Engineering efficiency
New product introduction	Actual introduction schedule vs. plan

Innovation and Learning Perspective

GOALS	MEASURES
Technology leadership	Time to develop next generation
Manufacturing learning	Process time to maturity
Product focus	Percent of products that equal 80% sales
Time to market	New product introduction vs. competition

출처: Kaplan, R.S. and Norton, D.P.(1992). The balanced scorecard—measures that drive performance, *Harvard Business Review*, January—February: pp. 71—79.

3) 내부과정적 관점(Internal Process Perspective)

이 관점은 고객의 관점과 직결된 관점으로서 궁극적으로 고객의 관점 지표들을 달성하기 위하여 조직이 내부적으로 무엇을 할 것인가에 관한 내용을 다룬다. 여기서 궁극적인 질문은 "What must we excel at?" 즉 "우리가 무엇에 가장 뛰어나야 하는가?"에 답하는 것이다. 이는 고객관점에서의 성과를 달성하기 위한 일련의 서비스 또는 제품제작 과정에 대한 개선, 구체적인 실천계획과 행동, 그리고 의사결정에 관한 내용들이 지표로 담겨진다.

4) 학습과 성장의 관점(Innovation & Learning Perspective/ Learning & Growth Perspective)

이 관점은 4가지의 관점 중에 제일 마지막에 있는 관점으로 위에서 언급한 고객관점과 내부 과정적 관점을 뒷받침하는 "지속적인 개선(continuous improvement)"과 관련된 부분이다. 여기서의 주요 질문은 "우리가 지속적으로 가치를 개선하고 창출할 수 있는가?(Can we continue to improve and create value?)"인데 이것은 회사가 지속적으로 혁신하고 개선하며 학습하는 능력을 갖추어야 한다는 것이고 이것이야 말로 회사의 가치(value)에 직접적으로 연결된다는 것이다. 다시 말해 신상품을 출시하고 고객을 위해 새로운 가치를 창출하며 효율성 개선을 위해 노력하는 것이야말로 회사로 하여금 시장에서 우위를 갖게 하는 중요한 시금석이 된다는 것이다.

5. Balanced Scorecard(BSC)의 실제사례들

앞에서도 언급되었듯이 한국의 공공부문에서는 경기도 부천시가 2004년 시범운영을 시작으로 2005년부터 본격적으로 도입하여 현재까지 약 15년 이상을 운영해 오고 있고 미국에서는 노스캐롤라이나 주의 샬롯시가 공공부문에서는 최초로 BSC를 도입하여 성공적으로 운영해 오고 있다. 위의 BSC의 개념에 기초하여 각 시에서는 4가지 관점별로 성과목표(Score Card)를 설정하고 그 목표 내에서 지표를 운영해 오고 있다.

1) 부천시의 사례

(1) 전략지도 수립을 위한 워크숍

부천시는 2004년 국내 공공부문 최초로 BSC를 시범운영하고 2005년에 본격적으로 도입하였다. 공무원들로 구성된 BSC 설계팀이 구성되어 수일에 거친 워크숍을 진행하였고 그 결과 최초로 시 전체차원에서의 전략지도를 완성하였다. 이후 수정을 거쳐 지금의 전략지도가 완성되게 되었다(<그림 2-5> 참조).

> **그림 2-5** 부천시의 전략지도

비전	시민만족, 세계 속의 **문화창의도시**		
전략	**안전하고 쾌적한 품격 높은 도시**	**활력있는 일상의 문화로 미래성장 주도**	**함께 잘 사는 시민중심 공동체**
시민	• 재난으로부터 안전한 도시 • 사회약자 우선 생활안전 • 예방과 관리의 평생건강 • 쾌적한 주거공간 • 미래지향 도시기반 혁신 • 맑고 깨끗한 친환경도시	• 생활 속 문화예술체육 • 평생학습 창의도시 • 스마트한 정보도시 • 자연과 조화로운 공원녹지	• 시민공감 소통행정 • 지속가능한 산업육성 • 좋은 일자리 창출 • 생애맞춤형 행복한 복지
내부과정		• 경쟁력 높은 행정	• 대내외 협력행정 강화
재정	• 예산의 합리적 운영		• 자주재원 증대
학습성장		• 창조적이고 효율적인 조직	• 일과 삶의 조화

전략지도에서 나타난 전략에는 3개의 전략목표가 존재하며 이는 핵심영역 (focus area)이라 불리는 것으로 각 영역에 대한 정의가 별도로 내려져 있다. 또한 4개의 관점별로 목표카드(score card)로 불리는 성과목표(performance goal)가 설계되었고 이 목표카드별로 또한 별도의 정의를 내리고 있다.

(2) 국·과 단위로의 캐스케이딩(cascading)

이렇게 만들어진 시 전체 차원의 전략지도를 중심으로 부천시는 국과 과 단위에서 상위목표를 Top-Down 방식으로 내려 받기 위한 캐스케이딩[4] 작업이 이루어졌는데 국보다는 과 단위가 실행단위였기 때문에 과를 중심으로 전체 시

---

4) 캐스케이딩은 조직차원에서의 상위목표들을 각 부서수준에서 미션에 고려하여 목표를 할당받는 방식을 의미한다.

의 전략지도상에 나타난 목표들을 직접 캐스케이딩 하는 방식을 취했다. 또한 캐스케이딩을 할 때에는 가급적 전체 시차원에서의 성과목표인 핵심성공요인 (CSF: Critical Sucess Factor)[5]을 말을 바꾸지 않고 그대로 내려 받는 것이 좋은데 이것은 목표의 투명성을 확보하기 위한 방안으로서 조직전체차원의 비전에 대한 부서들의 비전몰입도를 상승시킬 수 있기 때문이다(Niven, 2006; 이석환, 2008). 따라서 각 과 단위에서 전략지도를 새롭게 구성하고 그에 따라 목표카드 내에서 성과지표를 도출하는 작업을 시작하였다.

(3) 성과지표와 실행계획(과제지표)의 이원적 관리

부천시는 각 관점별 목표카드에서 결과중심의 성과지표를 도출해 내고 이를 달성하기 위한 수단으로서의 과제지표들이 결과중심의 성과지표마다 필요하다고 생각했다. 사실 기존의 BSC에서는 이 부분을 별도로 구분하지 않고 4가지 관점 에서 고객관점을 제외한 내부과정적 관점과 학습성장의 관점에서의 일종의 선행 지표로 이러한 과제지표를 대신하려 했으나 공공부문은 민간부문보다 관리구조 가 더 복잡하여 선행지표의 개념으로 과제지표를 관리하는 데는 문제가 있다고 판단하였다. 과제지표는 구체적인 액션과 정책, 프로그램들을 의미하므로 이를 고객관점의 결과지표에 연계시켜 관리하는 것은 매우 의미 있는 일이었다. 따라 서 하나의 결과지표에 여러 개의 과제(지표)들이 열매처럼 매달려 있는 모습을 구현하고자 하였으며 이러한 철학이 지표 정의서에 반영되었다.

저자는 고객관점이 아닌 나머지 관점에서도 지표와 과제간 연계가 중요하다 고 주장하였고 이에 따라 나머지 관점에서도 동일한 지표체계를 구성하게 되었 다. 이는 앞서 살펴보았듯이 BSC가 조직을 부분최적화의 문제로부터 보호한다 고 했는데 나중에 결과를 보고 판단하면 이미 비용이 발생하게 되어 늦은 것이 므로 사전에 과제지표 관리를 통하여 바람직하지 않은 수단이 강구되는 것을 방 지하고자 하였던 것이다. 즉 부천시에서 만일 기업처럼 'TTM'이 관리된다면 이 는 사전에 'TTM'을 달성하기 위해 어떠한 과제를 강구할 것인지를 미리 밝히게 함으로써 문제가 되는 "시장에 기존제품과 약간 다른 그저 그런 제품을 출시하

---

5) 핵심성공요인(Critical Success Factor: CSF)과 목표카드(Score Card), 성과목표(Performance Goal)는 같은 의미이다. 기업마다, 공공기관, 지방자치단체, 중앙정부마다 각기 다른 용어를 쓰고 있어 혼돈이 있는 것이 사실이다.

는" 전술을 통하여 지표를 달성하는 일은 없을 것이다(아래의 부천시 지표정의서 참조).[6]

표 2-1 부천시의 성과지표정의서【예시】

성과지표 정의서(철도운영과 1)						
성과 지표명	부천지하철 7호선 연장구간의 이용인원 증가율	부서명	철도운영과 철도운영팀		담당자	○○○
전략 목표	회복력이 강한 지속가능 공동체	목표 카드	사람중심의 편리한 도시기반시설		가중치	28/76
설정 사유	부천지하철 7호선 연장구간 이용승객 증가를 통한 운영수익 증대로 재정부담 없는 지하철 운영				연속성	2012 ~2015
					관 점	시민
실적 산출 (산출 방법)	2014년 부천시 인구대비 지하철 이용율(13.5%) (×2014년 부천시민: 874,745명)	실적 (Out put)	지하철 일평균 이용인원수 (874,745명×13.5%=118,090명 이상)	지표속성		
				평가유형	목표 달성도	
실적 상세 정의	▶ 실적산출식 = 부천시민 인구수 대비 지하철 이용율 ○ 부천시민수(874,745명) * 13.5%= 118,090명 = 118,090명/874,745명 * 100%= 13.5% ※ 2014년 대비 5.7% 증가=(2015년 118,090명/2014년 111,662명) * 100%(* 2014.12월말 인구: 874,745명) ▶ 추진과제 이행을 통한 지하철 7호선 이용객 수 증가로 운영비용의 흑자 정산 ○ 근거: 2012.9.28. 운영협약(부천시, 인천시, 서울시, 서울도시철도공사) ○ 내용: 3년 주기로 운영비와 수익금 정산 실시(적자발생시 시비부담 발생) ▶ 집계방법: 부천시민 인구대비 지하철 이용율(13.5% 이상)상·하반기 일평균 지하철 수송 실적			단 위	명	
				계량구분	계량	
				집계방식	last	
				향상방향	상향	
				원천 시스템 (자료 출처)	온나라 시스템	
				입력주기	반기	
주기별 목표	1분기	2분기 113,000	3분기	4분기 118,090	실 적 연계 팀	철도 시설팀
목표 수립근거					우수	91 ~100
목표 및 과거 실적	Y+3목표 (2018) 125,000	Y+2목표 (2017) 123,000 Y+1목표 (2016) 120,000	당기목표 (2015) 118,090 Y-1실적 (2014) 111,662	Y-2실적 (2013) 97,812 Y-3실적 (2012) 85,632	보통	70 ~90
					경고	70 미만
시민의견 반영내용	지하철 이용승객 증가를 위한 2013.2014. 지하철 이용승객 만족도 조사에 따른 의견 수렴(2014년: 의자 55개 설치, 상가 5개 설치 2015년: 에스컬레이터 설치(부천시청역 4대, 까치울역 2대))					

---

6) BSC 성과관리 시스템, On-line available at http://bsc.bucheon.go.kr/web/community/performance.do, Accessed on April 11, 2021.

표 2-2 부천시의 성과지표와 연결된 세부추진과제(실행계획) 정의서 【예시】

			세부추진과제 정의서 1-1							
성과지표명		부천지하철 7호선 연장구간의 이용인원 증가율						가중치		100/100
추진과제	추진과제명	이용승객 증가를 위한 쾌적하고 편리한 지하철 운영 추진			부서명		철도운영과 철도운영팀		담당자	○ ○ ○
	추진과제개요	쾌적하고 편리한 지하철 운영으로 승객 만족도 및 이용인원 증가를 통한 흑자 운영으로 시 재정에 기여			실적연계팀		철도시설팀		연속성	2012 ~2015
	실적정의	지하철 7호선 연장구간의 이용승객 증가를 위한 사업추진 횟수			최종목표		19		집계방식	합계
					계량구분	계량	단위	회	주기	분기

	월	계량목표	추진계획	월	계량목표	추진계획
추진과제 1	1분기	4	− 지하철 7호선 부천구간 합리적 운영을 위한 운영협약서 개정추진 − 승객의 안전한 지하철 이용을 위한 운영기관 안전업무 실태점검(확인) − 지하철 이용승객 추이 모니터링(1분기) − 쾌적한 지하철 유지관리를 위한 사후환경영향조사(1분기)	3분기	4	− 지하철 이용승객 추이 모니터링(3분기) − 쾌적한 지하철 유지관리를 위한 사후환경영향조사(3분기) − 에스컬레이터 추가설치 완료(3대) − 에스컬레이터 추가설치 공사 현장점검
	2분기	5	− 지하철 7호선 부천구간 승객 편의를 위한 편의시설유지관리 및 점검 − 지하철 7호선 부천구간 합리적 운영을 위한 운영협약서 개정추진 − 지하철 이용승객 추이 모니터링(2분기) − 쾌적한 지하철 유지관리를 위한 사후환경영향조사(2분기) − 2015. 상반기 지하철 수송실적 보고	4분기	6	− 승객의 안전한 지하철 이용을 위한 운영기관 안전업무 실태점검(확인) − 지하철 이용승객 추이 모니터링(4분기) − 쾌적한 지하철 유지관리를 위한 사후환경영향조사(4분기) − 지하철 7호선 부천구간 이용승객 만족도 조사 − 에스컬레이터 추가설치 완료(3대) − 2015. 하반기 지하철 수송실적 보고

시민의견 반영내용	지하철 이용승객 증가를 위한 2013.2014. 지하철 이용승객 만족도 조사에 따른 의견 수렴(2014년: 의자 55개 설치, 상가 5개 설치 2015년: 에스컬레이터 설치(부천시청역 4대, 까치울역 2대))

(4) 시민설문평가의 반영과 이에 기초한 지표의 개선

부천시에서는 성과지표의 설정이외에 시민주도형 정부성과관리(Citizen-Driven Government Performance) 모델에 입각하여 비전과 전략목표, 성과목표, 성과지표에 대한 체감도 및 지지도 등에 대하여 시민들의 입장에서 평가하게 하는 방식을 도입하였다. 이것은 본서의 앞부분에서 언급한 바와 같이 공공부문 성과는 효율성과 효과성 지표달성도 외에 반응성(responsiveness)이라고 하는 차원이 추가되어져야 한다는 관점과 일치하는 것이다. 이를 위해 고객설문평가 제도를 도입하여 매년 해당부서의 고객집단 리스트를 중심으로 조사를 해 오고 있다. 이를 위한 부천시의 시민주도형 정부성과관리(Citizen-Driven Government Performance) 모형은 아래와 같다.

그림 2-6 부천시 시민주도형 정부성과모델 구현을 위한 분석틀

분석수준	분석내용	단계별가치
거시환경수준	신뢰도, 생활만족도, 거주의사	행정의 사회적 책임 (Societal Accountability)
기관수준(조직수준)	비전, 핵심영역, 성과목표 달성도 및 체감도	행정의 성과책임 (Performance Accountability)
부서수준	고객충성도	대 시민 소통 (Mutual Communication)
	의견 반영도	

출처: 이석환(2015, 연구책임). 「성과관리 고객평가를 위한 고객만족도 조사용역 연구보고서」, 국민대학교 산학협력단, p.11.

위의 분석틀에서 거시환경수준에서는 부천시에 대한 신뢰도를 측정하고 삶의 질을 대표할 수 있는 거주의사를 측정하며, 기관수준에서는 성과관리체계에서 설정한 비전달성 체감도와 성과목표별 지표달성 체감도, 시민의 요구에 대한 반응도 등을 분석하였으며,[7] 부서수준에서는 부서별 성과지표를 중심으로 부서업무에 대한 고객충성도와 의견반영도를 측정하여 시민과의 소통측면을 강조하고자 하였다.

---

7) 이때 전략목표(핵심영역)와 성과목표 달성도는 각각의 목표에 대한 정의를 설문지에 포함시켜 체감도를 측정하게 된다.

거시환경수준에서 신뢰도와 거주의사를 측정하는 이유는 행정의 궁극적 목표인 사회적 책임성(Societal Accountability)을 중요하게 보고자 하는 것이며 비록 외부요인들이 많이 작동할 수 있지만 궁극적으로는 잘 설계된 성과관리체계의 구축 및 운영이 정부신뢰와 삶의 질 개선에 기여한다고 보아야 하기 때문에 이에 대한 부분을 지속적으로 관리 할 필요가 있는 것이다.

기관수준에서 비전체감도와 성과목표별 달성도 및 반응도를 분석하는 이유는 행정의 성과책임성(Performance Accountability)이 공공부문의 성과에 핵심임을 인지하고 이에 대한 성취도를 평가하고자 하는 것이다.

부서수준에서 고객충성도와 의견반영도를 분석하는 이유는 각 부서가 시민들과 함께 상호소통하며 부천시의 주요사업들의 목표를 설득하고 합의해 나가며 추진내용을 적극적으로 알리며 함께 가고 있는지를 평가하려는 의도를 가지고 있다. 반응성이란 부천시가 시민이 중요하다고 생각하는 부분을 고민하고 이에 대응하려고 노력하고 있는지를 측정하는 부분이므로 고객들이 부천시의 지표를

그림 2-7   ○○○ 안전센터 포트폴리오 분석

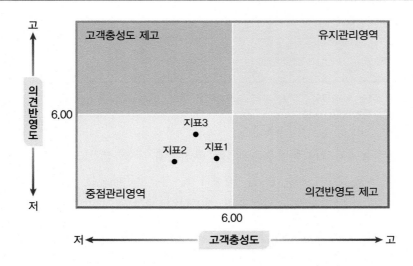

주) 지표1: 어린이교통사고 감소율, 지표2: 자연재난 피해 최소화, 지표3: 생활안전과 재난대비 참여자 제고.
출처: 이석환(2015, 연구책임). 「성과관리 고객평가를 위한 고객만족도 조사용역 연구보고서」, 국민대학교 산학협력단, p.38.

얼마나 지지하고 있는지의 여부와(고객충성도) 그 지표를 달성하는 과정에서 고객들의 의견반영을 얼마나 하려고 노력하였는지(의견반영도)를 각각 X축과 Y축으로 해서 포트폴리오 분석을 실시하고 있다(<그림 2-7> 참조).

부천시는 이러한 변수들을 중심으로 매년 설문조사를 통하여 연도별 추이를 분석하고 있으며 매년 지표개선에 이 정보들을 활용하고 있다.

2) 미국 노스캐롤라이나주의 샬롯시 사례

(1) BSC 도입의 배경 및 전략지도

샬롯시는 미국 내에서 최초로 공공부문에서 가장 먼저 BSC를 도입한 지방정부로 알려져 있다. 1991년에 BSC 설계를 위한 기초가 만들어지기 시작했는데 이는 시의회의 중장기 목표설정 계획과 함께 이루어졌다. 초기에 샬롯시는 BSC의 창시자들인 Kaplan과 Norton의 도움을 받아 1997년 말에 처음 BSC를 본격적으로 시작하게 되었다. 당시 시의 부 매니저(city assistant manager)였던 Pamela Syfert의 관심과 지원으로 시작된 BSC 수립노력은 그녀가 시의 매니저로 승진하면서 더 박차를 가하게 되었다.

샬롯시 역시 4가지 관점을 기준으로 BSC를 설계하였으나 내부과정 관점을 "사업의 운영(Run the Business)" 관점으로, 재정적 관점을 "자원 관리(Manage Resources)" 관점으로, 혁신과 학습의 관점을 "구성원을 계발(Develop Employees)" 하는 관점으로 재정의 하고 전략지도를 작성하였다. 그리고 전략목표에 해당되는 부분을 5개의 핵심영역(focus area)으로 구분하여 사용하였다. 샬롯시는 아래의 전략지도에서 보는 바와 같이 고객관점에서 6개, 내부과정관점에서 3개, 재정적 관점에서 4개, 혁신과 학습의 관점에서 3개의 목표를 설정하였다.[8]

---

8) 현재 샬롯시는 새로운 중장기 계획인 2040 Comprehensive Plan을 작성하고 있는 중이고 지역주민과 시의회, 전문가들의 의견을 수렴하여 2020년 말이나 2021년 봄까지 완성하고 이를 채택할 예정이다. 또한 2020년에는 focus area를 4개의 전략적 우선순위(strategic priorities)로 수정하여 운영해서 2020 year end performance report를 홈페이지에 게재할 예정이다. 2040 종합계획에 관련하여서는 <https://cltfuture2040.com/about/>을 참조하고 전략우선순위 수정과 관련 하여서는 2019 성과보고서 <https://charlottenc.gov/budget/Documents1/2019 YearEndReport%20Final%20Draft.pdf> 참조.

그림 2-8 샬롯시의 전체 전략지도

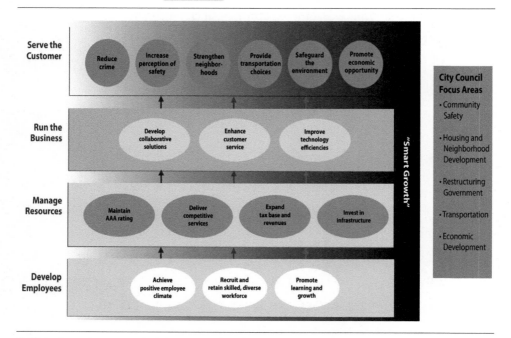

출처: Balanced Scorecard Collaborative(2005). *The City of Charlotte, A Balanced Scorecard Hall of Fame Profile*, Boston, MA: Harvard Business School Publishing, p.13.

(2) 핵심부서단위(Key Business Unit: KBU)로의 상위목표 캐스케이딩 (Cascading)

샬롯시는 전략지도가 만들어 지고 난 후에 이제 시 전체의 상위목표를 각 핵심 부서단위(KBU)로 캐스케이딩 하는 절차를 진행하였다. 아래의 그림에서 보는 바 와 같이 샬롯시의 전체 전략지도를 교통과(Charlotte Department of Transportation: CDOT)에서 어떻게 캐스케이딩을 받는지를 보여준다. 샬롯시는 부천시와는 달리 캐스케이딩을 할 때 전략지도상에 나타난 성과목표들을 그대로 할당받지 않고 교통국(CDOT)의 입장에서 세부적인 계획(Initiative)을 정해서 별도의 하위목표로 부서 전략지도에서 선정하였다. 아래의 <그림 2-9>와 <그림 2-10>은 교 통과가 샬롯시 전체의 전략지도를 보고 해당부서에 맞는 성과목표(performance goal 또는 critical success factor)를 선택한 후 부서단위 전략지도에서 세분화된 하위목표를 설정하였음을 보여준다. 예를 들면 전체전략지도상의 목표인 "안전하고 편안한 교통의 이용(availability of safe, convenient transportation)"을 캐스케이딩 하여 교통국 전략지도에서 5개의 하위목표를 설정하였음을 알 수 있고 나머지 관점에서도 마찬가지로 하위목표들이 설정되었음을 알 수 있다. <그림 2-9>의 시 전체 전략지도에서 음영 처리된 성과목표들이 교통국에서 캐스케이딩 받은 목표들이다. 이 과정을 통하여 샬롯시의 관리자들은 전체지도를 보게 되고 시 전체 전략지도(corporate strategy map)에 나타난 성과목표 내에 모여 있는 부서단위의 성과지표들을 보고 전체를 파악해 낼 수 있게 된다. 반면 부서단위에서는 상위목표에 연결된 자신들의 전략지도를 보면서 그에 연계된 지표관리를 하게 된다.

그림 2-9 샬롯시 전체 차원의 전략지도

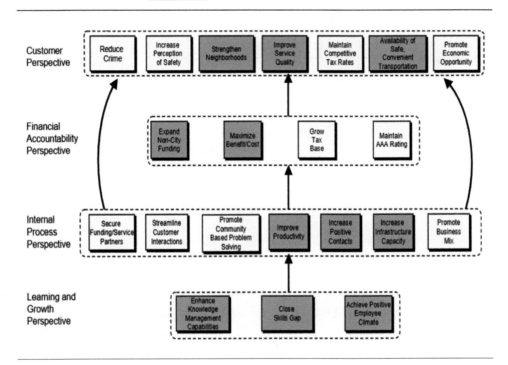

출처: Lathrop, Terry.(2000). The Balanced Scorecard in Charlotte's DOT: A Planning and Management Technique, paper delivered at *American Public Work Association Conference*. Kansas, Missouri. p.9.

그림 2-10 교통과(CDOT)의 전략지도

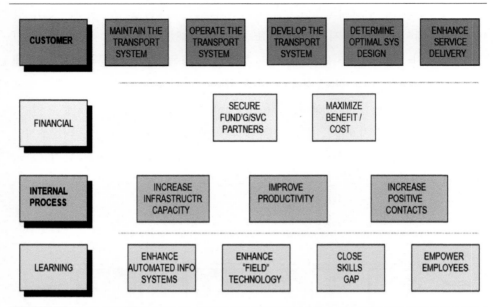

출처: Lathrop, Terry.(2000). The Balanced Scorecard in Charlotte's DOT: A Planning and Management Technique, paper delivered at *American Public Work Association Conference*. Kansas, Missouri, p.11.

(3) 성과지표의 이원적 관리(선행지표와 후행지표의 관리)

이렇게 해서 부서단위의 전략지도가 완성되면 샬롯시 교통과(CDOT)에서는 지표를 이원화해서 관리하는 것을 원칙으로 하고 있다. 즉, 선행지표 또는 동인지표(lead measures)와 후행지표 또는 최종결과지표(lag measures)로 구분하고 이를 연계하여 관리하고 있음을 알 수 있다. 하나의 성과목표 내에서 선행과 후행지표들을 관리해 나간다는 것은 매우 바람직한 일이며 최종지표를 달성하는데 있어서 문제를 정확하게 정의하고 있다는 것을 의미한다. 부천시는 이렇게 관리를 하지 않고 해당 결과지표에 대하여 과제를 연결하는 방식으로 관리를 했다는 것을 알 수 있었다. 그러나 샬롯시에서는 과제를 별도로 관리하지 않고 선행지표를 관리하면서 결과지표를 달성하려고 노력했다는 점이 다른 점이고 부천시보다 더 오랜 경험을 가지고 있는 샬롯시가 이 부분에서는 한발 더 앞서 나가 있다고 할 수 있다. 궁극적으로는 선행지표가 잘 정의되어야 올바른 과제(정책,

프로그램, 사업)가 도출될 수 있기 때문에 이 단계를 잘 정의하는 훈련을 하여야 한다. 예를 들어 아래의 <그림 2-11>에서 DOT 차원에서 고객관점에서의 성과목표 중의 하나인 'C-1'을 보면 "교통시스템을 유지 관리하라(maintain the transportation system)"는 목표에 선행지표(lead measure) 중의 하나로 "신고를 받고 도로를 보수하는데 걸리는 시간(repair response action)"으로 설정하고 후행지표(lag measure)로 "도로상태에 대한 만족도(condition of lane miles)"를 설정하고 목표치로 90점을 달성하겠다는 계획을 세우고 있음을 알 수 있다.

그림 2-11 선행지표와 후행지표간 연계의 예시

Perspective	Objective	Lead Measure	Lag Measure
Customer	C-1 Maintain the transportation system C-2 Operate the transportation system C-3 Develop the transportation system C-4 Determine the optimal system design C-5 Improve service quality	C-1 **Repair Response**: repair response action C-1 **Travel Speed**: average travel speed by facility and selected location C-2 **Commute Time**: average commute time on selected roads C-2 **On-Time Buses**: public transit on-time C-3 **Programs Introduced**: newly introduced programs, pilots, or program specifications C-5 **Responsiveness**: % of citizen complaints and requests resolved at the CDOT level	C-1 **High Quality Streets**: condition of lane miles ≥ 90 rating C-2 **Safety**: city-wide accident rate; no. of high accident locations C-3 **Basic Mobility**: availability of public transit C-4 **Plan Progress**: % complete on 2015 Transportation Plan
Financial	F-1 Expand non-City funding F-2 Maximize benefit / cost	F-2 **Costs**: costs compared to other municipalities and private sector competition	F-1 **Funding Leverage**: dollar value from non-City sources F-1 **New Funding Sources**: dollar value from sources not previously available

출처: Lathrop, Terry.(2000). The Balanced Scorecard in Charlotte's DOT: A Planning and Management Technique, paper delivered at *American Public Work Association Conference*. Kansas, Missouri, p.12.

(4) 목표를 중심으로 한 조직의 정렬

샬롯시 BSC가 주목받는 또 하나의 이유는 성과관리의 궁극적 목적 중의 하나인 "조직도상에서의 여백관리"[9]를 구현했다는 점이다. 즉 아래에서 설명할 의회 분과위원회(council committees), 핵심영역내각(focus area cabinet), 관리자내각

---

9) Rummler, G. & Brache, A.(1995)는 성과관리란 조직도상에서 하얀색 공간(white space)을 관리하는 것이라 주장하면서 조직도상의 부서간 협력의 중요성을 강조하고 있다. 자세한 내용은 Rummler, G. & Brache, A.(1995). *Improving Performance: How to Manage the White Space in the Organization Chart*, Jossey-Bass, CA: San Francisco 참조.

(manager's cabinet) 같은 조직기구의 운영을 통하여 사업부서간 칸막이를 제거하고 조율하며 협력을 유도할 수 있는 플랫폼을 마련하였다는 점에서 높이 평가할 만하다. 핵심영역은 그 정의가 넓기 때문에 넓은 의미에서의 세부 개념들 간의 상호연관관계(interrelationships)를 충분히 포용할 수 있다. 예를 들면 핵심영역 (focus area) 수준에서 "지역사회의 안전(Community Safety)"을 논하든지 "편리하고 안전한 교통(Convenient and Safe Transportation)"을 논하든지 간에 범죄율에서부터 교통사고와 관련된 안전, 삶의 질 등을 모두 포함시킬 수 있으며 이러한 과정에서 경찰국(police department)이 담당해야 할 지표들도 포함되게 된다. 위의 두 개의 핵심영역내각에 모두 들어와 있는 경찰국장은 핵심영역 내각과 관리자 내각 참여를 통해 샬롯 시에서 교통사고 사망율이 살인률을 초과한다는 사실을 알게 되었고 보행자의 안전과 차량안전을 강화시키기 위한 전략을 고민하게 되었다. 이 과정에서 경제발전을 위한 고속도로와 지방도로 인프라를 구축하는 부서들과 협업해서 사고가 많이 발생하는 지역에 안전예방에 필요한 자원이 집중될 수 있도록 노력하였다.[10]

가. 의회 분과위원회(Council Committees)

우선 무엇보다도 미국 지방정부와 의회의 특수성을 이해하여야 한다. 우리와는 다르게 미국의 각 주의 지방정부(시 단위)의 의회와 시장은 상근직(full-time)이 아니다. 그래서 의회(council)는 시를 전담하여 전문적으로 운영할 수 있는 시 행정관(City Manager)을 상근직으로 임명한다. 그리고 그 밑에 2~3명의 시 부행정관(City Assistant Manager)들을 두고 시를 운영해 나가게 된다. 따라서 의회와 시간에 핵심영역(focus area)에 대한 합의가 명확하게 이루어 지고 시의회 의원들도 핵심영역 중심으로 분과를 나누어 위원회를 구성하게 된다(Balanced Scorecard Collaborative, 2005).

이 분과위원회(council committee)에 정기적으로 시 부행정관이 분기마다 출석하여 핵심영역 내에 속해 있는 성과지표들과 진척사항에 대하여 보고하여야 하고 여기에 대하여 의원들은 필요한 정책조언과 지원결정 및 계획의 수정을 요구

---

10) 자세한 내용은 Balanced Scorecard Collaborative (2005). *The City of Charlotte, A Balanced Scorecard Hall of Fame Profile*, Boston, MA: Harvard Business School Publishing 참조.

할 수 있다.[11]

나. 핵심영역 내각(Focus Area Cabinet): 고위 경영진(Leadership Teams)

여기서 핵심영역의 내각이란 시가 강조하는 주제(theme)를 중심으로 별도의 리더십 팀이 구성되어 운영되는 내각을 말하며 이것이야말로 조직의 목표를 중심으로 조직의 기능을 정렬하려는 시도를 보여준다(아래 <그림 2-12> 참조). 고위경영진(leadership team) 또는 핵심영역 내각(focus area cabinet)으로 불리는 이 조직기구는 각 핵심영역 안에서 서로 다른 각 사업부서로부터 온 담당자들로 구성되며 이들은 본인들이 속한 사업부서단위에서 목표를 관리하면서 시 전체차원의 핵심영역에도 소속되어 목표간 충돌방지 및 조율필요에 따른 조정역할을 하게 된다.

이 내각(경영진)의 역할은 시 전체 차원에서 설정한 각 핵심영역을 위한 전략기획을 수립하고 집행하는 과정에서 일어나는 이슈를 해결하는 것이며 최종적으로 전략기획의 성공여부를 측정하는 것이다. 또한 각 부서에서 올라온 지표의 타당성을 검토하며 지역사회의 수요에 반응하기 위하여 지표측정 결과를 검토하고 공유한다. 이때 좌장은 시의 부행정관(Assistant City Manager)이 맡게 된다 (Schumacher, 2006).

앞에서도 언급되었듯이 성과관리가 조직도 상에서 박스와 박스간에 존재하는 하얀색 공간(여백)을 어떻게 관리하느냐가 관건인데 리더십 팀에게 부여된 핵심영역별 전략지도(<그림 2-12>에서 'City within a City'라는 핵심영역의 전략지도)가 바로 여백은 이렇게 관리하는 것이라는 점을 보여준다.

경우에 따라서는 성과평가를 할 때 관리자급 수준에서는 부서의 전략지도 달성도(50%)와 핵심영역별 전략지도 달성도(50%)를 균등하게 평가하여 반영하는 것도 생각해 볼 수 있다. 이러한 과정을 통하여 부서간 칸막이가 무너지고 수평행정이 이루어지게 됨을 알 수 있다.

---

11) 샬롯시의 홈페이지에는 시의회 위원회가 focus area(strategic priority)별로 구성되어 있고 각각의 위원회에서는 매달 회의록이 올라와 있다. 자세한 회의록의 예시 내용은 웹사이트 <https://charlottenc.gov/CityCouncil/Committees/Pages/Neighborhood_Development.aspx> 참조.

그림 2-12 Leadership Team(핵심영역 내각)의 역할과 KBU간 협력

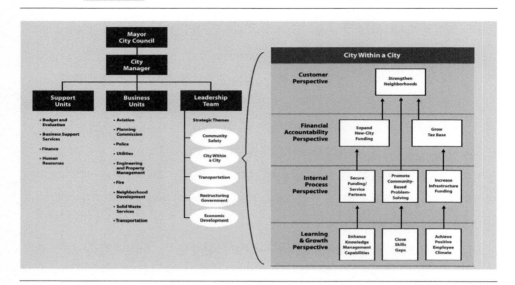

출처: Balanced Scorecard Collaborative (2005). *The City of Charlotte, A Balanced Scorecard Hall of Fame Profile*, Boston, MA: Harvard Business School Publishing, p.13.

다. 관리자 내각(Manager's Cabinet)

이 내각은 BSC를 총괄하는 내각으로 시 행정관, 부행정관, 사업부서의 장 전체가 참여하는 내각이고 의사결정구조상으로 맨 위에 있는 조직기구라 할 수 있다. 이 내각의 역할은 시의 전략적 방향에 대해 검토하며 부서간 정보를 공유하고 핵심영역내각(리더십 팀)에서 올라온 제안과 요청사항들을 검토하는 역할을 한다. 핵심영역에서 해결되기 어려운 이슈와 조율과 지원이 필요한 부분에 대하여 관리자 내각이 역할을 하게 된다. 이 내각은 시 부행정관이 회의를 주재하여 진행한다(Schumacher, 2006).

6. 세 가지 성과모델들의 철학과 B·L·U·E

이상에서 살펴본 세 가지의 모델들, 즉 MBO, TQM, BSC는 서로 다른 관점을 지향하는 듯하지만, 크게 보면 공통점들이 발견된다. 이러한 공통점들을 유형화해 본다면 바로 이 책에서 필자가 주장하는 B·L·U·E의 4가지 요소로 분

류될 수 있음을 알 수 있다. 따라서 어떤 의미에서 B·L·U·E는 새로운 것이 아니다. 너무나도 당연하고 중요한, 그렇지만 늘 간과되어지기 쉬운 요소들이다. B·L·U·E 조직의 지속가능한 성장을 위해 핵심요소라고 할 수 있는 것이다.

이하에서는 각 모델별 특성과 B·L·U·E간 연계성을 간략하게 정리해 보고자 한다.

표 2-3　BLUE의 핵심요소와 성과관리모델간 연계성

구분	BLUE 핵심요소	MBO의 연계요인	TQM의 연계요인	BSC의 연계요인
Basics	− 변해서는 안되는 핵심가치와 핵심목적, 성과목표와 지표들 − 이에 기초한 비전 설계와 올바른 전략적 기획(미래예측이 아닌 이미 일어난 사건에 집중하는 기획)	− 조직의 정신(spirit)을 내재화하고 이를 관리자와 구성원 모두에게 요구하며 이에 부합하는 역량개발	− 목표의 상시성(constancy)을 강조하고 리더십의 제도화를 강조	− 핵심가치와 비전, 전략집중형 조직의 강조 − 4가지 관점에 대한 강조를 통한 근본적 요인들(fundamentals)의 강화 − 특히 학습과 성장의 관점 강조를 통한 회사의 가치 창출 및 내재화
Linkages	− 정책문제의 본질에 대한 정의 − 최종 결과 지표와 산출(정책) 사이의 중간결과 단계를 명확히 정의하고 연계 − 위험(risk)과 결과(result)간 연계	− 시장과 고객의 요구상태를 명확히 파악하고 이에 적합한 모델이 만들어지며 새로운 시장을 혁신적으로 창출할 수 있는지를 확인	− 문제의 정의를 사람이 아닌 시스템에서 찾는 방향을 강조 − 전체를 먼저보고 부분을 보는 관점을 강조 − 이를 위한 전문부서간 칸막이의 타파를 강조	− 4가지 관점간 인과적 논리연계를 통한 부분최적화의 문제해결 − 결과중심의 관리를 선행과 후행지표로 세분화 − 장기적 관점에서의 의사결정
Unity	− 사회속의 모든 구성원들과 함께 성과를 내는 플랫폼 제공자 및 오케스트라의 지휘자로서의 정부	− 사회와의 공생발전 및 기업의 공공의 책임(public responsibility)을 강조	− 하청업체와의 조화로운 파트너십을 강조 − 협력업체를 자사조직의 한 부분으로 보는 관점의 강조	− 내부프로세스관점의 강조를 통한 지역사회/외부기관 협업과 파트너십, 일하는 방식개선
Equilibrium	− 정치와 분리가 불가능한 행정의 폭주에 대한 국민의 견제	− 시장에서의 위치(market standing) 강조를 통한 면밀한 수요파악	− 새로운 철학의 필요성 강조를 통해 과거 경험과 습관으로 부터의 탈피를 강조(과감하	− 고객관점과 재정적 관점에서 본 시장과 주주들의 정확한 니즈 파악에 대한 중요성 강조

	– 합리적 자원배분을 통한 책임성 확보 – 커지는 정부의 규모에 대한 견제	– 생산성과 이윤가능성에 대한 정의 (이윤, 수익은 최대화가 아닌 위험관리를 위한 최소화임을 강조)	게 불필요한 프로그램 제거) – 시스템의 상시적 개선을 통한 신축적 자원관리	– 조직의 환경적응성 및 주주(이해관계자)에 대한 책임성 강조

참고문헌

부천시 정책기획과(2020). 부천시 성과지표정의서(내부자료), 부천시.

이석환(2006). "공공부문 BSC 적용사례분석: 부천시의 사례를 중심으로", 「한국행정학보」 40권 1호, pp. 127-149.

_____(2008). 「UOFO(Unreasonable Objectives-focused Organization): 신뢰받는 정부와 기업을 위한 전략적 성과관리」, 법문사.

_____(2015). 「성과관리 고객평가를 위한 고객만족도 조사용역 연구보고서」, 국민대학교 산학협력단.

Balanced Scorecard Collaborative(2005). *The City of Charlotte, A Balanced Scorecard Hall of Fame Profile*. Boston, MA: Harvard Business School Publishing, pp. 1-14.

Bennewitz, E.(1980). "Evolution of budgeting and control systems." *Productivity Improvement Handbook for State & Local Government*, NY: John Wiley & Sons, pp. 115-132.

Drucker, P.F.(1954). *The Practice of Management: A Study of the Most Important Function in America Society*. Harper & Brothers.

_____.(2008). *The Essential Drucker: The Best of Sixty Years of Peter Drucker's Essential Writings on Management*. NY: HarperCollins.

Epstein, P.(1994). Measuring the Performance of Public Services, In Holzer & Lee (ed.), *Public Productivity Handbook* (2nd eds.), NY: Marcel Dekker. pp. 161-194.

Fischer, Frank.(1995). *Evaluating Public Policy*, IL: Chicago, Nelson-Hall.

Halachmi, A. & Holzer, M.(1986). "Introduction: Toward strategic perspectives on public productivity." In A. Halachmi, & M. Holzer (Ed.), *Strategic issues in public sector productivity: The best of public productivity review* (pp.5-16), 1975-1985, San Francisco, CA: Jossey-Bass.

Hatry, H.P., Winnie, R.E., and Fisk, D.M.(1981). *Practical Program Evaluation for State and Local Governments*. Washington, D.C.: Urban Institute Press.

Holzer, M. & Seok-Hwan Lee.(2004). *Public Productivity Handbook* (2nd eds.), NY: Marcel Dekker.

Holzer, M. & Callahan, K.(1998). *Government at work: Best practices and model programs.* Thousand Oaks, CA: Sage.

Kaplan, R.S. and Norton, D.P.(1992). "The Balanced Scorecard—Measures that Drive Performance." *Harvard Business Review,* January-February, pp. 71-79.

Lathrop, Terry.(2000). The Balanced Scorecard in Charlotte's DOT: A Planning and Management Technique, paper delivered at American Public Work Association Conference. Kansas, Missouri.

Lisa Schumacher.(2006). Charlotte's Balanced Scorecard: Aligning Strategies with Government Performance (내부자료).

Niven, Paul R.(2005), *Balanced Scorecard Diagnostics: Maintaining Maximum Performance.* Hoboken, NJ: John Wiley & Sons.

Rummler, G. & Brache, A.(1995). *Improving Performance: How to Manage the White Space in the Organization Chart,* Jossey-Bass, CA: San Francisco.

Schachter, H.L.(1996). *Reinventing Government or Reinventing Ourselves: The Role of Citizen Owners in Making a Better Government.* SUNY press.

Usilaner, B. & Soniat, E.(1980). "Productivity measurement". *Productivity Improvement Handbook for State & Local Government.* New York: J. Wiley & Sons.

Waldo, D.(1980). *The Enterprises of Public Administration.* Novato, CA: Chandler & Sharp Pub.

Werther, W.B. & Ruch, W.A. & McClure, L.(1986). *Productivity though people.* New York: West Publishing Co.

Yang, K. & Holzer, M.(2006). "The Performance-Trust link: Implications for Performance Measurement." *Public Administration Review,* 66(1), pp. 114-126.

Deming Institute, *Dr. Deming's 14 Points for Management,* available at http://deming.org/explore/fourteen-points/, Accessed on Dec. 15, 2020.

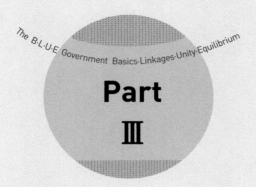

The B.L.U.E Government Basics·Linkages·Unity·Equilibrium

Part

Ⅲ

BLUE Government
: Basics · Linkages · Unity · Equilibrium

─── C·h·a·p·t·e·r ───

BASICS(변해서는 안 될 것들에 대한 이야기)

앞서 프롤로그에서 언급되었듯이 BLUE의 B는 기초(Basics)이다. 기초가 튼튼한 조직을 의미하는데 이러한 기초는 조직의 근간과 관련이 있으며 전통적인 기획이 아닌 전략적 기획과 관련하여 기본원칙(fundamentals)이 튼튼한 조직을 말한다. 기초가 강한 조직은 조직의 핵심목적(core purpose)과 핵심가치(core values) — 이를 통합하여 핵심이념(core ideology)이라 부른다— 가 명확하고 이를 어떠한 일이 있어도 지켜나가며 구성원들에게 내재화시킨다. 그리고 이러한 핵심이념을 구체적으로 구현하기 위한 미래의 조직의 모습을 비전으로 탄생시킨다.

따라서 명확한 핵심이념의 설정이 없이 비전을 내세우는 조직은 영혼이 없는 조직일 수밖에 없다. 이러한 핵심이념은 보편적 진리이기 때문에 100년이 지나도 변할 수 없는 것이어야 하지만, 적어도 20~30년 앞을 내다보고 세운 비전이 달성되기 전까지는 절대 변하지 않는 것이어야 한다. 그렇다면 핵심가치와 핵심목적은 언제 바뀌는가? 단 한 가지의 경우에 한해서라고 말할 수 있어야 한다. 즉, 조직의 비전이 달성되어 제2의 비전을 창출할 때 그때의 시대적 상황에 따라 달라진 환경의 수요를 반영하기 위해서이다. 단 이때에도 핵심가치와 목적의 내용이 추가 내지는 수정되는 것이지 기존의 핵심가치를 송두리째 날리고 새로운 가치로 채울 수는 없다는 점을 알아야 한다.

핵심이념의 설정은 정부에서 매우 중요하다. 이는 정부가 운영되는 원칙과 방향을 설정함과 동시에 정부가 사회와의 관계 속에서 왜 존재해야 하는지를 밝히는 것이기 때문이다. 결국 이를 중심으로 성과를 창출하여 국민들로부터 신뢰를 얻어야 하기 때문에 정부의 성과관리를 위한 첫 단추가 된다. 정부는 5년을 임기로 정권을 유지하지만 정당정치에 의해 움직이는 것이기 때문에 5년을 보고 비전을 세우는 것이 아니라 국가의 미래를 보고 비전을 세워야 한다. 이는 각 정당이 지지하는 핵심이념과 이에 기초한 비전이 충분히 20~30년 이상을 내다보는 장기적인 것이어야 한다는 것을 의미하며 정부도 집권여당과 같은 기조에서 핵심이념과 비전이 나올 수밖에 없음을 의미한다.

이렇게 설정된 핵심이념과 비전을 중심으로 중장기적 전략목표와 성과목표를 찾아나가게 되는데 이 과정에서 기초가 튼튼한 조직은 전략적 기획의 의미를 제대로 이해하고 올바르게 수립하는 방법을 안다. 결론부터 말하자면, 이러한 조직들은 미래를 함부로 예측하려 들지 않는다. 이 조직들은 '이미 발생한 사건'에 집중하고 이 사건들이 의미하는 바를 찾는다. 여기에 기초하여 전략목표가 설정되고 성과지표가 도출된다.

이하에서는 그 순서에 따라 구체적인 내용을 기술하기로 한다.

1. 핵심이념(core ideology)

핵심이념은 크게 핵심가치(core values)와 핵심목적(core purposes)으로 이루어진다. 이러한 핵심이념은 아무리 오랜 세월이 흘러도 불변하는 것이어야 하며, 성공하는 조직들은 이러한 불변의 핵심이념을 명확하게 가지고 있으며 이를 지키고 있다. 전략이나 프로세스는 시간이 흘러감에 따라, 시장 환경이 변화함에 따라 바뀔 수 있어야 하는 것이지만 이러한 핵심이념은 손해를 보더라도 바뀌어서는 안 되는 중요한 가치들이다. 우리는 성과관리시스템을 구축하는 첫 번째 단계로 이러한 불변의 가치를 조직이 잘 이해하고 설정하기를 기대한다. 많은 조직들이 이 부분을 소홀히 여겨 건너뛰고 바로 비전과 전략목표의 설정단계로 들어가는 모습을 볼 수 있는데, 이는 영혼이 없는 조직으로 가는 지름길이며 결국엔 성과관리를 실패하게 만드는 요인이 된다. 이러한 핵심이념은 조직의 구성원들을 하나로 묶는 아교(glue)와도 같은 역할을 한다. 아무리 전략목표와 성과지표가 좋아도 구성원들을 하나의 마음으로 묶지 않으면 어떤 시스템이든 실패하는 법이다.

1) 핵심가치(Core Values)

핵심가치(core value)는 조직의 교리이자 신념체계를 반영한 가치이다. 이것은 보편적이고 근본적인 진리에 가까운 것을 말하며 개인이나 개별조직의 입장에서 고집처럼 유지하려는 그 무엇과는 구별된다. 따라서 이 가치는 시간이 지나도 변하지 않는 진리에 가까운 것이어야 하며 4차 산업혁명시대가 도래하여 사회와 경제의 패러다임이 바뀌어도 변할 수 없는 것이어야 한다. 회사의 경우 이 가치는 조직의 창립정신과 역사성이 반영된다. 이러한 핵심가치는 기업이 위기에 처했을 때 또는 중요한 의사결정을 할 때 일종의 행동지침(guiding principle)으로서 작용하며 성공하는 기업들은 이러한 핵심가치를 이름만 내세우지 않고 충실하게 의사결정의 최종기준으로 지켜오고 실행해 왔다는 것이다.

핵심가치는 이와 같이 조직전체를 덮어씌우는 우산(umbrella)과도 같은 개념이어서 조직구성원의 마음에 내재된 믿음체계이며 변하지 않는다고 믿는 것이어야 한다. 따라서 이러한 가치는 구성원들의 일상생활에서 자연스럽게 구현될 수밖에 없다. 지금까지 대부분의 조직들이 핵심가치를 비전과 비슷하게 멋있는 말로 꾸미려고만 하거나 형식적으로 또는 캠페인 슬로건 방식으로 표방하는 수준에 머물러 왔던 것이 사실이다. 핵심가치가 본래의 기능을 할 수 있으려면 이것 역시 매우 구체적이어야 한다. 막연한 의미의 인간존중, 고객중심, 신뢰, 소통, 상생 등의 가치를 표방하면 이것은 구성원들을 끌어들이지 못한다. 이것 역시 공허하게 들릴 뿐이다.

(1) 핵심가치와 경영철학, CEO의 고집, 그리고 특별한 제도

핵심가치는 종종 CEO의 경영철학과 고집, 그리고 그 회사만의 특별한 제도와 개념상 유사하기도 하고 헷갈리기도 한다. 결론부터 말하면 핵심가치는 경영철학, 고집, 제도와 구별되는 개념이다. 그 말은 시대가 변함에 따라 경영철학은 틀릴 수도 있고 고집과 제도 또한 틀린 것으로 나타날 수 있는 반면 핵심가치는 시대가 변해도 틀릴 수 없는 진리이기 때문이다.

핵심가치는 지킬 때 단기적으로 손해 또는 비용이 발생하지만 중장기적으로는 조직에게 이익을 가져다주는 가치여야 한다. 만일 핵심가치를 지키는 것이 중장기적으로 조직의 생존자체를 위협하는 것이라면 이것은 회사의 CEO나 기관장의 잘못된 경영철학 내지는 고집일 뿐이지 핵심가치로서의 의미가 없다. 그렇기 때문에 핵심가치를 구현하고 보장하기 위해 조직 내에 제도를 만들 수는 있지만 제도 자체가 핵심가치가 되어서는 위험하다. 제도는 환경의 변화에 따라 얼마든지 바뀔 수 있고 또 바뀌어야 한다. 핵심가치를 지키기 위해 시대의 변화에 부응하지 못하는 제도를 바꾸지 않는다면 조직이 위험에 처할 수도 있다는 점을 기억해야 한다. 그 대표적인 사례가 일본기업들이 표방하는 핵심가치인 '인간중심 경영'이다.

2000년대 초반까지만 하더라도 일본식 경영은 세계의 주목을 받아왔다. 이른바 인간존중의 정신을 구현하는 종신고용제와 연공서열에 기반한 임금체계가 그것이었다. 세계적인 자동차 회사인 도요타, 일본전산, 캐논사 등은 이러한 종신고용과 연공서열을 통해 직원들의 정년까지의 삶을 보장하고 가족과 같은 분위기를 조성하여 퇴임 후의 삶까지도 책임지는 경영방식을 통하여 구성원들의 충성도와 몰입을 증가시킬 수 있었고 이것이 생산성에 직결되었다. 그러나 최근 급변하는 글로벌 경쟁환경과 4차 산업혁명으로 인한 수요변화, 코로나-19 등의 상황으로 인해 더 이상 일본기업들이 과거 50년 이상 지켜왔던 종신고용과 연공서열주의를 유지할 수 없게 되었다.[1]

이때 여기서 이야기 하는 '인간중심경영' 또는 '인간존중'을 이런 의미에서 종신고용제나 연공서열임금체계와 동일시했다면 핵심가치로서 부적절하다는 것이다. 종신고용제와 연공서열제는 아무리 어느 시대에 우수했다 할지라도 영원할

---

[1] 일본전산은 실적이 아무리 나빠져도 '직원을 자르지 않는다'는 원칙을 지켜왔다. 글로벌 금융위기 때도 임금을 평균 5% 삭감하는 대신 고용을 유지했고 실적이 회복된 후 이자를 붙여서 되갚았다. 나가모리 회장은 "모두가 평등한 시대는 끝났지만 열심히 하면 더 많은 보수를 받는 제도로 보다 나은 인재를 채용할 수 있을 것"이라고 말했다(한국경제TV 뉴스, 「정영효의 일본의 기업분석」, "직원 사기 높일 때⋯일본전산, 3년간 급여 30% 인상 선언", available at https://www.wowtv.co.kr/NewsCenter/News/Read?articleId=202011056041i, Accessed on Dec. 15, 2020).
또한 도요타자동차의 아키오 사장은 2019년 5월 종신 고용 유지가 어렵다고 밝혔고 연공서열을 폐지하고 최근 100% 성과연봉제를 도입하기로 하였다(한국경제 TV 뉴스, "[숫자로 읽는 세상] 도요타, 연공서열 폐지⋯100% 성과연봉제 도입", available at https://www.wowtv.co.kr/NewsCenter/News/Read?articleId=2020100877401, Accessed on Dec. 15, 2020).

수 없다. 그것은 시장의 경쟁 환경에 따라 노동시장의 유연화의 물결에 따라 바뀔 수 있어야 하는 탄력적 제도이기 때문이다.

한때 도요타자동차는 "인간성 존중"을 표방하며 이것이 도요타 사람들을 하나로 묶는 기능을 하고 있다고 주장하였다. 그것은 곧 모든 구성원이 체감할 수 있는 "종신고용제"라고 하는 다른 회사와는 차별화된 도요타만의 가치가 있었기에 가능한 것이라는 주장이었다(와카마츠 요시히토, 2000). 그러나 종신고용제는 도요타 자동차의 하나의 경영철학이었지 그것이 핵심가치라고 볼 수는 없다. 경영철학은 제도의 실행을 동반하게 된다. CEO의 구체적인 생각이 구현되는 것을 도와야 하기 때문이다. 따라서 핵심가치는 경영철학과도 다른 것이며 CEO의 고집, 또는 제도 그 자체와도 구별되어져야 한다.

도요타자동차의 핵심가치라 할 수 있는 Toyota Way는 그 행동지침(guiding principle)을 크게 두 축으로 나누고 있는데 지속적 개선(continuous improvement)과 사람에 대한 존중(respect for people)이 그것이다. 이 중 인간성 존중으로 알려진 'respect for people'은 일하는 동료, 하청업체 직원, 고객들까지 존중하고 신뢰해야 한다는 것을 강조하는 것으로 궁극적으로 고객제일주의(customer first)라고 하는 핵심가치로 전환되어져 왔고(Stewart & Raman, 2007), 더 이상 인간성 존중의 가치를 종신고용제와 연계시켜 강조하지 않는다.

(2) 100년 이상 가는 글로벌 기업들의 핵심가치와 내재화 노력

그렇다면 100년 이상 운영되어 오는 글로벌 기업들이나 100년이 안되었지만 세계적인 초일류기업으로 성장하고 있는 글로벌 기업들의 핵심가치는 어떤 것들이 있으며 어떻게 표현되고 있는지 알아 볼 필요가 있다.

표 3-1 조직의 핵심가치(기업의 사례)

Merck(창립년도: 1668년, 독일계의 의약·화학·반도체 회사)
  □ 기업의 사회적 책임(Corporate social responsibility)
  □ 회사의 모든 면에서의 명백한 탁월
    (Unequivocal excellence in all aspects of the company)
  □ 과학에 기반한 혁신(Science-based innovation)
  □ 정직과 성실(Honesty and integrity)
  □ 세상에 혜택을 주는 일의 추구로 생긴 이윤(Profit, but profit from work that benefits)

- □ 인류애, 인간존중(Humanity)

Nordstrom(창립년도: 1901년, 미국의 의류유통회사)

- □ 고객 최고우선주의(Service to the customer above all else)
- □ 최선과 개인의 생산성(Hard work and individual productivity)
- □ 만족을 모르는 노력(Never being satisfied)
- □ 탁월한 평판: 특별하고 중요한 것의 한 부분(Excellence in reputation; being part of something special)

Philip Morris(창립년도: 1919년, 미국의 담배회사)

- □ 선택의 자유에 대한 권리(The right to freedom of choice)
- □ 상대방과의 게임에서의 선전을 다한 승리(Winning - beating others in a good fight)
- □ 개인의 창의성을 격려(Encouraging individual initiative)
- □ 실적에 기초한 기회(Opportunity based on merit; no one is entitled to anything)
- □ 최선과 지속적인 자기개선(Hard work and continuous self-improvement)

Sony(창립년도: 1946년, 일본의 전자회사)

- □ 일본의 문화와 국가의 위상을 고양하라(Elevation of the Japanese culture and national status)
- □ 개척자가 되어라-남을 따라하지 말고 불가능한 일을 하라
  (Being a pioneer - not following others; doing the impossible)
- □ 개인의 능력과 창의성을 격려하라(Encouraging individual ability and creativity)

Sony의 최근 핵심가치(비전달성 이후)

- □ 꿈과 호기심(Dreams &Curiosity)
  - 꿈과 호기심을 가지고 미래를 개척하라(Pioneer the future with dreams and curiosity)
- □ 다양성(Diversity)
  - 다양성과 다양한 관점을 활용하여 최고의 창조물을 추구하라(Pursue the creation of the very best by harnessing diversity and varying viewpoints)
- □ 무결성과 진정성(Integrity & Sincerity)
  - 윤리적이고 책임있는 행동을 통하여 소니브랜드에 대한 신뢰를 얻어라(Earn the trust for the Sony brand through ethical and responsible conduct)
- □ 지속가능성(Sustainability)
  - 절제되고 규율있는 상관행을 통하여 주주 등 이해관계자들에 대한 책임을 이행하라(Fulfill our stakeholder responsibilities through disciplined business practices)

Walt Disney(창립년도: 1922년, 미국의 애니메이션/엔터테인먼트 회사)

- □ 비냉소주의(No cynicism)
- □ 건전한 미국의 가치를 풍성하게 만들고 보급시킨다
  (Nurturing and promulgation of "wholesome American values")
- □ 창의성, 꿈, 상상력(Creativity, dreams, and imagination)
- □ 일관성과 디테일에 대한 열광적인 관심(Fanatical attention to consistency and detail)
- □ 디즈니 매직에 대한 보존과 통제(Preservation and control of the Disney magic)

Apple(창립년도: 1976년, 미국의 전자/컴퓨터/소프트웨어 회사)

- □ 기술접근성(Accessibility)
- □ 교육지원(Education)
- □ 환경(Environment)
- □ 포용과 다양성(Inclusion and Diversity)
- □ 사생활 보호(Privacy)

  □ 하청업체와의 상생(Supplier Responsibility)

Microfost(창립년도: 1975년, 미국의 컴퓨터/소프트웨어 회사)

  □ 존중(Respect)
  □ 무결성(Integrity)
  □ 책임(Accountability)

Facebook(창립년도: 2004년, 미국의 소셜네트워크서비스 회사)

  □ 사람들에게 발언하고 알릴 수 있는 기회를 주자(Give people a voice)
  □ 연결을 만들고 공동체를 건설하자(Build Connection and Community)
  □ 모든 사람에게 서비스하자(Serve Everyone)
  □ 사람들을 안전하게 보호하고 사생활을 보호하자(Keep People Safe and Protect Privacy)
  □ 경제적 기회를 증진시키자(Promote Economic Opportunity)

Toyota(창립년도: 1926년, 일본의 글로벌 자동차회사)

  Toyota Way(based on 7 Guiding Principles)
  □ 상시적인 개선(Continuous Improvement)
  □ 사람에 대한 존중(Respect for People)

출처: Jim Collins & Jerry Porras.(1996). Building your company's vision, *Harvard Business Review*, September—October Issue: p.68.
 − Sony의 최근 핵심가치와 Apple, Microsoft, Facebook의 핵심가치는 해당 회사의 홈페이지 참조.[2]

　이상에서 살펴본 바와 같이 탄탄하고 오래가는 글로벌 기업들의 핵심가치를 보면 사실상 새로울 게 없다. 모두가 좋은 말들이고 누구나 선언할 수 있는 것들이다. Sony의 "일본의 문화와 국가의 위상을 고양한다"는 첫 번째 핵심가치가 특이해 보이긴 하지만 나머지는 누구나 공감할 수 있는 것들이다.

　문제는 이러한 핵심가치를 얼마나 회사가 확고하게 지켜나가느냐에 있고 이를 구현하기 위해 어떤 장기플랜을 가지고 있느냐에 있다. 여기서 장기플랜이란 비전을 말하며 핵심가치가 비전에 얼마나 녹아들어가 있는지가 관건이 된다. 많은 기업들이 동일한 핵심가치를 선언할 수는 있지만 이러한 핵심가치를 비전에 녹여내고 그 비전달성을 위해 노력하는 기업들은 많지 않다.

　또한 핵심가치라 하더라도 단순한 추상적 개념이라기보다는 구체적인 방향성이 담겨있음을 알 수 있다. 예를 들면 Nordstorm 회사의 첫 번째 핵심가치는

---

  2) Microsoft(https://www.microsoft.com/en-us/about/values),
     Facebook(https://about.fb.com/company-info/),
     Sony(https://www.sony.net/SonyInfo/CorporateInfo/purpose_and_values/),
     Apple(https://www.apple.com/).

고객 최우선주의(Service to the customer above all else) 인데 이는 단순히 고객이 왕이고 주인이라는 가치를 표방하는 것이 아니라 'above all else'라는 표현을 통하여 그 어떤 가치와 이해관계보다도 고객의 가치를 최상위에 놓겠다는 최고관리층(top management)의 의지를 확고하게 보여주고 있다. Merck의 5번째 핵심가치에서도 '세상에 혜택을 주는 일의 추구로 생긴 이윤(Profit, but profit from work that benefits)'이라는 메시지는 수단과 방법을 가리지 않고 추구하는 이윤이 아닌 세상에게 이로움을 주는 일을 통한 이윤이라고 한정함으로써 구체성을 더하고 있다. Sony의 두 번째 핵심가치의 경우도 단순히 '개척자가 되라'(Being a pioneer)고 요구하기보다는 '남을 따라하지 말고 불가능한 일을 하라(not following others; doing the impossible)'는 메시지를 던짐으로써 개척자가 된다는 의미를 구체적으로 부여하고 있다.

한편 Apple 사의 핵심가치는 홈페이지(https://www.apple.com/)에 「apple values」로 공개되어 있는데 각각의 핵심가치를 클릭하면 매우 구체적인 내용들이 나온다. 예를 들어 '접근성(accessibility)'을 클릭하면 애플이 만드는 모든 기술과 제품들은 남녀노소, 장애인, 비장애인을 가리지 않고 모든 사람들이 접근 가능하여야 하고 사용할 수 있어야 한다고 믿는다는 것을 천명하고 있다. 그러면서 두 팔이 없는 장애인을 위한 built-in 휠체어의 귀쪽 부분에 마우스를 장착하여 머리로 좌우상하를 클릭하게 하여 사진을 편집하고 상대방에게 보내면서 환하게 웃음 짓는 동영상이 제공된다.

이렇게 만들어진 구체적인 핵심가치는 조직구성원들에게 행동양식과 의사결정에 있어 중요한 지침으로 작동할 수밖에 없다. 이를 모범적으로 구현하고 있는 회사 중의 하나가 Toyota 자동차회사이다. Toyota는 7개의 Guiding Principle이 있고 이를 실행하기 위해 Toyota Way를 만들었고 이와 함께 행동규범(code of conduct)을 만들었다. 사실상 Totyota의 핵심가치를 이야기 하면 Toyota Way를 언급하는 사람들이 많은데 이는 7개의 지침(guiding principle)을 구성원들에게 전달하기 쉽게 요약한 것이라고 보는 게 맞다. 아래의 7개의 행동지침(7 guiding principles)과 행동규범(code of conduct)의 일부 예시를 보면 행동지침을 실행에 옮기기 위하여 회사가 어떻게 구체적으로 관점을 구체화 하고 직원들에게 내재화시키려고 하는지를 알 수 있다.

> **그림 3-1** Toyota의 7가지 행동지침(7 Guiding Principles)

1. 모든 국가의 언어와 법의 정신을 존중하고 개방적이고 공정한 비즈니스 활동을 하여 세계의 모범적인 회사로서의 시민이 되자(Honor the language and spirit of the law of every nation and undertake open and fair business activities to be a good corporate citizen of the world).

2. 모든 국가의 문화와 관습을 존중하고 각 나라의 지역사회에서 회사의 활동을 통하여 경제사회발전에 기여하자(Respect the culture and customs of every nation and contribute to economic and social development through corporate activities in their respective communities).

3. 환경적으로 깨끗하고 안전한 제품을 공급하는데 역점을 두고 우리의 모든 활동을 통해 그 어디에서도 삶의 질을 끌어 올리는데 헌신을 다하자(Dedicate our business to providing clean and safe products and to enhancing the quality of life everywhere through all of our activities).

4. 진화된 기술을 창조하고 발전시키며 세계 도처에 있는 고객들의 니즈를 충족시킬 수 있는 탁월한 제품과 서비스를 제공하자(Create and develop advanced technologies and provide outstanding products and services that fulfill the needs of customers worldwide).

5. 개인의 창의성과 팀워크의 가치를 끌어올리고 노사간 상호신뢰와 존중을 최상의 가치로 여기자(Foster a corporate culture that enhances both individual creativity and the value of teamwork, while honoring mutual trust and respect between labor and management).

6. 혁신관리를 통해 세계사회와의 조화를 꾀하고 이를 통한 성장을 추구하자(Pursue growth through harmony with the global community via innovative management).

7. 우리자신을 새로운 협력에 늘 개방시킴과 동시에, 안정적이고 장기적인 성장과 상호이익을 위하여 사업파트너들과 함께 일하자(Work with business partners in research and manufacture to achieve stable, long－term growth and mutual benefits, while keeping ourselves open to new partnerships).

출처: 「Toyota Code of Conduct (2006)」 (Available at http://www.toyota－global.com/ company/history_of_toyota/75years/data/conditions/philosophy/code_of_conduct.html. Accessed on Dec. 21, 2020).

Toyta의 행동규범(Code of Conduct) 예시

CHAPTER Ⅱ OUR ACTIVITIES IN THE COMPANY

2 —6. Research and Development Activities
- Developing vehicles from the standpoint of our customers -

In order to provide innovative, safe and outstanding high-quality products and services that meet the needs of customers through "research and innovation", TOYOTA has established research and development centers around the world. These centers are well-staffed with leading innovators and actively cooperate with other TOYOTA group companies, as well as universities and research institutes, in order to strongly promote research and development of advanced technologies in various fields.

TOYOTA does not tolerate research and development that violates any applicable laws or breaches of its agreements with its research and development partners. TOYOTA also does not tolerate the illegal or unauthorized use of another party's intellectual property.

Our goal is to develop vehicles from the customers' perspective and to promote research and development.

We respect the views of our research and development partners and seek to cultivate and maintain mutual trust. In addition, we use our best efforts to build a relationship of mutual trust by satisfying our obligations to our partners.

We shall be mindful of respecting the intellectual property rights of others when conducting research and development and when realizing production.

[Guiding Principles 4]

출처: 「Toyota Code of Conduct (2006)」 (Available at http://www.toyota-global.com/company/history_of_toyota/75years/data/conditions/philosophy/code_of_conduct.html. Accessed on Dec. 21, 2020).

위의 <그림 3-2>에서도 볼 수 있듯이 Toyota의 4번째 행동지침에 대한 구체적 행동규범으로 연구개발 활동에 대하여 구체적인 정의를 내리고 이에 대한 Toyota의 약속과 엄격한 기준을 언급함으로써 구성원들에게 활동의 방향을 알려주는 것이다. 즉 연구개발을 함에 있어 해당국가의 파트너들이 적용받고 있는 법과 규칙에 따르고 지적재산권을 도용하지 않으며 상호신뢰를 바탕으로 고객관점에서 자동차를 개발한다는 내용을 담고 있다.

다시 정리하면, 올바른 핵심가치를 설정하고 구현하는 조직은 핵심가치를 내재화하는 조직이며 핵심가치를 내재화한다는 것은 최고관리층(top management)

이 핵심가치를 조직의 장기플랜인 비전에 녹여내어 실행에 옮기며 구체적인 행동규범을 만들어 직원들에게 배포하고 이를 기준으로 직원들을 태도와 일하는 방식을 평가하며 회사 또한 이를 대외에 공표함으로써 자기통제(self-control)의 기제로 삼는다는 것을 알 수 있다.

한편 공공부문에서도 마찬가지로 미국 노스캐롤라이나 주의 샬롯 시에서는 이렇게 만들어진 <Guiding Principle>을 개인성과평가를 위한 항목에 포함시켜 내재화를 유도하고 있다(이 책의 【부록 2】 참조).

(3) 양보할 수 없는 한 판: 핵심가치가 다른 조직간 충돌

핵심가치는 이토록 한 조직이 믿는 보편적 진리에 기초한 신념체계이기 때문에 특정한 조직의 핵심가치에 대하여 다른 조직이 자신들의 핵심가치와 충돌한다는 이유로 비판할 자격은 주어지지 않는다고 보아야 한다. 전체적인 관점에서 이러한 충돌이 비효율적이라고 말할 수 있겠지만 오히려 이러한 충돌이 사회를 변화시켜 나가고 새로운 혁신을 유도할 수 있는 기폭제가 될 수도 있다. 왜냐하면 상대방 조직의 핵심가치와 내가 속한 조직의 핵심가치가 충돌하는 경우 상대방의 핵심가치가 제약조건(혁신의 필수조건)이 되어 내가 속한 조직의 혁신이 일어날 수 있기 때문이다. 이하에서는 Apple사를 중심으로 개인의 privacy 보호와 관련하여 트럼프 행정부와의 충돌사례와 Facebook사간의 충돌사례를 살펴본다.

가. 정부의 핵심가치와의 충돌(Apple Vs. Trump 행정부)

최근 Apple의 CEO인 Tim Cook과 Trump 대통령간의 범죄정보수사를 둘러싼 갈등은 Apple이 설정한 'Privacy'라는 핵심가치를 지키기 위해 얼마나 확고한 신념을 가지고 있는지를 명백하게 보여준다.[3] 애플이 핵심가치인 'Privacy'를

---

3) 트럼프 대통령은 애플이 최근 일어나고 있는 플로리다 해군기지 총격사건, 마약밀매사건, 기타 다른 범죄정보수사에 협조하지 않는다고 비판하고 검찰총장도 이에 동조하며 애플사를 고소하였다. 그러나 애플측은 정부의 요청에 즉시 반응하고 필요한 정보를 제공해 왔다고 주장하면서 범인들의 iPhone의 잠금장치를 해제해 달라는 제안은 일관되게 거절하여왔다. 국가안보와 개인의 사생활 보호간 충돌이 일어나는 지점이라 할 수 있는데 그만큼 애플사는 자사가 선정한 핵심가치를 회사의 소송으로 인한 손실과 정부로 부터의 불이익을 감수하면서 까지 지키려고 노력한 점을 주목하여야 한다. 관련 뉴스는 BBC 뉴스 참조("Trump launches fresh attack on Apple over privacy" BBC News, Available at https://www.bbc.com/news/business-51115645, Accessed on Dec. 16, 2020.).

포기할 수 없었던 이유는 그것이 애플사의 비전에 녹아져 있기 때문이었다. 팀 쿡은 또한 당시 애플이 추구하는 핵심가치들과 결을 달리했던 트럼프 대통령이 미국의 45대 대통령으로 선출되자 직원들에게 이메일을 통해 다음과 같은 메시지를 보냈다.[4]

우리 각자가 어떤 후보를 지지했든 상관없이 우리가 앞으로 나가는 유일한 방법은 함께 나가는 것입니다. 우리는 각 후보의 지지자들을 포함해 매우 다양한 사람들로 팀을 이루고 있습니다. 50년 전에 Martin Luther King이 언급했던 말이 생각납니다. "날아갈 수 없다면 뛰어간다. 뛰어갈 수 없다면 걸어간다. 걸어갈 수조차 없다면 기어간다." 여러분이 무엇을 하든지 간에 여러분은 앞으로 나아가야 한다는 것입니다. 이 충고는 세월이 흘러도 변하지 않는 것이며 우리는 단지 훌륭한 일을 하고 있고 더 나은 세상을 만들기 위해 앞으로 나갈 수밖에 없다는 것임을 명심해야 합니다.

(원문)

We have a very diverse team of employees, including supporters of each of the candidates. I recall something Dr. Martin Luther King, Jr. said 50 years ago: 'If you can't fly, then run. If you can't run, then walk. If you can't walk, then crawl, but whatever you do you have to keep moving forward.' This advice is timeless, and a reminder that we only do great work and improve the world by moving forward.

나. 회사 간 핵심가치의 충돌(Apple vs. Facebook)

최근 Facebook의 CEO Mark Zuckerberg는 Apple 사가 2020년부터 적용하려고 하는 프라이버시 보호정책에 대한 발표에 대해 강하게 반발하고 나섰다.[5]

---

4) 팀쿡을 비롯한 실리콘 밸리 기업가들은 당시 대부분 트럼프를 지지하지 않았다. 애플사도 마찬가지였는데 특히 팀쿡은 트럼프의 반이민정책에 대하여 강도 높게 비판한 사람이었다. 이것은 애플사의 핵심가치 중의 하나인 포용과 다양성(Inclusion and Diversity)에 반하는 것이기 때문이었다. 여하튼 하나의 기업이 핵심가치를 수호하고 지켜나가기 위해 내부 직원들을 어떻게 다독이고 외압을 견디며 나아가는지를 잘 보여주는 대목이다(관련뉴스는 "Tim Cook asks employees to move forward after Trump's win", Available at https://www.business-standard.com/article/news-ians/tim-cook-asks-employees-to-move-forward-after-trump-s-win-116111100653_1.html, Accessed on Dec. 16, 2020.).

5) 애플은 최근에 개인의 프라이버시 보호를 강화하기 위해 App Stores에 올라오는 앱들에 대하여 이른바 nutrition label을 붙이는 것을 의무화하는 정책을 2021년부터 시행하겠다고 발표

이것은 애플사의 '프라이버시 보호'라는 핵심가치와 페이스북의 '모든 사람에게 서비스를 제공한다(Serve everyone)'라는 핵심가치가 정면으로 충돌하면서 발생한 사건이다. 사실 페이스북은 'Serve Everyone'을 다음과 같이 정의하고 있다.

> "We work to make technology accessible to everyone, and our business model is ads so our services can be free"

다시 말해 모든 사람들이 접근할 수 있는 기술을 만들되 페이스북의 비즈니스모델인 '광고'를 통하여 공짜로 서비스를 사용하게 하자는 것이었다. 최근 페이스북은 일간지에 전면광고를 통해 애플의 프라이버시 정책이 얼마나 산업계의 발전을 저해하는지를 비판하고 있다.

물론 애플의 이 새로운 정책이 얼마나 실효성이 있을지에 대해서는 아직 논란이 많다. 라벨 정보는 오로지 개발자와 회사만이 알고 있는 것이기 때문이다. 하지만 전문가들은 이 거대회사들의 싸움의 승패가 향후 IT 업계의 방향을 바꾸어 놓을 거라 예상하고 있다. 그러나 앞에서도 언급했듯이 이 과정을 통하여 새로운 혁신이 일어 날 수 있고 더 나은 세상으로 나아갈 수 있다고 믿는다.

했다. nutrition label이란 음식제품에 붙어있는 'nutrition fact' 처럼 단백질, 지방, 당분 등이 이 제품에 얼마나 들어가 있는지를 표기함으로써 소비자가 사전에 알고 음식을 섭취하게 하는 제도이다. 애플은 이 방식을 iOS와 Mac시스템에 적용하는 것이 맞다고 생각했고 label을 3가지로 나누어 공개하려고 예정하고 있다. 첫 번째 라벨은 광고를 목적으로 고객을 추적하기 위해 수집되는 데이터("data used to track you," such as information collected for advertising purposes)이고, 두 번째 라벨은 고객의 계정정보에 연결되어 있으나 고객의 신분을 확인하기 위해 수집되는 데이터("data linked to you," or the data tied to a user's identity through their account on the app, device, or other details)이고, 세 번째 라벨은 데이터는 수집되나 고객의 계정에 연결되지 않은 데이터("data not linked to you," which is data collected but not linked to an account)이다. 애플은 개발사들이 이 라벨을 고객이 다운로드하기 전에 보여주게 하고 다운로드 할지를 선택하게 하려고 한다. 이렇게 되면 고객의 입장에서는 사전에 정보를 알고 다운로드했기 때문에 나중에 정보가 어떻게 수집되었는지를 알고 있게 되고 그것을 사전에 몰라서 당황하거나 놀라는 경우가 줄어들게 된다고 보고 있다. 그러나 이러한 조치는 결국 맞춤형 광고를 비즈니스모델로 삼고 있는 페이스북 에게는 직격탄이 될 수밖에 없다. 아무래도 고객들은 광고에 이용한다는 앱을 회피하려 할 것이기 때문이다. 자세한 내용은 CNN News(Apple rolls out privacy 'nutrition labels' on apps‐CNN, available at https://edition.cnn.com/2020/12/14/tech/apple-privacy-labels/index. html, Accessed on Dec. 21, 2020.), WIRED News (Apple's App 'Privacy Labels' Are Here-and They're a Big Step Forward | WIRED, available at https://www.wired.com/story/apple-app-privacy-labels/) 참조.

Apple vs. the free internet

Apple plans to roll out a forced software update that will change the internet as we know it—for the worse.

Take your favorite cooking sites or sports blogs. Most are free because they show advertisements.

Apple's change will limit their ability to run personalized ads. To make ends meet, many will have to start charging you subscription fees or adding more in-app purchases, making the internet much more expensive and reducing high-quality free content.

Beyond hurting apps and websites, **many in the small business community say this change will be devastating for them too, at a time when they face enormous challenges.** They need to be able to effectively reach the people most interested in their products and services to grow.

Forty-four percent of small to medium businesses started or increased their usage of personalized ads on social media during the pandemic, according to a new Deloitte study. Without personalized ads, Facebook data shows that the average small business advertiser stands to see a cut of over 60% in their sales for every dollar they spend.

Small businesses deserve to be heard. We're standing up to Apple for our small business customers and our communities.

Get the full story at fb.com/ApplePolicyUpdate

FACEBOOK

출처: The Verge News (Facebook hits back at Apple with second critical newspaper ad, available at https://www.theverge.com/2020/12/17/22180102/facebook-new-newspaper-, Accessed on Dec. 20, 2020).

한편 조직의 핵심가치는 그 개별적 가치가 소중한 의미를 가지고 있고 타협할 수 없는 것이지만 어떤 경우에는 특정 핵심가치를 지킬 수 없는 경우도 있다. 그것은 바로 그 가치를 지킴으로써 나머지 핵심가치 중 어느 하나가 심각하게 훼손되는 경우이다. 그러나 이 경우에 그 특정 핵심가치를 지키지 않았다고 얘기할 수 없다. 핵심가치들은 상호 배타적인 것처럼 보이지만 그렇지 않다는 얘기다. 한 조직의 핵심가치는 여러 개이지만 조화 속에서 지켜나가야 한다는 점을 강조하고 싶다.

최근 미국에서 발생한 트럼프 지지자들의 미의회 난입사건으로 인하여 트럼프 대통령이 이들의 움직임을 방조 내지는 허락하는 연설을 하였다 하여 하원으로부터 탄핵안이 가결되는 초유의 사태가 발생했다. 이에 페이스북은 트럼프의 페이스북 계정을 이용한 포스팅을 바이든 대통령 취임식까지 강제 폐쇄하였다.

한편 트위터는 트럼프 대통령의 계정을 영구삭제한다고 발표하였으나 곧 조건부 허락을 하는 쪽으로 돌아섰다. 페이스북과 트위터의 이러한 조치를 두고 세계 각국에서 표현의 자유를 개인회사가 제한할 수 있는 것인가에 관한 논란이 많지만 적어도 이 방침이 페이스북의 두 번째와 네 번째 핵심가치를 지키기 위한 중대한 결정이었음을 인정하지 않을 수 없다. 페이스북은 첫 번째 가치로 모든 이에게 발언의 기회를 주자는 핵심가치를 표방하였지만 나머지 핵심가치와의 충돌 속에서 적어도 두 번째 핵심가치인 공동체 건설에 해를 끼치고 네 번째 핵심가치인 사람들의 안전을 해하는 플랫폼으로 페이스북이 사용될 수 있다는 것을 허락하는 것은 핵심가치를 져버리는 것이다.[6] 표현의 자유를 보장하는 헌법과 법률에 위배된다는 논란 속에서도 조직의 핵심가치는 소중한 것이라는 것을 페이스북이 보여주고 있다.

2) **핵심목적**(Core Purposes)

핵심가치가 의사결정과 행동규범의 지침(guiding principle)으로서 작동한다면, 핵심목적이란 조직의 근본적인 존재이유로서 구성원들에게 혁신(innovation)을 위한 영감(inspiration) 내지는 통찰력(insight)을 불러일으키며 동기부여를 작동시키는 기능을 하게 된다. 이것은 일종의 조직의 영혼(soul of organization)을 반영한다. 핵심목적은 구성원들의 자발적인 동기부여를 이끌어 내며 조직의 목적을 구현하고 궁극적으로 목표달성을 위해 열정적이고 창의적으로 일하게 하는 기제가 된다. 더 나아가 우수한 인재를 끌어들이게 하고 우수한 직원들이 떠나지 않고 남아있게 하는 이유가 되기도 한다. 아래의 표에서 볼 수 있듯이 핵심목적은 단순한 미션 기술서(mission statement)가 아니라 사회와의 연계 속에서 조직이 어떤 존재이고 어떤 의미를 갖는가를 알려주는 것이다.[7] 이러한 핵심목적은 기

---

6) 자세한 내용은 다음의 기사를 참조. <BBC New, "Trump allowed back onto Twitter", Jan. 8, 2021, On-line available at https://www.bbc.com/news/technology-55569604, Accessed on Jan. 17, 2021>.

7) 그러나 현실에서는 기업들이 핵심목적과 미션을 혼용해서 쓰는 경우도 종종 있다. 하지만 어떻게 명명 하든지 간에 그 내용은 그 회사가 사회와의 관계 속에서 존재해야 하는 근본적인 이유를 밝히고 있다는 점을 주목해야 한다. 많은 경우에 전략적 성과관리에서 미션이 먼저 나오는지 비전이 먼저 나오는지를 두고 혼돈하거나 헷갈리는 사람들이 있는데 미션이 먼저 나오는 것이 너무나도 당연한 것이다. 이는 미션이 없으면 조직은 존재가치를 잃는다는 차원에

존의 전문용어(jargon)로 표현되거나 인과관계를 구성하는 문장으로 표현되는 것이 아니라 지극히 일반적인 단어와 문장으로 기술되어 질 수 있어야 한다(Craig & Snook, 2014). 개인도 사회도 이른바 purpose driven leadership이 되어야 하며 목적을 정의하는데 있어서 전문용어를 써서는 안 되며 일상의 언어를 잘 활용해야 한다.

이렇듯 조직의 선명한 영혼을 알려주는 것은 올바른 혁신의 기초가 되는 것이며 Drucker(2008)가 강조하듯이 가장 훌륭한 조직구성원은 자원자(volunteer)라는 점에서 개인의 모든 에너지와 열정을 조직을 위해 쏟아 부을 수 있게 되는 것이다.

이하에서는 위의 핵심가치의 사례에서와 마찬가지로 글로벌 기업들의 핵심목적의 실제사례들을 검토해 보기로 한다.

표 3-2 조직의 핵심목적(기업의 사례)

□ 3M(창립년도: 1902년, 미국의 산업용/소비자용 제품 제조회사)
  - 안 풀리는 문제를 혁신적으로 풀기 위해 존재한다(To solve unsolved problems innovatively).

□ Cargill(창립년도: 1865년, 미국의 영양·식료품 제조유통회사)
  - 세상의 삶의 표준을 향상시키기 위하여 존재한다(To improve the standard of living around the world).

□ Fannie Mae(Federal National Mortgage Association)(창립년도: 1938년, 미국의 2대 모기지 회사)
  - 자택 소유의 지속적인 대중화를 통하여 사회구조를 강화하기 위해 존재 한다(To strengthen the social fabric by continually democratizing home ownership).

□ Hewlett-Packard(창립년도: 1938년, 미국의 컴퓨터 관련 제조회사)
  - 인류의 발전과 안녕(행복)을 위한 기술적 기여를 하기 위해서 존재한다(To make technical contributions for the advancement and welfare of humanity).

□ Pacific Theatres(창립년도: 1946년, 미국의 체인영화상영관)
  - 지역사회를 번창하게 하고 진흥시키는 사람들을 위한 장소를 제공하기 위해 존재한다(To provide a place for people to flourish and to enhance the community).

□ Mary Kay Cosmetics(창립년도: 1963년, 미국의 화장품/마케팅 회사)
  - 여성들에게 무한한 기회를 제공하기 위하여 존재한다(To give unlimited opportunity to women).

서도 그렇지만 미션(핵심목적)을 녹여내어 구현시킨 것이 비전이라는 관점에서 볼 때 이해가 명확하게 될 것이다. 그러나 미션이 먼저 나온다는 것을 이해하더라도 후자를 이해하지 못하면 미션과 비전은 분리된 것으로 이해하는 사람들이 있으니 이 부분은 이번기회에 올바르게 이해하기를 바란다.

- Mary Kay Cosmetics의 최근 핵심목적: 세상의 여성과 그 가족들의 삶을 풍성하게 하기 위해서 존재한다(To enrich the lives of women and their families around the world).[8]

□ McKinsey & Company(창립년도: 1926, 미국의 글로벌 컨설팅 회사): 회사와 정부가 더 성공적일수 있도록 돕기 위하여 존재한다(To help leading corporations and governments be more successful).

- McKinsey & Company의 최근 핵심목적: 민간부문 공공부문, 그리고 사회부문이 그들에게 가장 중요한 변화를 창출할 수 있도록 돕는다(To help organizations across the private, public, and social sectors create the change that matters most to them).

□ Merck(창립년도: 1668년, 독일계의 의약·화학·반도체 회사)
- 인류의 삶은 보전하고 향상시키기 위하여 존재한다(To preserve and improve human life).

□ Nike(창립년도: 1964년, 미국의 스포츠용품 제조회사): 경쟁과 승리, 그리고 경쟁자를 물리치는 감정을 경험하기 위해 존재한다(To experience the emotion of competition, winning, and crushing competitors).

- Nike의 최근 핵심목적: 스포츠를 통하여 세상을 하나로 묶어 건강한 지구와 활동적인 공동체, 그리고 모두를 위한 평등한 경쟁의 장을 만들기 위해 존재한다(To unite the world through sport to create a healthy planet, active communities and an equal playing field for all).

□ Sony(창립년도: 1946년, 일본의 전자회사): 일반 대중이 얻게 되는 혜택과 즐거움을 위해 기술을 개발하고 적용하는 순수한 기쁨을 경험하기 위해 존재한다(To experience the sheer joy of innovation and the application of technology for the benefit and pleasure of the general public).

- Sony의 최근 핵심목적: 창의성과 기술의 힘을 통해 세상을 감성으로 채우기 위해 존재한다 (To fill the world with emotion, through the power of creativity and technology).

□ Telecare Corporation(창립년도: 1965, 미국의 원격돌봄서비스 전문회사): 정신적 장애를 가진 사람들이 그들의 잠재력을 실현할 수 있도록 돕기위해 존재한다(To help people with mental impairments realize their full potential).

- Telecare Corporation의 최근 핵심목적: 건강과 희망, 그리고 꿈을 동시에 회복하기 위한 복합적 니즈에 개인들을 관여시키는 탁월하고 효과적인 행동건강서비스를 제공하기 위해 존재한다(To deliver excellent and effective behavioral health services that engage individuals with complex needs in recovering their health, hopes, and dreams).

□ Wal-Mart(창립년도: 1962년, 미국의 다국적 소매기업): 부자들이 사는 것도 똑같은 상품을 일반서민들도 사게 하는 기회를 제공하기 위해 존재한다(To give ordinary folk the chance to buy the same things as rich people).

□ Walt Disney(창립년도: 1922년, 미국의 애니메이션/엔터테인먼트 회사): 사람들을 행복하게 만들기 위해 존재한다(To make people happy).

□ Google(창립년도: 1998년, 미국의 인터넷 검색 서비스 회사): 세상의 정보를 조직화하고 그것을 보편적으로 접근가능하고 유용하게 제공하기 위해 존재한다(To organize the world's information and make it universally accessible and useful).

□ Charles Schwab(창립년도: 1971년, 미국의 증권중계업체): 개인투자자들을 위한 끊임없는 동맹이 되자(A relentless ally for the individual investor).

- Charles Schwab의 최근 핵심목적: 사람들이 더 나은 재정적 결과를 얻을 수 있도록 돕기 위해 존재한다(To help people achieve better financial outcomes).

☐ Toyota(창립년도: 1926년, 일본의 83년된 **자동차제조업체**): 모든 사람이 이동할 수 있는 자유를 누릴 수 있는 미래를 만들기 위해 존재한다(To build a future where everyone has the freedom to move).

☐ Apple(창립년도: 1976년, 미국의 혁신회사): 기술을 통해 인류애를 고양시키고 사람들이 기술을 경험하고 싶은 모든 방향에서 사람들의 삶을 풍성하게 만들기 위해 존재한다(To lift humanity and enrich people's lives in all the ways people want to experience it).

☐ Microsoft(창립년도: 1975년, 미국의 컴퓨터/소프트웨어 회사): 지구상의 모든 사람과 조직이 더 많은 것들을 성취할 수 있도록 역량을 지원하기 위해 존재한다(To empower every person and every organization on the planet to achieve more).

☐ Facebook(창립년도: 2004년, 미국의 소셜네트워크서비스 회사): 사람들에게 공동체를 형성할 수 있고 세계를 함께 더 가깝게 만들 수 있는 힘을 부여하기 위해 존재한다(To give people the power to build community and bring the world closer together).

출처: Jim Collins & Jerry Porras.(1996). Building your company's vision, *Harvard Business Review*, September−October Issue: p.69; Nick Craig & Scott A. Snook.(2014). From Purpose to Impact, *Harvard Business Review*, May Issue: 104−111.
− Sony, Charles Schwab, McKinsey & Company, NIKE, Telecare Corporation, Toyota, Apple, Microsoft, Facebook의 (최근) 핵심목적은 각 회사의 홈페이지 참조.[9]

이상의 사례에서 살펴보았듯이 핵심목적은 고상(lofty)하고 이상적인(idealistic) 미션을 기술하는 것이라 할 수 있고 이것은 조직구성원들로 하여금 단순히 어떤 제품이나 도구를 생산하는 것이 아닌 보다 큰 무언가를 하고 있다는 기운을 주는 것이어야 한다. 때문에 핵심목적에는 그 회사가 구체적으로 어떤 서비스를 제공하고 어떤 제품을 만들어내는지에 대한 정보가 들어가 있지 않다. 혁신은

---

8) 회사 홈페이지 참조(https://www.marykay.com/en-us/about-mary-kay).

9) Microsoft (https://www.microsoft.com/en-us/about/values),
Facebook (https://about.fb.com/company-info/),
Sony (https://www.sony.net/SonyInfo/CorporateInfo/purpose_and_values/),
Apple (https://www.apple.com/),
Toyota (https://www.toyota.com/usa/careers/index.html), Charles Schwab (https://www.aboutschwab.com/what-we-do),
McKinsey & Company (https://www.mckinsey.com/about−us/overview),
NIKE (https://purpose.nike.com/).
Apple의 핵심목적은 스티브잡스 이후 공식적으로 홈페이지나 다른 문서에서 찾아보기 어렵다. 그러나 최근 팀 쿡이 언급한 내용으로부터 스티브 잡스 이후 공백을 채울 Apple의 미션 내지는 핵심목적이 명확해 졌다는 기사로부터 추론해 볼 수 있으며 키워드는 "lift humanity" 임을 알 수 있다. 자세한 내용은 Business Insider News("Tim Cook's mission of making tech to 'lift humanity' fills an important void left by Steve Jobs," available at https://www.businessinsider.com/cook-update-jobs-famous-mission-statement-2016-6, Accessed on Dec. 21, 2020.) 참조.

바로 이러한 상황에서 발생하는 것이다. 3M의 핵심목적이나 Nike의 핵심목적을 보면, 3M이 향후 자율주행차도 만들 수 있고(혁신적으로 안 풀리는 문제를 풀려고 존재하는 한), Nike가 인공지능 서비스를 제공할 수도 있다는(스포츠로 세상을 하나로 묶어 건강한 지구를 만들려고 하는 한) 가정이 가능하다는 것을 의미한다. 심지어 최근 Apple은 현대자동차와 협력하여 전기차를 만들 계획이 있는 것으로 보도되고 있다. 구글도 마찬가지이다. IT에 기반한 정보검색업체들이 자동차를 생산하는 기업에게 위협이 되고 동등하게 경쟁해야 하는 시절이 올 줄 아무도 예측하지 못했다. 저자는 이러한 혁신적 움직임의 출발선상에 이들 기업들의 핵심목적이 작용해 왔다고 확신한다.

또한 이러한 '고상하면서도 이상적인' 핵심목적은 조직들이 속한 사회와 세상을 기준으로 그 존재의 이유를 거시적 측면에서 천명하는 것이기 때문에 혁신의 필수전제조건인 고정관념으로부터의 탈피를 도와준다. 더 나아가 최종 목적을 함께 살아가는 세상과 사회에 둠으로써 혁신과 성장의 올바른 방향을 유도하는 기능을 하게 된다. 또 다른 측면에서 핵심목적의 공유는 조직이 제공하는 서비스와 제품들이 핵심목적에 부합하고 있는지를 되돌아보게 만드는 요인이 된다.

이제 이러한 핵심이념을 어떻게 구현할 것인가를 고민해야 하는 단계이며 이를 위한 비전의 설정과 기능을 알아보기로 한다.

2. 핵심이념 구현을 위한 비전설정과 생생한 기술(vivid description)

핵심이념이 정의되고 나면 이제 조직의 비전을 설정하는 단계로 넘어간다. 비전은 이러한 핵심이념을 반영하는 것이어야 한다. 사실상 핵심이념과 미래의 조직의 모습을 표현하는 비전을 합쳐서 비전체계라고 부른다. 핵심이념 특히 핵심목적과 비전이 다른 점은 핵심목적은 목표치가 없는 존재이유이고, 비전은 시간을 중심으로 한 구체적인 목표(goal)라는 것이다. 많은 기관들이 이러한 핵심목적과 비전을 혼돈하고 있다. 비전은 어떤 의미에서 보면 처음부터 비합리적(unreasonable)인 것이어야 한다(이석환, 2008). 그냥 큰 어려움 없이 달성 가능할 것 같은 합리적 목표가 아니라 달성되기 어려운 합리적이지 않은 목표여야 한다는 것이다. 이것은 BHAG, 즉 크고(Big), 어려우며(Hairy), 담대한(Audacious) 목표(Goal)여야 한다는 것이다(Collins & Porras, 1996). 더 나아가 명확하고 생생해야 하며 단순한 언어로 표현하지 않고 이를 그림과 상상의 형태로 표현할 수 있어야 올바른 비전이라 할 수 있다. 명확하지만 현실적이지 않은 목표란 10년에서 30년 뒤에 보게 될 조직의 미래 상태이다. 아래의 표에서도 보듯이 비전의 종류는 4가지 정도로 나누어 볼 수 있는데 (1) 목표형 비전, (2) 공공의 적을 상대로 한 비전, (3) 롤 모델을 대상으로 한 비전, (4) 대규모이고 이미 역사가 된 조직이 내부변환을 도모할 때의 비전의 유형으로 나누어 볼 수 있다. 이렇게 핵심이념과 미래의 명확한 비전이 합쳐져 비전체계를 이룰 때 조직구성원들이 동기부여가 되어 비전에 빨려들어 간다.

많은 경우에 공공부문에서 이러한 비전체계의 중요성을 인식하지 못하고 그저 멋있는 말이나 문구 하나만 사용하여 만들어 놓고 비전 따로 일 따로를 반복해왔던 것이 사실이다. 그동안 핵심이념과 비전의 중요성이 너무나도 과소평가되어 왔다. 이 비전체계로 사람이 먼저 감동이 되어야 하고 마음이 움직여야 한다. 전략체계와 성과지표를 통해 부서들을 끌고 나가는 것은 그 다음단계이다. 사람의 마음이 움직이지 않는데 아무리 명확한 지표를 주고 보상체계를 준비해봐야 큰 의미가 없다. 형식적으로 따라오는 흉내만 낼 뿐이다. 따라서 Blue Government에서의 'B'는 영혼이 있는 조직이 되기 위한 첫걸음이다.

여하튼 비전은 하나의 짧은 문구로 효력을 발휘하기 보다는 생생한 기술(vivid description)을 통해 구성원에게 다가가기 시작한다. 아래 <표 3-3>에서 소니의 비전체계에서 보듯이 하나의 비전이 담고 있는 모습을 생생하게 기술하여 미래의 소니의 모습을 이해하는데 명확한 그림을 제시해 주고 있음을 알 수 있다. 이때 소니의 비전은 소니의 핵심가치와 핵심목적이 녹아들어가 있음을 알 수 있으며 이를 통해 핵심이념이 어떻게 구현되는지를 알 수 있게 된다.

표 3-3 조직의 BHAG(기업의 사례)

목표지향형 비전(양적비전과 질적비전 모두 가능)

☐ 2000년도까지 매출 125조 달러규모의 회사가 되자(Become a $125 billion company by the year 2000 - Wal - Mart, 1990).

☐ 자동차를 대중화하자(Democratize the automobile - Ford Motor Company, early 1900s).

☐ 일본상품의 저품질 이미지를 바꾼 것으로 가장 많이 알려진 회사가 되자(Become the company most known for changing the worldwide poor - quality image of Japanese products - Sony, early 1950s).

☐ 역사상 가장 강력하고 가장 서비스 친화적이며, 가장 지대한 영향을 미칠 글로벌 금융기관이 되자(Become the most powerful, the most serviceable, the most far - reaching world financial institution that has ever been - City Bank, predecessor to Citicorp, 1915).

☐ 상업용 항공기 분야에서 독보적인 주자가 되어 세계를 제트기의 시대로 열자(Become the dominant player in commercial aircraft and bring the world into the jet age - Boeing, 1950).

공공의 적 비전(다윗과 골리앗 사고의 대결)

☐ 담배회사 전세계 넘버원인 RJR을 쓰러뜨려라(Knock off RJR as the number one tobacco company in the world - Philip Morris, 1950s).

☐ 아디다스를 격파하자(Crush Adidas - Nike, 1960s).

☐ 야마하를 무너뜨리자(Yamaha wo tsubusu! We will destroy Yamaha! - Honda, 1970s).

롤모델 비전

☐ 자전거 업계의 나이키가 되자(Become the Nike of the cycling industry - Giro Sport Design, 1986).

☐ 앞으로 20년 안에 오늘날의 휴렛패커드처럼 똑같이 존경받는 기업이 되자(Become as respected in 20 years as Hewlett - Packard is today - Watkins - Johnson, 1996).

☐ 서부의 하버드대가 되자(Become the Harvard of the West - Stanford University, 1940s).

내부변환형 비전

☐ 우리가 봉사하는 시장에서 최소한 넘버1 또는 넘버2가 되고 이 회사를 대기업의 장점과 중소기업의 민활함과 민첩함을 갖춘 회사로 대변혁을 일으키자(Become number one or number two in every market we serve and revolutionize this company to have the strengths of a big company combined with the leanness and agility of a small company - General Electric Company, 1980s).

☐ 이 회사를 방위산업 계약업체에서 최적으로 다각화된 하이테크 회사로 변화시키자(Transform this company from a defense contractor into the best diversified high - technology company in the world - Rockwell, 1995).

☐ 이 부서를 형편없는 것으로 소문난 내부 물자공급부서에서 회사에서 가장 존경받고 흥미로우며 인기 많은 부서로 변화시키자(Transform this division from a poorly respected internal products supplier to one of the most respected, exciting, and sought - after divisions in the company - Components Support Division of a computer products company, 1989).

출처: Jim Collins & Jerry Porras.(1996). Building your company's vision, *Harvard Business Review*, September - October Issue: p.72.

표 3-4 소니의 1950년대 비전체계

〈핵심이념(Core Ideology)〉
핵심가치(Core Values)

☐ 일본의 문화와 국가의 위상을 고양하라(Elevation of the Japanese culture and national status).
☐ 개척자가 되어라 – 남을 따라하지 말고 불가능한 일을 하라(Being a pioneer – not following others; doing the impossible).
☐ 개인의 능력과 창의성을 격려하라(Encouraging individual ability and creativity).

핵심목적(Core Purpose)

일반 대중이 얻게 되는 혜택과 즐거움을 위해 기술을 개발하고 적용하는 순수한 기쁨을 경험하기 위해 존재한다(To experience the sheer joy of innovation and the application of technology for the benefit and pleasure of the general public).

〈상상된 미래(Envisioned Future)〉
비전(BHAG)

일본상품의 저 품질 이미지를 바꾼 것으로 가장 많이 알려진 회사가 되자(Become the company most known for changing the worldwide poor – quality image of Japanese products).

〈생생한 기술(Vivid Description)〉

우리는 세계 구석구석을 스며드는 상품을 만들 것이다... 우리는 미국시장에 들어서는 첫 번째 일본회사가 될 것이며 거기서 직접 물건을 판매할 것이다... 우리는 미국회사들이 실패한(예를 들면 트랜지스터 라디오) 기술을 혁신으로 성공시킬 것이다... 지금으로부터 50년 뒤에, 우리의 브랜드는 세계 어디에서나 잘 알려진 브랜드가 되어 있을 것이며... 가장 혁신적인 회사들을 경쟁시키는 혁신과 품질의 아이콘이 될 것이다... 그리하여 "Made in Japan"이라는 말이 들을 때 뭔가 초라하거나 조잡한 것이 아니라 뭔가 세련되고 멋진 그런 말이 될 것이다.

- -

(원문)

We will create products that become pervasive around the world.⋯ We will be the first Japanese company to go into the U.S. market and distribute directly.⋯ We will succeed with innovations that U.S. companies have failed at ‐ such as the transistor radio.⋯ Fifty years from now, our brand name will be as well known as any in the world⋯and will signify innovation and quality that rival the most innovative companies anywhere.⋯ "Made in Japan" will mean something fine, not something shoddy.

출처: Jim Collins & Jerry Porras.(1996). Building your company's vision, *Harvard Business Review*, September – October Issue: p.76.

비전은 엄청 중요한 것이다. 핵심이념과 함께 성공했던 글로벌 기업들이 쇠퇴하거나 망한 대부분의 이유는 비전 때문이라는 것을 알 수 있다. 그들은 전략이 없어 실패했다고 하지만 전략의 위에 있는 새로운 비전설정에 실패한 것이다. 또한 CEO가 바뀌면서 핵심이념들에 대한 집중을 하지 않은 점도 실패 요인으로 분석된다. 더 이상 구성원들을 하나로 묶기 어려웠고 조직을 동기부여 시키지 못했던 것이다. 소니[10]와 파나소닉, 샤프 등 굴지의 일본 기업들이 최근 쇠퇴하거나 시장에서 사라진 이유는 모두 전성기를 지났고 초기 비전이 달성되었으며, 두 번째 산을 오르기 위한 다음 비전이 만들어지지 못했기 때문이다. 이른바 "We've already arrived" syndrome에 걸린 것이다(Collins & Porras, 1996).

비전은 아직 달성되지 않았을 때 힘을 발휘하게 된다. 전략이 잘못 수립되었거나 올바르게 수립되었더라도 실행되지 못할 때 조직은 망하거나 쇠퇴하게 되는데 이에 대한 근본 원인은 비전체계(핵심이념, 대담하고 어려운 비전, 그리고 이를 생생하게 설명하는 기술)가 작동하지 않았다는데 있다. 이것은 결국 최고관리자의 몫이며 중장기적 관점에서 단기적 성과에 집착하지 않고 비전체계를 잘 운영하는 최고관리자는 그 조직이 성공하였고 비전체계를 관리하지 못했던 최고관리자는 그 조직이 쇠퇴한다는 점을 알아야 한다.[11]

한번 핵심이념이 설정되고 이것을 구현시키기 위한 비전이 잘 만들어졌다 해도 조직의 책임자가 가만히 있으면 비전이 내재화될 리 없다. 비전을 내재화하기 위해서는 양방향의 면대면 다이얼로그(face to face dialogue)가 중요하다. 내부 인트라넷이나 이 메일을 통한 소통은 피드백이 바로 일어나기 힘든 구조이기 때문에 효과적이지 못하다. 기관장은 수시로 비전의 내용을 가지고 구성원들과

---

10) 소니는 2000년도 이후 쇠퇴의 길을 걷다가(이유는 Sony가 핵심가치를 지키지 않기 시작했고 비전설정을 하지 않았다는 것이다) TV 등 가전제품시장을 버리고 4차산업혁명시대에 부응하는 이미지 센서 개발과 플레이스테이션에 대한 적극투자로 최근 다시 부활한 기업으로 평가된다. 최근 임기를 마친 히라이 가즈오 Sony 사장은 이른바 Sony 혁신 DNA의 부활을 목표로 하여 선택과 집중을 통해 소니를 다시 글로벌 기업으로 부활시켰던 CEO로 인정받는다. 자세한 내용은 아래의 관련기사들을 참조.
<「중앙일보」, "소니의 DNA를 깨우겠다 … 전자 부문 부활 선언". April, 13, 2012. available at https://news.joins.com/article/7885595, Accessed on Jan. 17, 2021>.
<「조선비즈」, "젊은 엔지니어에 투자… 다시 '기술의 소니'로" Sep. 11, 2015, available at https://biz.chosun.com/site/data/html_dir/2015/09/10/2015091002573.html, Accessed on Jan. 17, 2021>.
11) 최근 Sony의 사장에 부임한 요시다 겐이치로는 퇴임한 히라이 가즈오 사장과 함께 소니의 부활을 이루어낸 주역이다. 그는 "재임 중 성과가 나오지 않은 것을 열심히 하라"고 주문했고 "중장기적 투자를 강조"하면서 R/D 투자에 힘썼다. 관련기사 참조.
<「오피니언뉴스」, "2019 글로벌 CEO]① 요시다 겐이치로, 수렁에서 '소니' 건져내다", Dec. 20, 2019., available at https://www.opinionnews.co.kr/news/articleView.html?idxno=27186, Accessed on Jan. 17, 2021>.

지속적으로 양방향으로 대화해야 하고 이에 따라 비전달성과정에서 나타나는 장애요인들을 점검하고 계획에 반영할 수 있어야 한다(Jensen, Moynihan & Salomonsen, 2018).

3. 전략 및 성과목표의 설정, 그리고 성과지표(KPI) 발견의 중요성

이제 고상하고 이상적인 핵심이념이 스며든 비전체계가 수립되고 나면 본격적으로 이러한 상상된 미래의 세계에 도달하기 위해 현실적인 고민을 해야 하는 가장 중요한 단계로 접어들게 된다. 즉 구체적인 비전을 달성하기 위한 전략목표 및 성과목표를 설정하는 단계이다. 기업의 경우 정교화된 SWOT 분석을 통해 환경 분석을 하게 되고 그에 맞는 새로운 전략들을 도출해 내기도 하지만 공공부문에서는 사실상 주요사업의 영역 내지는 기관의 핵심미션에 기초한 영역이 전략목표가 되는 경우가 많다. 특히 지방자치단체의 경우에는 종합행정기관이기 때문에 교통, 환경, 복지, 경제, 자치역량 등 대부분 공통된 영역이 전략목표 수준으로 올라오게 된다. 공공부문의 전략목표들이라고 하는 것이 모든 분야를 망라한 것이 될 수밖에 없는 상황 하에서 전략이라는 의미를 순수하게 부여하기에는 무리가 있다는 것이다. 그래서 공공부문에서 이 부분을 핵심영역(Focus Area)이라고 부르는 이유가 여기에 있다.

일단 공공부문에서는 핵심영역이 정리되면 이제 사실상의 전략목표(strategic goals)를 설정해야 하는데, 이를 성과목표라고 부르기로 한다. 구체적인 성과목표를 도출하기 위해 SWOT(Strengths, Weaknesses, Opportunities, Threats) 분석을 시행해야 한다. 아래의 표에서 보듯이 SWOT 분석에 기초해 성과목표를 도출하되 특히 외부환경(기회와 위협요인)분석의 경우 아래와 같은 변화를 감지하여 도출하면 도움이 된다.

표 3-5　SWOT 분석 양식

내부환경(자원) 외부환경		강점(Strengths) 1. 2. 3.	약점(Weaknesses) 1. 2. 3.
기회 (Opportunities)	1. 2. 3.	강점을 활용해 기회를 잡는 전략 (SO)	약점을 강점으로 전환해 기회를 창출하거나 잡는 전략 (WO)
위협 (Threats)	1. 2. 3.	강점을 활용해 위협을 극복하고 기회로 삼는 전략 (ST)	약점을 강점으로 전환해 위협을 피하거나 기회로 잡는 전략(WT)

표 3-6　혁신을 위한 환경적 고려사항들

번호	혁신을 위한 고려사항
1	예상치 못한 성공과 실패와 사건들
2	상식적으로 생각하는 것과 현재에서 일어나는 일들 간에 일치하지 않는 현상들
3	환경변화에 맞추어 개선되어져야 할 프로세스들
4	정치구조, 산업구조나 시장구조에서 일어나는 작은 변화들
5	인구규모와 구성비율의 변화(고용, 교육수준, 소득수준, 고령화, 다국적 이민 등)
6	현상에 대한 사람들의 인식의 변화, 분위기 또는 의미부여
7	과학과 비과학분야에서 나타나는 새로운 지식들

출처: Druker, P.(1993). *Innovation and Entrepreneurship*. NY: HarperCollins.

　　또한 위의 <표 3-6>을 보면 Drucker(1993)가 제시한 혁신을 위한 고려사항들이 나와 있는데 이를 환경으로부터 오는 기회와 위협을 기술할 때 참고하면 "미래에 영향을 미칠 수 있는 이미 발생한 사건"에 대하여 정리를 잘 해 볼 수 있다. 결국에는 의미 있는 목표 발굴 및 설정을 위해 전략적 기획을 얼마나 잘 수립할 수 있느냐가 관건인 것이다. 전략적 기획(strategic planning)의 중요성이 강조되는 이유이다. 즉 미래를 예측하는 것이 아니라 이미 현재 진행되고 있는 사건들에 주목하여 전략(성과)목표를 설정해야 한다는 것이다. 따라서 전략적 성과관리시스템을 구축하는 단계와 전략적 기획의 단계는 기본적으로 일치하며,

성과관리는 성과지표를 달성하기 위해 구체적인 자원배분을 하고, 지표 측정 후 분석 및 평가를 통해 다시 예산에 기초한 의사결정을 하여 새로운 지표나 프로그램을 설계하는 일련의 과정을 포함하는 것으로 정의할 수 있다. 한마디로 전략적 기획은 성과관리를 통해서 실행된다고 할 수 있다.

이렇게 도출되는 성과목표(performance goal)를 또한 핵심성공요인(critical success factor: CSF)이라고도 부른다. 앞에서 다루었던 BSC(Balanced Score-Card)에서는 복수의 전략목표를 각각 달성하기 위해 고객의 관점과 재정적 관점, 내부 과정적 관점과 학습성장의 관점에 따라 인과관계에 입각하여 CSF를 발견하게 된다. 예를 들어, 하나의 전략목표를 달성하기 위해 고객관점에서 무엇을 해야 할 것인가를 고민하면서 CSF를 도출하게 되고 고객관점에서의 CSF를 달성하기 위해 재정적 관점, 내부과정적 관점, 학습성장의 관점에서 무엇을 할 것인가를 고민하면서 각각의 CSF를 도출하게 된다. 이렇게 해서 4가지 관점별로 그리고 전략목표별로 CSF가 도출되게 되며 중복되고 개념이 유사한 것들을 합치는 작업을 통하여 전 기관차원에서의 이른바 전략지도가 완성된다.

4. 공공부문은 과연 이러한 기초(Basics)를 잘 지키고 있는가?

그렇다면 과연 우리나라 공공부문을 들여다보았을 때 이러한 기본들이 잘 지켜지고 있는 것일까? 우리나라뿐 아니라 해외사례까지 보면 더 의미가 있겠지만 모든 분석을 다 할 수는 없으므로 우리나라의 경우에 국한하여 현주소를 살펴보기로 한다.

1) 역대정권과 중앙정부의 핵심가치와 핵심목적, 그리고 비전은 잘 정의되고 지켜지고 있는가?

본서에서 조사해본 바로는 우리나라의 역대정부들이 각각 핵심목적을 공식적으로 밝히고 명문화한 기록은 보이지 않는다. 이것은 물론 핵심목적을 부인해서가 아니라 역대정부가 각각의 국정철학을 가지고 운영하는 과정에 스며들어가 있을 수 있지만 이 책에서 강조하는 핵심이념(core ideology)의 기능(내재화를 통한 혁신과 신뢰, 그리고 비전의 창출까지의 연계)을 활용해 오지는 못했던 것 같다.

또한 핵심가치와 관련하여서도 역대정부마다 통일되지 않은 용어를 사용해 오고 있고 국정원리, 국정기조, 또는 국정철학이라는 이름으로 핵심가치와 유사한 개념을 내세웠던 것으로 판단된다.

아래의 표는 인수위원회 보고서, 국정운영백서, 연구보고서 등 다양한 자료에 기초하여 노무현 정부부터 현재의 문재인 정부까지의 국정비전과 국정목표, 국정원리(핵심가치)를 살펴본 것이다.[12]

표 3-7   역대정부의 국정비전과 핵심가치(국정원리/기조/철학)

구분 역대 정부	정부 명칭	국정비전	국정목표	국정원리/국정기조/ 국정철학	핵심 목적
노무현 정부 (2003년 ~2008년)	참여 정부	— 일 잘하고 책임을 다하는 정부(정부혁신비전) — 비전 2030 · 국민소득 4만9000달러 부자나라로 삶의 질 세계 10위에 진입한다(2006년 발표)	— 국민과 함께하는 민주주의 — 더불어 사는 균형발전사회 — 평화와 번영의 동북아시대	— 원칙과 신뢰 — 공정과 투명 — 대화와 타협 — 분권과 자율	별도로 정의된 바 없음
이명박 정부 (2008년 ~2013년)	실용 정부	— 선진일류국가(국정목표와 동일시) · 잘사는 국민, 따뜻한 사회, 강한나라 — 747(7년 내에 7%성장으로 국민소득 4만달러 달성)	— 선진인류국가 (이명박 정부국정운영백서) — 섬기는 정부 — 활기찬 시장경제 — 능동적 복지 — 인재대국 — 성숙한 세계국가	— 창조적실용주의 — 공정한 사회(동반성장) — 공생발전 — 저탄소녹색성장(비전) — 친서민중도실용(비전, 국정철학)	
박근혜 정부 (2013년 ~2017년)	박근혜 정부	— 국민의 행복, 희망의 새시대 — 제2의 한강의 기적	— 일자리 중심의 창조경제 — 맞춤형 고용 복지 — 창의교육과 문화가 있는 삶	— 국민중심성장 — 순환과 통합형 사회발전 — 소통과 성과 — 개방, 공유, 협력	

---

12) 일단 핵심가치에 해당하는 개념이 역대정부마다 일치하지 않기 때문에 인수위원회 보도자료, 언론보도, 국무조정실에서 발행하는 국정과제 추진실적 보고서(대한민국정부), 역대정부의 국정기조 비교연구 보고서(한국행정연구원, 2012), 대통령기록관 홈페이지에 있는 국정운영백서 등을 참조하여 저자가 임의로 선정하여 배치하였음을 밝힌다. 또한 국정비전과 목표들의 개념 간의 혼동이 존재하여 이를 인식하는 국민들이나 공직사회의 입장에서 얼마나 개념이 혼돈되고 있는지를 보기 위해 부분적으로 언론사설이나 인터뷰 기사도 참조하였다. 즉 <표 3-7>의 분류표에 들어가 있는 내용이 맞는지 안 맞는지를 따져보는 것이 목적이 아니라 역대정부의 핵심가치와 비전들이 이 책에서 강조했던 것처럼 중요한 비중으로 다루어져 오지 못했으며 따라서 이러한 내용들을 향후 공직사회와 국민들에게 명확하게 각인시키거나 충분하게 내재화 시킬 필요가 있다는 점을 강조하고 싶은 것이다.

			- 안전과 통합의 사회 - 행복한 통일시대의 기반구축	- 소통과 신뢰
문재인 정부 (2017년 ~2022년)	문재인 정부	- 국민의 나라, 정의로운 대한민국(2017) - 모두를 위한 나라, 다 함께 잘사는 포용국가(2018.9)	- 국민이 주인인 정부 - 더불어 잘사는 경제 - 내 삶을 책임지는 국가 - 고르게 발전하는 지역 평화와 번영의 한반도	- 분권과 포용 - 통합과 개혁 - 소통 - 사람중심

　위의 <표 3-7>에 기초하여 역대정부의 핵심가치(국정원리)와 국정비전을 종합적으로 분석해 보면, 우선 아쉽게도 정부의 '핵심목적'을 밝히고 이를 정의한 정부는 없었다. 이 책의 프롤로그에서도 언급하였듯이 Thomas Jefferson은 정부의 목적을 "사람들이 서로에게 피해와 상처를 주지 않게 막아주는 것(the purpose of government is to prevent men from injuring one another)"이라고 하였다. 우리나라도 앞으로의 향후 들어서게 될 정부들이 얼마든지 고민하여 이러한 부분을 정의할 수 있다고 생각한다.

　사실 매번 들어서는 새 정부에서 이러한 핵심목적에 대한 고민이 없었다는 것은 우리 모두에게 불행한 일이다. 정권이 교체되는 이유에는 많은 원인들이 복합적으로 작용하겠지만 근본적인 원인은 한마디로 위에서 언급된 정부의 핵심목적을 정부가 깊이 고민하지 못하고 지키지 못했기 때문이다. 국민들 중 누군가가 또 다른 누군가에게 피해를 주는 것을 막아야 한다는 것이 정부의 핵심목적이라면 이것은 매우 어려운 과제일 수밖에 없다. 왜냐하면 모든 사람을 만족시킬 수 있는 대안은 존재하기 어려우며 누군가를 보호하다 보면 또 누군가가 피해를 보게 마련인 것이다. 그러나 어렵다고 피해가서는 안된다. 핵심목적이 혁신을 위한 통찰력(insight)을 제공한다는 점이 이 딜레마를 잘 대변해 준다. 정부는 끊임없이 고민해야 한다. 그러나 이러한 핵심목적을 고민해 보거나 천명한 적이 없는 정부의 입장에서 보면 정부가 무엇을 잘못하고 있는지도 모르는 채 국민들의 신뢰와 지지를 잃게 마련이다. 이러한 핵심목적을 인지하지 못하니 오히려 정부가 국민 중 누군가에게 피해와 상처를 주고 있는 잘못을 저지르고 있다는 점마저도 인지하지 못하는 것이다. 국민들이 입는 이러한 피해와 상처를 막아주어야 하는 것이 정부의 근본적 존재이유, 즉 핵심목적임에도 불구하고 정부가 오히려 나서서 이러한 피해를 주고 이마저도 인지하지 못한다면 참으로 안타까운 일이다. 다시 한번 정부가 핵심목적의 중요성을 인지하기 바라며 향후 미래에 새롭게 출발하는 정부들은 이러한 부분을 경시하지 않기를 기대한다.

또한 핵심가치와 관련하여서는 역대정부마다 국정원리 또는 국정기조의 형태로 이를 밝히고 있는데 이러한 각각의 핵심가치가 공직사회에 행동규범으로서 지침역할을 하기 위해서는 위에서 언급한 핵심목적과 함께 융합되어 대한민국의 '상상된 미래(envisioned future)'인 비전을 그려낼 수 있어야 하는데 그 부분의 연결고리가 끊겨있다.

그러다 보니 새로운 정부가 들어서도 새로운 국정원리가 반영된 부처들의 업무보고가 이루어지기 어렵고 소위 '표지만 바꾸어 보고'하는 식의 문제점들이 정권인수 초기에 종종 나타난다. 결론부터 이야기 하면 이것은 새로운 정부가 핵심가치와 핵심목적을 잘 녹여내어 의미 있는 상상된 미래를 보여주지 못했다는 것을 의미한다. 인수위 시절에는 시간적 제약이 있을 수밖에 없지만 미리 준비하는 정부가 되어야 한다.

여기서 '의미 있는' 상상된 미래는 비전의 형태로 나타나는데 '생생한 기술'이 핵심 포인트가 된다. 생생한 기술이란 말 그대로 상상을 동원하여 국가의 미래를 그려보는 것이다. 수치를 사용하여 국민소득 얼마의 국가로 간다든지, 삶의 질 몇 위의 국가로 간다든지 하는 설명은 공직사회를 동기부여시키지 못하고 국민들에게도 와 닿지 못한다. 국민소득 10만 불이 되었을 때 그려볼 수 있는 국민들의 삶의 모습과 그때 만들어지게 될 국가의 위상을 보여주어야 한다.

20~30년 뒤에 공직사회와 국민들이 보고 싶어 하는 것이 무엇인지, 그때 국가의 모습이 어떤 모습을 하고 있을지, 국민들에게 그 모습이 어떻게 느껴질지를 잘 그려낼 수 있어야 한다는 의미이다. 이렇게 핵심이념에 기초한 생생한 비전기술만이 구성원들을 동기부여시키고, 자극시킬 수 있으며 활력을 불어넣어 줄 수 있다.

또한 역대정부의 국정비전을 보면 기술하는 사람의 입장에서 국정비전과 국정목표의 개념을 혼용해서 쓰기도 하고 핵심가치에 해당하는 국정원리가 중간에 국정목표로 새롭게 대두되거나 비전급으로 격상되는 현상들도 종종 보게 된다. 핵심목적과 핵심가치, 비전의 개념을 명확히 이해하고 구분할 수 있어야 한다.

많은 경우 정치인들이나 인수위에 참여하는 인사들이 정부의 새로운 국정비전과 국정철학, 국정원리, 국정기조 등에 대하여 매우 의욕적으로 강조하지만 이러한 비전과 철학에 목표와 가치, 열망과 믿음체계, 전략과 전술 등 모든 것이 뒤죽박죽으로 섞여 있게 되는 경우가 많아 논리적으로도 설명되기 어려울 뿐 아니라 새로운 이야기를 하는 것 같지만 지루하기도 하고 흥미롭지도 않은 이른바 "맞는 얘기지만 누가 관심을 갖겠는가?(True, but who cares?)" 현상에 직면하게 된다(Collins & Porras, 1996).

정권의 속성상 새로운 정부가 들어서면 이전 정부가 추진해 왔던 것을 계승하기 보다는 원점으로 되돌려 놓는 성향이 어쩔 수 없이 존재하지만 지금까지의 역대정권의 국정비전이 이 책에서 언급하는 핵심가치와 핵심목적이 녹아들어간 비전이 아닌 정치적 슬로건 정도에 머물고 있었고 개념구분에 대한 이해가 명확하게 되지 않았다는 점에서 보면(그래서 정권이 출범한 이후에도 비전이 다시 정비되었다고 중간에 다시 선포하기도 하며 기존의 비전이 수정되기도 하는 과정을 되풀이 해왔다는 점을 보면) 5년마다 국정비전이 바뀌는 것을 염려하기 보다는 이제부터라도 제대로 된 비전을 만들어 정권교체와 상관없이 이념을 떠나 국민 누구든지 보고 싶어 하는 세상을 그려내야 한다.

각 정당의 이념과 철학에 따라 20~30년을 내다본 대한민국의 미래의 모습에 대한 강조점이 다를 수 있지만 궁극적인 미래 모습은 다를 수 없다. 이제 우리 정부도 이러한 비전의 역사를 새롭게 써 보게 되길 기대한다.

이렇게 잘 정리된 비전체계는 정권차원에서도 중요하지만 사실상 실제 대한민국을 이끌어 가는 공직사회의 입장에서 더 중요하다. 중앙부처는 누가 기관장으로 오든, 정권이 어떻게 바뀌든지 그 부처가 존재하는 한 흔들릴 수 없는 핵심목적과 핵심가치를 가지고 있어야 하고 이에 따른 비전이 있어야 한다. 이것은 마치 미국에서 NASA의 1960년대 달에 대한 미션(moon mission)인 "1960년대가 끝나기 전에 인간을 달에 보낸다"라는 목표는 이 목표를 정하는데 관여한 케네디 대통령이 사망한 이후에도 계속 이어졌고 이것이 NASA 구성원을 하나로 묶고 몰입하게 하는 기폭제가 되었던 점을 주목해야 한다. 따라서 기관장이 바뀌어도 기관의 미션과 비전을 바꿀 이유가 없는 것이다. 단지 이 개념들이 올바르게 이해되어지고 올바르게 구현되어 구성원들에게 활력과 동기를 줄 수 있다면 가장 바람직한 것이다. 아직까지 우리나라 중앙정부도, 공공기관도, 지방자치단체도 이 부분을 충실히 고민하고 실행한 사례는 보이지 않는다.

이러한 논의는 역대 정부가 비전을 제대로 구성하지 못했고 국가의 미래를 준비하는 전략을 제대로 수립하지 못했다는 것을 의미하는 것은 아니다. 역대정부는 나름대로의 현실인식과 문제의식을 가지고 중장기 국가발전 로드맵을 작성하여 실천해 왔고 각 정부가 이전정부의 성과와 차별화되는 성과를 내려고 노력을 해왔던 점을 인정한다. 하지만 국가의 중장기적 미래를 보고 만드는 이전 정부의 로드맵들의 상당부분은 차기정부에도 어느 정도 반영되어 추진되어 왔던 것도 사실이다. 왜냐하면 어느 정부가 들어서든지 간에 이념과 철학을 넘어서서 시대가 요구하는 거부할 수 없는 패러다임이 있고 수요가 있기 때문이다.

실제 노무현정부에서는 정권이 출범한지 3년이 지난 2006년에 <비전 2030>을 수립하여 발표하였는데 구체적인 재원마련을 하지 않아 실효성이 떨어지고 대선을 앞두고 증세논란을 불러일으킨다는 비판을 받기도 하였다.[13] 그러나 그 비전 안에는 미래를 내다보는 많은 정책 이니셔티브들이 꽤 들어가 있는 것으로 판단되어 이후 정부들의 공약이나 국정과제에서도 정책과 관련한 일부 개념들(생애주기별 맞춤형복지, 무상급식 등)이 인용되기도 하였고 정치이념에 관계없이 복지국가론의 방향성을 제시하는데 역할을 하였다고 판단된다.[14] 그러나 아무리 30년을 내다보는 로드맵을 만들어 놓아도 정권이 교체되면 새로운 로드맵을 짤 수밖에 없는 현실에서 집권한 정부는 최소한 상상된 미래(envisioned future) 만큼은 선명하게 정의하여 정부에 넘겨주고 이렇게 만들어진 비전이 공직사회와 국민을 움직이게 해야 한다는 것이다. 로드맵으로는 공직사회와 국민을 하나로

---

13) 비전 2030 보고회 및 내용과 재원조달 논란 관련하여서는 <서울신문, "2030년 세계 10위 복지국가에", on-line available at http://www.seoul.co.kr/news/newsView.php?id=200608 31001007, Accessed on Dec. 25, 2020>, <동아일보, "비전2030 보고서…1100조 돈은 어디서.. 공허한 청사진", https://www.donga.com/news/article/all/20060831/8345646/1, Accessed on Dec. 25, 2020> 참조.
당시 Vision 2030의 최종 목표(미래모습)는 '세계일류국가'였으며 구체적인 내용은 아래와 같다.
　－ 국내 총생산 2조 4060달러　　　　－ 1인당 GDP 4만9000달러(2030년)
　－ 국가경쟁력 10위　　　　　　　－ 삶의 질 세계 10위(2030년)
14) 관련내용은 <오마이뉴스, "노무현 '복지 유고작' 뒤늦게 빛 본다. － 민주당 '3＋1'은 증세 없이도 가능하지만", on-line available at http://www.ohmynews.com/NWS_Web/view/at_pg. aspx?CNTN_CD=A0001525436&CMPT_CD=E0942, Accessed on Dec. 25, 2020.> 참조.

묶어 움직이게 할 수 없다. 이것은 정부가 무엇을 해 나가겠다는 계획에 불과하다. 이 계획들이 실천되고 나면 어떤 미래의 모습이 우리에게 다가올지를 보여주어야 한다. 핵심가치와 핵심목적에 대한 이해가 뒷받침되지 않는 정치적 슬로건으로는 더더욱 사람들을 움직이게 할 수 없다.

이제 우리도 "Visionary Government"를 구현하여야 한다. Visionary Government는 한 사람의 탁월한 Visionary Leader에 의해 완성되는 것이 아니라 구성원들의 노력에 의해 완성되며 이는 조직이 제시한 크고, 어렵고, 담대한(Big, Hairy, Audacious) 목표에 의해 구성원들이 감동되어 열정과 능력을 다해 한 마음으로 노력하는 조직을 의미한다.

결국 기초(Basics)가 튼튼한 조직은 조직의 크고, 어렵고, 담대한 목표를 설정하고 구성원들을 감동시켜 하나로 협력하여 목표를 달성하게 하는 심리적 정렬(psychological alignment)이 이루어져야 하는 조직이다. 전략목표와 성과지표를 중심으로 한 조직간 정렬(alignment)이 이것보다 먼저 나와야 의미가 없다. 하드웨어적인 정렬보다 소프트웨어적인 정렬이 먼저 갖추어진 후에 성과지표를 중심으로 한 정렬이 가능한 것이고 재원확보의 문제는 그 다음이 된다. 즉 'Blue Government'는 'Visionary Government'에서 시작된다고 할 수 있다.

2) 공공기관, 지방자치단체의 핵심가치와 핵심목적, 비전은 어떠한가?

한편 공공기관도 기초(Basics)를 지키고 있는지를 살펴볼 필요가 있다. 2019년도 공공기관이 기획재정부 경영평가를 받기 위해 제출한 경영실적 보고서 중 경영관리부문 보고서에 의하면 평가지표 중 전략기획 지표와 리더십 지표에 핵심가치의 설정과 구성원의 내재화 노력을 평가하도록 되어있다(<표 3-8> 참조).[15]

예를 들어 모 공공기관의 핵심가치는 안전, 소통, 상생 등으로 되어 있는데 이에 대한 가치체계 내재화를 위해 CEO 간담회, 교육자료 배포, 워크숍 등을 수행하거나 각 핵심가치별 주요추진 실적으로 내재화 노력을 표현하는 경우가 대부분이다.[16] 그러나 이러한 핵심가치가 존재의미를 갖고 구성원들에게 내재화되고 있다는 것을 보여주기 위해서는 각 가치별로 정의가 되는 것 이외에 구체

---

15) 기획재정부(2019). 「2020년도공공기관 경영평가편람」 참조.
16) 기획재정부(2020). 「2019년도 준정부기관 경영실적평가보고서(위탁집행형)」 참조.

적인 행동규범 내지는 지침(guiding principle)으로 작동해야 하므로 각 핵심가치
별로 구체적인 행동규범(code of conduct)이 마련되고 이것이 구성원들에게 공유
되며, 구성원들이 느끼기에 회사가 이렇게 가고 있다고 동의해야 하고, 구성원들
에 대한 평가도 이 기준에 의해 평가받는 항목이 있어야 한다.

더 나아가 이러한 핵심가치와 핵심목적(미션)이 녹아들어가 비전이 형성되어
야 하는 순서를 따라야 하는데 많은 경우 미션과 비전이 먼저 만들어진 후 핵심
가치가 여기에 끼워 맞추어지는 형식을 따르고 있어서 개선이 요망된다. 즉 비
전에 핵심가치와 핵심목적이 구현되어 있어야 내재화가 되면서 중장기적으로 조
직을 이끌어 나갈 수 있다는 것이다.

공공기관의 경우 기관장의 임기가 3년으로 되어 있어 기관장이 바뀔 때마다 비
전과 핵심가치가 바뀌는 경우가 종종 있는데 이것은 바람직하지 못한 것이다. 기관
장은 경영목표를 바꿀 수 있고 슬로건을 새롭게 할 수 있다. 그러나 기관의 중장기
적 목표인 핵심가치와 핵심목적, 그리고 비전은 3년마다 바꿀 수 없어야 한다.

이러한 경향은 지방자치단체의 경우도 마찬가지이다. 대부분 광역자치단체이
든 기초자치단체이든 비전과 핵심가치, 핵심목적이 구분되는 자치단체는 없는
상황이고 일부 광역자치단체가 핵심가치를 표방하고 있으나[17] 대부분 나머지 개
념(핵심목적과 비전)에 대해서는 구체적인 내용을 제시하고 있지 못하다. 또 도정
(시정) 비전을 제시하였다 하더라도 대부분 슬로건에 그치고 있고 목표와 방침,
정책 등의 개념이 혼돈되어 사용되고 있는 상황이다.[18]

---

17) 예를 들면 경기도에서 평화, 공존, 복지의 3가지 핵심가치를 표방하고 있다. 그러나 여기서도
핵심목적과 함께 연계된 비전의 설정은 보이지 않는다. 자세한 내용은 경기도청 홈페이지 참
조. <https://www.gg.go.kr/contents/contents.do?ciIdx=681&menuId=1826>
18) 자세한 사항은 각 광역 및 기초자치단체 홈페이지를 들어가 보면 도정(시정)목표 및 비전 등
에 관한 정보를 확인할 수 있다.

표 3-8 공공기관 경영평가의 항목: 준정부기관(위탁집행형)의 지표 및 가중치 기준

범주	평가지표	계	비계량	계량
경영관리 (45)	1. 경영전략 및 리더십	6	6	
	－ 전략기획		2	
	－ 경영개선		2	
	－ 리더십		2	
	2. 사회적 가치 구현	20	12	8
	－ 일자리 창출	6	3	3
	－ 균등한 기회와 사회통합	3	2	1
	－ 안전 및 환경	3	2	1
	－ 상생·협력 및 지역발전	5	2	3
	－ 윤리경영	3	3	
	3. 조직·인사·재무관리	6	5	1
	－ 조직·인사 일반	3	3	
	－ 재무예산 운영·성과	2	1	1
	－ 근로자의 삶의질 제고	1	1	
	4. 보수 및 복리후생비	8	5	3
	－ 보수 및 복리후생	3	3	
	－ 총인건비관리	3		3
	－ 노사관계	2	2	
	5. 협력과 참여	5	1	4
	－ 국민참여	1	1	
	－ 열린혁신	1		1
	－ 국민소통	3		3
	소계	45	29	16
주요사업 (55)	주요사업 계획·활동·성과를 종합평가	55	21	34
	소계	55	21	34
합계		100	50	50

출처: 기획재정부(2019). 「2020년도공공기관 경영평가편람」.

Chapter
02

LINKAGES(지표/조직 간 연계와 위험/결과 간 연계에 관한 이야기)

1. 무엇이 연계(Linkages)인가?

기초(Basics)가 튼튼하게 구성되어 핵심이념과 살아있는 생생한 비전체계가 완성되었다는 것은 구성원들을 하나로 묶을 수 있는 심리적 정렬(alignment)이 준비되었다는 것을 의미한다. 이제 이 준비된 사람들에게 나아갈 방향을 안내해 주는 나침반이 필요하고 동시에 올바른 정책(사업)을 설계할 수 있도록 안내하는 나침반이 필요하다. 첫 번째 나침반과 두 번째 나침반을 본서에서 언급하려 하는 두 단계로 구성된 연계로 설명하고자 한다. 즉, 연계는 일단 두 단계로 나뉜다.

먼저 1단계 연계에 대해 이야기하려 한다.

살아있는 생생한 비전을 달성하기 위한 올바른 전략 및 성과목표가 발견되었다면 이 추상적 수준의 목표를 어떻게 구체화된 목표로 전환하여 국가의 구성단위(부처, 산하기관, 지방자치단체)에게 명확하게 전달하느냐가 관건이 된다. 그렇게 하기 위해서는 명확한 상위 성과지표가 도출되어야 한다. 그 다음에는 해당 하위조직들이 이러한 상위 성과지표에 어떻게 기여(contribution)하게 만들 것인가가 관건이 된다. 이것을 하드웨어적 관점에서 성과지표를 통한 하위조직간 정렬을 유도하는 '지표와 조직간 연계(linkage of organizational priorities with national outcome measures)'라 부른다. 이것이 1단계 연계(linkage)이다.

그럼 2단계 연계는 무엇인가?

이렇게 1단계 연계, 즉 '지표와 조직간 연계'가 이루어지고 나면 각 조직은 이제 그 상위지표들을 달성해 나가기 위한 정책을 고민해야 한다. 이를 위해서는 정책문제에 대한 올바른 정의가 필수적이다. 이를 위해 조직들은 우선 최종결과지표(outcome measures)와 동인지표(lead measures)간의 정교화된 사슬(chain)이 필요한데 이를 결과사슬(result chain)이라고 부르며, 궁극적인 결과지표(ultimate outcome measures), 중간결과지표(intermediate outcome measures), 즉시적 결과지표(immediate outcome measures)로 이루어진다.

결과사슬(result chain)은 정책문제를 정의하기 위해 필수적인 사슬이지만, 공공부문에서 올바른 문제의 정의를 위해서는 결과사슬에만 의존하면 안 된다. 결과사슬(result chain)을 통해 도출된 정책의 내용이 시행될 경우 국민의 수요에 대한 반응성(responsiveness) 차원에서 어떠한 위험이 있을 것인가에 관하여 사전분석이 이루어지지 않으면 안 된다. 이것을 위험사슬(risk chain)이라 부르며 이 사슬에 따른 분석을 해야 하는데 이는 정책에 대한 순응(compliance)과 직접적 관련이 있다. 다시 말해 위험사슬(risk chain)이란 정부의 시민의 요구에 대한 반응성(responsiveness)이 달성되지 못할 위험을 단계별로 점검하는 것이며 정책이 이 부분을 제대로 사전조율하지 못하면 정책실패로 귀착된다는 점을 강조하는 것이다.

따라서 이를 위험사슬(risk chain)과 결과사슬(result chain)을 연계하여 올바른 정책문제를 정의하고 올바른 정책(사업)을 설계할 수 있는 '위험과 결과 간 연계(linkage of result chain with risk chain)'라고 부른다. 이것이 바로 2단계 연계인 것이다. 개념이 다소 생소해 보이겠지만 아래의 순서에 따라 논의를 따라가다 보면 이해가 될 것이다.

2. 지표와 조직 간 연계(Linkage of Organizational Priorities with National Outcome Measures)

1) 목표상태에 대한 정의(올바른 성과지표의 발견)

전략 및 성과목표 '달성'에서 중요한 것은 말 그대로 목표를 명확하게 정의하는 것이다. 명확한 목표의 정의는 잘 정의된 성과지표로 대변된다. 따라서 아무리 전략목표와 성과목표를 상세하게 정의했다 하더라도 성과지표가 설정되기 전

까지는 그것은 명확한 실제목표가 아니고 '추상적인 바람(abstract desire)'일 뿐이
다. 추상적인 목표만으로는 조직의 하위단위인 부서들을 상위목표에 따라 기여
하도록 유도할 수 없다. 말 그대로 'focus area'에서 실제 'focus'를 명확하게 콕
집어 제시해 주지 못하면 아무런 의미가 없는 것이다.

여기서 이해를 돕기 위해 잠시 성과지표의 유형과 좋은 성과지표의 조건에
대해 살펴볼 필요가 있다.

아래의 <표 3-9>를 보면 성과지표는 크게 두 종류로 구분되어 진다. 즉
투입에서 과정, 산출에 이르는 지표를 동인지표(driver measures)라고 부르고
그러한 동인지표로 인해 궁극적으로 달성될 것으로 기대하는 지표를 결과지표
(outcome measures)라고 부른다. 동인지표에서 산출대비 투입의 비율을 효율성
(efficiency)이라 정의하고, 효과성(effectiveness)은 결과지표에서 정해진다. 효과성
은 다시 어떤 프로그램의 질(quality of programs/services)을 측정하는 결과지표
와 최종임팩트(final impact)를 측정하는 결과지표로 나누어 볼 수 있다.[1] 또한
이 결과지표는 다시 세 가지로 세분화되는데 궁극적인 결과지표(ultimate
outcome measures), 중간결과지표(intermediate outcome measures), 즉시적 결과
지표(immediate outcome measures)로 구분된다. 이에 대해서는 뒤에서 결과사슬

표 3-9 성과지표의 분류

동인지표(Driver Measures)			결과지표 (Outcome Measures)
투입(Inputs)	과정(Processes)	산출(Outputs)	결과(Outcomes)
목적을 달성하기 위해 투자된 자원 내지는 자산들	목적을 달성하기 위해 하고 있는(해야 할) 활동 들	목적달성을 위해 띈 결과 나온 산출물 (사업/프로그램/정책)	목적달성을 위해 띈 결과 나온 산출물이 사회적으로 초래한 영향 내지는 최종 효과와 서비스의 질
- 투입 인력 수 - 투입원가 - 사용 재료량 등 - 버스운전기사의 수 - 버스의 수	- 효과적인 계획수립 - 효율적인 실행 - Lead-time, 1인당 생산성 등 - 대중교통체계 개편안 수립	- 보고건수 - 상담건수 - 지원건수 및 규모 - 버스전용차로 확보	- 교통수단 이용 증가율 - 고객만족도 조사에서 "안전하고 편안하다"에 응답한 시민들의 비율 - 출산율/취업률/경제성 장률 등

출처: 이석환(2008). UOFO: 신뢰받는 정부와 기업을 위한 전략적 성과관리, 법문사, p.78.

---

1) 이 부분과 관련하여서는 이 책의 p.78 참조.

(result chain)을 언급할 때 구체적으로 다루도록 한다.

표 3-10 좋은 성과지표의 조건

번호	Checklist
1	지표가 측정가능한가?
2	지표가 공공부문의 시민(고객)에 대한 책임성 향상에 도움이 되는가?
3	지표가 공무원의 조직에 대한 책임성을 향상시키는가?
4	지표가 공무원 직급간의 책임성을 향상시키는가?
5	지표가 물적 자원 배분의 효율성을 향상시키는가?
6	지표가 분석, 계획, 운영의 효율성을 향상시키는가?
7	지표가 공무원들에게 긍정적 동기부여가 되어 성과를 개선하게 하는가?
8	지표가 조직에게 새로운 개선 전략을 가져다 줄 수 있을만한 정보를 제공하는가?

■ 성과지표를 개발 후 다음의 각각의 질문에 모두 Yes라는 답을 얻어야 좋은 성과지표라고 할 수 있음.
※ 지표가 통제가능하며 충돌하지 않는가에 관한 조건은 공공부문에서는 맞는 조건이 아님.
※ 공공부문의 특성상 지표는 통제가 불가능 할수록 중요하고 의미 있는 지표일 수 있으며 충돌하는 것은 당연한 것임.
※ 오히려 충돌하는 지표를 잡아내어 이를 동시에 달성하는 것이 기회임.

출처: 이석환(2008). UOFO: 신뢰받는 정부와 기업을 위한 전략적 성과관리, 법문사, p.79.

한편 <표 3-10>은 좋은 성과지표의 조건을 나열한 것이다. 본서에서 강조하는 결과지표들은 사실상 통제하기 어려운 지표들이 대부분이다. 사회·경제지표들의 경우는 특히 더 그러하다. 그러나 공공조직은 이러한 결과지표들을 끌고 가야 한다. 공공부문이 아니면 어느 누구도(시민단체도, 민간조직들도) 이 지표를 책임질 수 없다. 그동안 공공부문 성과지표에 대한 교육이 오해가 있어서 '통제가 가능할 것'이 좋은 성과지표의 조건으로 강조되어져 왔었다. 그러나 이러한 통제 불가능성 때문에 공공조직에서 결과지표들이 외면 받게 된 이유는 공공조직이 구성원들의 개인성과를 평가하는데 있어서 결과지표 달성도를 그대로 반영하려고 했기 때문이다. 지표도전성과 난이도를 반영한다 하더라도 결국에는 지표 달성도가 가장 큰 배점을 차지하는 경우가 대부분이어서 평가를 위한 '게임'을 해야 하는 구성원의 입장에서는 이러한 결과지표의 할당을 환영할 리 없다.

하지만 조직 내에서 지위가 올라갈수록, 부서를 책임지는 장이 될수록 개인

단위에서 결과지표의 중요성은 더 커질 수밖에 없고 (물론 하위직급에서는 어느 정도까지 통제가능한 지표로만 성과를 평가받을 수 있겠지만) 통제가 어렵다는 이유로 이 지표를 평가에서 면제해 준다는 것은 이 지표에 대한 구성원들의 몰입을 떨어뜨리고 지표달성을 위한 혁신적 노력이 조직구성원들 사이에서 사라지게 된다는 것을 의미한다. 통제 불가능성에 대한 정성적인 평가를 과감하게 해주어 보완하더라도 이러한 결과지표의 선정과 배당을 두려워하게 만들어서는 안 된다.

다시 본론으로 돌아와서 이제 우리는 성과지표를 정의하는 방법에 대해 익숙해 져야 한다. 흔히들 말하는 '취업률'과 '출산율'이라는 말은 좋은 결과지표이지만 목표의 입장에서 보면 정확한 지표는 아니다. 이 지표들을 세부지표로 쪼개는 연습을 많이 해야 한다. 그래야 어떤 지표가 더 중요한지를 알 수 있게 된다. 취업률을 따지더라도 아르바이트 수준까지 포함하는 취업률이 아닌 "중소기업 이상에 풀타임으로 근무하는 사람들의 수"로 제한해야 양질의 목표를 설정할 수 있다. 이것이 우리의 도전적이면서도 질 좋은 목표라고 해야 한다. 출산율도 전체를 보기보다는 "맞벌이를 하는 부부의 출산율"이 더 구체적이고 바람직한 부분이라 할 수 있다. 무엇이 더 시급하고 중요한 목표인가를 결정하는 것이 중요하며 이에 따라 목표의 구체성이 더해져야 한다는 점을 인식할 필요가 있다. 검찰의 '기소건수'를 측정하기 보다는 '공청회를 거친 검찰의 기소건수'를 보는 것이 더 바람직하고 정확한 것이다. 주택 공급률을 보더라도 '평균시민(average citizens)이 살고 싶어 하는 장소에 지어지는 주택의 공급률'을 목표로 보는 것이 타당하다. 전체적으로 볼 때 주택보급률이 부족하지 않다고 말 할 수 있지만 '전국의 모든 주택 수 대비 가구 수'를 수치만으로 비교하는 것은 전혀 의미가 없다.

2) 지표와 조직간 수직적·수평적 연계(Vertical and Horizontal Linkages among Organizations)

(1) 미국 메사추세츠 주정부지표와 연방정부 지표와의 연계 사례

이제 지표를 통하여 상하조직단위가 어떻게 정렬될 수 있는지를 살펴보기로 한다. 아래의 <그림 3-4>는 미국 연방정부의 보건후생부(Department of Health and Human Services)의 국가결과지표(NOM: National Outcome Measures)와 국가성과지표(NPM: National Performance Measures)가 메사추세츠 주정부의 공중보건국(Department of Public Health) 지표와 어떻게 연결되어 관리되고 있는지를 보여준다.

연방정부수준에서의 NOM을 살펴보면 "100,000명의 병원출산 당 산모의 심각한 질병 발생률", "100,000명의 병원출산 당 산모의 질병 발생률", "2,500그램 미만의 저체중 아기가 출산되는 비율", "1,500그램 미만의 매우 저체중인 아기가 출산되는 비율"로 세분화하여 지표를 관리하고 있다. 앞에서도 언급했듯이 궁극적인 결과지표들을 그냥 하나의 전체로 통합하여 측정하는 것이 아니라 지표를 세분화하고 무엇을 보겠다는 것인지가 명확하게 나타나고 있다는 점에 주목할 필요가 있다. 그런데 친절하게도 궁극적 결과지표(ultimate outcome measures)에 해당하는 NOM 외에 NPM, 즉 중간결과지표(immediate outcome measures)를 제시해 줌으로써 주정부가 각 현실에 맞게 주정부 지표를 제시하되 통일되고 일관된 방향으로 연방정부의 지표에 쉽게 따라올 수 있도록 안내하고 있는 점이 흥미롭다.

그림 3-4 주정부의 액션플랜 표(State Action Plan Table)

Women/Maternal Health						
State Priority Needs	**Objectives**	**Strategies**	**National Outcome Measures**	**National Performance Measures**	**ESMs**	**SPMs**
Promote equitable access to preventive health care including sexual and reproductive health services.	1. By 2020, increase by 5% from baseline (74.3%, 95% CI [71.6 - 76.9] from BRFSS) the percent of women (ages 18-44) with a past year preventive visit. 2. By 2020, increase by 10% from baseline the percentage of women who receive contraception	1a. Establish baseline measures with MassHealth (Medicaid) for the number of women who received a preventive visit within the past year. 1b. Work with MassHealth to increase preventive visits among MassHealth participants.	Rate of severe maternal morbidity per 10,000 delivery hospitalizations Maternal mortality rate per 100,000 live births Percent of low birth weight deliveries (<2,500 grams) Percent of very low birth weight deliveries (<1,500 grams)	Percent of women with a past year preventive medical visit		

출처: Maternal and Child Health Services Title V. Block Grant, Massachusetts, FY 2016 Application/FY 2014 Annual Report, 2016. p. 59.

이에 주정부는 "2020년까지 지난해 의료예방방문을 한 18~44세 구간에 있는 여성들의 비율을 베이스라인에서 5% 더 증가시키겠다"는 측정 가능한 목표를 제시하였고, 이외에 "2020년까지 피임을 한 여성의 비율을 베이스라인에서 10% 증가시키겠다"는 목표를 제시하였다. 이를 위해 주정부는 큰 방향에서 어떤 전략을 사용해서 이 지표들을 달성해 나갈지에 대해 전략(strategies) 항목에서 밝히고 있다.

메사추세츠 주정부에서는 이를 "주정부 우선순위 목표와 국가성과 및 결과지표간 연계(Linkage of State Selected Priorities with National Performance and Outcome Measures)"라고 성과연차보고서 목차에서 표현하고 있다.

(2) 연방정부 부처 우선순위 목표(Agency Priority Goals: APGs) 사례: 부처 내 성과지표와 내부 부서연계의 사례

미국의 정부성과 및 결과에 관한 현대화기본법(GPRAMA)에서는 앞에서도 언급했듯이 대통령이 취임 후 이듬해 2월 첫 번째 월요일까지 각 부처의 전략기획과 성과계획서를 홈페이지에 올려놓고 이 사실을 의회와 대통령에게 통보할 의무를 요구하고 있다. 연방정부 부처는 4개에서 5개 정도에 해당하는 결과중심의 지표를 2년 주기로 달성할 수 있는 목표치를 설정하고 부처의 역량을 집중하여 관리해 나가게 된다. 이를 위해 각각의 지표마다 2~4인의 목표리더(Goal Leader)들을 임명하고 이들이 총괄적으로 분기별로 지표달성과정을 모니터링 하면서 관리해 나가게 된다. 각 부처는 분기별로 목표액션플랜과 진척상황 업데이트 보고서를 부처 홈페이지와 'performance.gov' 사이트에 올려야 한다. 이러한 부처의 우선순위 목표 달성을 위한 2년간의 재원은 대통령이 의회에 예산안을 제출하여 인준을 받고 시행하게 된다.

이때 역시 OMB(Office of Management and Budget)의 역할이 매우 중요한데 각 부처의 우선순위 목표를 리뷰하고 의회의 관련 위원회들을 관여시켜 협의하며 최종적으로 부처에게 피드백으로 주어 회계연도 전까지 최종안을 확정하게 되고 'performance.gov'에 공표하게 된다. 따라서 대통령이 우선순위를 두고 추진하고자 하는 내용들이 여기에 반영되며 이와 관련된 재원이 대통령 회계연도 예산에 반영되어 의회의 승인을 받게 된다.

이해를 돕기 위해 미 연방정부의 교통부(Department of Transportation)의 APG 달성을 위한 「액션플랜 및 진척상황 업데이트 보고서」[2]를 보면 아래 그림에서처럼 첫 번째 우선순위 지표인 "노면도로에서 발생한 교통사고사망자수(reduce surface transportation-related fatalities)"를 관리하기 위하여 교통부 내의 세 개의 관련부서(연방 고속도로 관리국(FHWA)/연방 자동차운송업자 안전관리국(FMCSA)/국가 고속도로 교통안전관리국(NHTSA))을 대표하는 세 사람의 Goal Leader들이 정해지고 이 지표를 집중적으로 관리해 나가게 된다.

1년 단위로 발간되는 「2019년 성과보고서와 2021년 성과플랜 보고서」를 보면 이러한 역할배분이 더 자세히 나와 있다. 아래 <그림 3-5>와 <그림 3-6>에서 확인할 수 있듯이 위에서 언급한 세 개의 국들이 각각 맡은 지표와 각각 수행했던 업무내용들이 보고서에 기술되어 있음을 알 수 있다. 중요한 것은 모든 성과보고서와 성과계획이 성과지표 중심으로 관리된다는 것이며 각각의 성과지표들이 해당 부서에 명확하게 연계되어 관리된다는 점이다.

그림 3-5 우선순위 성과지표별 복수의 Goal Leader의 배정

Agency Priority Goal Action Plan
Reduce Surface Transportation-Related Fatalities

Goal Leaders:

Nicole R. Nason, Administrator, Federal Highway Administration (FHWA)

Jim Mullen, Deputy Administrator, Federal Motor Carrier Safety Administration (FMCSA)

James Owens, Deputy Administrator, National Highway Traffic Safety Administration (NHTSA)

또한 <그림 3-5>는 2년 뒤에 달성하게 될 구체적인 지표의 목표치(target)를 설정하고(여기서는 2021년 9월까지 자동차 주행거리 1억 마일 사망률을 1.01로 낮

---

2) 이 보고서는 2020년 9월에 발간되었고 performance.gov 사이트에 보고서가 올라와 있다. <One-line available at https://www.performance.gov/transportation/FY2020 september Enhance Commercial Space Innovation.pdf, Accessed on Dec. 26, 2020.>

추는 것으로 목표치로 설정함) 각 부서들이 주요 업무 진척표(Key Milestones)를 사용하여 과정을 관리하고 있는 모습을 보여준다.

그림 3-6 성과지표의 목표치 설정과 지표달성을 둘러싼 도전과 기회분석

Overview

Goal Statement
- Reduce overall surface transportation-related fatalities. By September 30, 2021, the Department will reduce the rate of motor vehicle fatalities to 1.01 per 100 million vehicle miles traveled (VMT).

Challenges
- Impact of COVID-19 Virus: In this unprecedented situation, there will likely be fewer fatalities due to less exposure, but it is unknown if the fatality rate will likewise decrease. Anecdotal evidence from law enforcement partners indicates that less traffic has led to excessive speeding by some, which could negatively affect the fatality rate. The number of large truck and bus investigations and inspections decreased due to the inability to conduct onsite visits. Fewer violations are being reported. The backlog will be cleared as onsite investigations and inspections resume.
- Distracted driving: New forms of consumer communication and entertainment technology within motor vehicles continue to pose distraction risks.
- Drug-impaired driving: As more States relax prohibitions on marijuana use, drug-impaired driving remains an emerging threat.
- Vulnerable road user fatalities: Pedestrian and bicyclist fatalities continue to rise.

Opportunities

그림 3-7 교통부의 대표지표와 성과지표별 부서연계 테이블

APGs and Metrics: Surface Safety

APG: Reduce Motor Vehicle-Related Fatalities (FHWA, NHTSA, FMCSA)

METRIC: MOTOR VEHICLE-RELATED ROADWAY FATALITIES PER 100 MILLION VEHICLE MILES TRAVELED	CY 2016	CY 2017	CY 2018	CY 2019	CY 2020	CY 2021
Targets	1.02	1.02	1.02	1.02	1.01	1.01
Actuals	1.19	1.16	1.11	1.10(p)	N/A	N/A

(p) Statistical projection, based on the first 9 months of 2019.

Performance Goal: Reduce Fatal Motor Carrier Crashes (FMCSA)

METRIC: NUMBER OF MOTOR CARRIER INCIDENTS	2016	2017	2018	2019	2020	2021
Targets	—	4,352	4,308	4,264	4,220	4,176
Actuals	4,396*	4,586*	4,630	N/A	N/A	N/A

* Beginning with data for 2016, the National Highway Traffic Safety Administration (NHTSA) implemented changes to revise vehicle classification based on gross vehicle weight rating (GVWR), which reclassified 329 light pickup trucks as large trucks. Due to this methodology change, comparisons of the 2016 (and later) Fatality Analysis Reporting System (FARS) large truck data with prior years should be performed with caution.

출처: FY 2019 Performance Report and FY 2021 Performance Plan, Department of Transportation. available at https://www.transportation.gov/mission/budget/fy-2019-performance-report-and-fy-2021-performance-plan-main-document.

> **그림 3-8** 교통부의 지표별 2019년도 부서별 실적 보고서 내용 발췌

FY 2019 PROGRESS UPDATE

DOT continued to make progress in reducing the motor vehicle fatality rate in FY 2019. The fatality rate declined 5 percent from 2016 to 2018. While that did not meet the APG goal, the decline reflects the impact that ongoing safety efforts have had. Moreover, the decline took place at the same time the economy continued to expand. The fatality rate often increases as the economy improves due to increased VMT: more vehicles and people are on the roads. But much work remains to be done. DOT efforts to improve safety in infrastructure, advanced vehicle design and defects investigations, commercial motor carrier safety oversight, and road user behaviors are on track to provide additional gains in the coming years.

While automation innovation and technology matures and data becomes available to inform decision-making, NHTSA's current Federal Motor Vehicle Safety Standards apply to both traditional and emerging vehicles and technologies. If a safety risk develops or a noncompliance matter emerges, the Agency will use its broad enforcement authority to act as necessary. Likewise, NHTSA has multiple advanced vehicle technology research projects in progress, and has initiated efforts to remove unnecessary

> FHWA has also initiated a jointly-funded, cooperative study with five State DOTs and one city to address driver behavior at multilane roundabouts.

> FHWA released a series of six low-cost safety improvement videos that promote the use of Proven Safety Countermeasures to address these crash types.

> FHWA worked with 16 states to reduce the numbers and severity of roadway departure crashes on rural roadways through the EDC-5 technical assistance effort, Focus on Reducing Rural Roadway Departures.

> As of September 30th, 2019, FHWA met the goal of 17 for the "Average number of State DOTs implementing Proven Safety Countermeasures at the post-demonstration level on EDC scale."

DOT and FHWA, in cooperation with the American Association of State Highway and Transportation Officials (AASHTO), sponsored the first National Safety Engineer Peer Exchange. More than 180 safety practitioners from 49 States convened in Minneapolis July 9-11, 2019 to discuss implementing a safe systems approach for infrastructure. National experts and State peers presented on topics from

prosecutors and to certify more police officers in the detection and identification of persons impaired by alcohol and/or drugs.

When a crash does occur, timely and efficient emergency medical services (EMS) provide a crucial link to saving lives. NHTSA provides education, training, and other technical resources to strengthen State and local EMS systems. To keep pace with the technological changes occurring in the field, NHTSA in partnership with the U.S. Commerce Department awarded $109 million in Next Gen 911 grants to 34 States and two tribes to support and enhance State EMS telecommunications systems. NHTSA also released a bold new strategic plan, EMS Agenda 2050, in January 2019 that will help guide EMS efforts for the next decade.

FHWA is working with States and local agencies to advance a data-driven, systemic application of proven safety countermeasures to address the types of crashes that result in the most fatalities: roadway departures, intersection crashes, and crashes involving pedestrians and bicyclists. In meeting this goal, FHWA has completed the following activities:

transportation professionals to use as they are selecting safety countermeasures. Over 8,000 CMFs reside in the clearinghouse, and 750 CMFs have been added for FY 2019, October 1, 2018 through September 30, 2019. FMCSA continued to implement rulemakings to improve safety. The electronic logging device (ELD) rule is intended to help create a safer work environment for drivers and make it easier to track, manage, and share accurate records of duty status data. Phase II, the full compliance phase of the ELD rule was completed in December 2019. The ELD final rule is estimated to annually save 26 lives and prevent 562 injuries from crashes involving large commercial motor vehicles. FMCSA administers the Drug and Alcohol Clearinghouse. The final rule established central database requirements for Commercial Driver's License (CDL) holders who have verified positive test results for controlled substances and/or alcohol or have refused to submit to testing. This rule will ensure that CDL holders, who have tested positive or have refused to submit to testing, complete the return-to-duty process before driving a truck. The compliance date was January 6, 2020.

> **그림 3-9** 지표달성을 위한 부서별 주요업무 진척 관리표(일부 발췌)

Key Milestones

NHTSA, FHWA, and FMCSA conduct a range of research, program development and dissemination, evaluation, education, and outreach activities to reduce motor vehicle crash fatalities and injuries.

Milestone Summary					
Milestone	**Deadline**	**Status**	**Change from Previous Quarter**	**Owner**	**Notes**
NHTSA: Stakeholder Public Meeting on agency research priorities	FY 2020 Q1	Completed	Not Applicable	NHTSA	Closed on 2/20/20 for comments.
NHTSA: Auto Industry Stakeholder Meeting and Cybersecurity Roundtable	FY 2020 Q2	Completed	Not Applicable	NHTSA	Supports ongoing dialogue with auto industry on vehicle safety research.
NHTSA: Early Estimates of Motor Vehicle Traffic Fatalities released	FY 2020 Q3	Completed	Data released in May 2020	NHTSA	Comprehensive overview of number of fatalities, trends and rates in 2019.
NHTSA "Drive Sober or Get Pulled Over"	FY 2020 Q4	Not Completed (Will run 8/19-	Not Applicable	NHTSA	An impaired driving enforcement effort in partnership with law

Key Milestones

Milestone	**Deadline**	**Status**	**Change from Previous Quarter**	**Owner**	**Notes**
FHWA: Update and publish the Crash Modification Factors (CMF) Clearinghouse	FY 2020 Q4	In Progress	FHWA added 83 new Crash Modification Factors to the Clearinghouse and updated the website to include CMF-related safety analysis videos and updated the list of States with CMFs. Efforts focused on transitioning to a new CMF rating criteria and hosted a focus group with CMF stakeholders to better understand how this transition might affect their work	FHWA	Repository of the CMFs for transportation professionals to use as they are selecting safety countermeasures.
FHWA: Deliver the EDC-5 FoRRRwD Implementation Plan	FY 2020 Q4	In Progress	Published Spanish version of trading cards, developed new web pages, hosted three webinars each attended by over 300 individuals and drafted two technical feature articles to be published in the Autumn and Winter editions of Public Roads.	FHWA	Providing technical assistance and products needed by States and locals to achieve their EDC goal.
FHWA: Deliver the EDC-5 STEP Implementation Plan	FY 2020 Q4	In Progress	FHWA developed STEP Studio – a pedestrian safety toolbox that connects to the many resources developed through STEP	FHWA	Providing technical assistance and products needed by States and locals to achieve their EDC goal.

(3) 연방정부 부처공통(협업) 우선순위 목표(Cross-Agency Priority Goals: CAP Goals) 관리 사례: 국정가치(핵심가치)를 포함한 지표의 연계

미국 연방정부는 기관 우선순위목표 관리 이외에 대통령이 우선순위를 두고 추진하는 국정과제를 중심으로 이른바 부처 전체에 걸친 협업우선순위 목표(CAP Goals)를 별도로 관리하고 있다. 이를 「대통령관리 어젠다(President Management

Agenda: PMA)」라고 부른다. 이는 정권이 바뀌면 정권이 지향하는 국정기조 내지는 철학을 바탕으로 연방정부를 이끌어 나갈 수 있게 하는 제도이다. 위에서 각 기관들이 우선순위에 따른 지표들을 제시하고 대통령이 바뀌는 것에 상관없이 중장기적으로 끌고 나가야 하는 지표가 있는 반면, 새로 취임한 대통령과 집권당의 국정철학과 기조를 반영하는 지표가 있어야 한다. 협업우선순위 또는 공통우선순위 목표는 기본적으로 장기적인 관점에서 대통령의 임기에 따라 4년마다 수정되고 업데이트 되며, 두 종류의 유형으로 나누어진다. 첫 번째 유형은 부처 간 협업을 요구하는 정책영역(cross-cutting policy areas)을 커버하는 결과중심의 목표이고, 두 번째 유형은 연방정부의 관리개선(management improvement)으로서 IT, 재정관리, 인적자원관리, 국유자산관리, 책임성, 투명성 등을 포함하는 주로 정부운영의 민주적 가치들과 효율성 가치들에 관한 내용들이다.

CAP 목표들이 정해지면 Partner로 참여하는 부처들은 OMB(Office of Management and Budget)로부터 컨설팅과 피드백을 받으며 목표와 목표치를 최종적으로 확정하게 되고 OMB는 의회의 관련 위원회들을 관여시켜서 CAP 목표들을 함께 개발하게 된다. 사실상 트럼프 행정부에서 시행하는 14개의 CAP 목표들은 특정한 협업을 요구하는 정책영역을 대상으로 하지 않고 연방정부 전체의 역량향상에 관한 것으로 구성되어 있으며, 여기에는 거의 모든 연방정부가 참여하여 연방정부의 운영상의 효율성과 효과성을 개선시키기 위한 과제들을 담고 있다.

아래의 <표 3-11>은 트럼프 행정부의 14개의 CAP 목표들을 보여주며 각각의 목표들마다 Goal Leader들이 배정되고 이 Goal Leader들이 속한 부처들이 중심이 되어 액션플랜과 진척업데이트 보고서를 제출하고 전체목표를 이끌고 나가게 된다.

표 3-11 트럼프 행정부의 14개 부처공통과제(CAP Goals)

구분	CAP Goals
Key Drivers of Transformation	IT Modernization
	Data, Accountability, and Transparency
	People—Workforce for the 21st Century

Cross-Cutting Priority Areas	Improving Customer Experience
	Sharing Quality Services
	Shifting from Low Value to High Value Work
Financial Priority Areas	Category Management
	Result-oriented Accountability for Grants
	Getting Payments Right
	Federal IT Spending Transparency
	Frictionless Acquisition
Mission Priority Areas	Modernize Infrastructure Permitting
	Security Clearance, Suitability, and Credentialing Reform
	Lab to Market

표 3-12 오바마 행정부의 15개 부처공통과제(CAP Goals)

구분		CAP Goals
Mission		Cyber Security
		Climate Change
		Insider Threat and Security Clearance Reform
		Job Creating Investment
		Infrastructure Permitting Modernization
		STEM(Science/Technology/Engineering/Mathematics) Education
		Service Members and Veterans Mental Health
Management	*Effectiveness: Deliver smarter, better, faster service to citizens*	Customer Service
		Smarter IT Delivery
	Efficiency: Maximize value of Federal spending	Category Management
		Shared Services
		Benchmark and Improve Mission-Support Operations
	Economic Growth: Support innovation, economic growth, and job creation	Open Data
		Lab-to-Market
	People and Culture: Deploy a world-class workforce and create a culture of excellence	People and Culture

한편 앞의 <표 3-12>는 오바마 행정부 시절의 15개 부처공통과제를 보여 준다. 내용에서 볼 수 있듯이 행정부는 바뀌었지만 근본적인 가치에 기초한 주요한 과제들은 대부분 남아 있으며 대통령과 집권당의 국정기조(핵심가치)에 따라 몇 가지 과제가 추가되거나 바뀐 것으로 나타나고 있다.

사실 대통령이 직접 챙기는 연방정부 우선순위 공통과제는 정권이 바뀌는 것에 큰 영향을 받지 않고 진행되는 것처럼 보이지만 이 제도를 통하여 정권이 추구하는 핵심가치를 반영할 수 있도록 시스템을 만들어 놓았다는 점을 주목해야 한다.

정권차원에서의 강조하는 공공가치(public values)가 있다면 그것은 핵심가치이며 민주적 가치라 할 수 있으며 이러한 가치들이 연방정부 및 하위기관에 연계되어져야 한다(Baehler, Liu, & Rosenbloom, 2014).

각 연방부처는 각각의 미션이 있지만 이러한 정권의 핵심가치를 성과계획에 지표의 형태로 반영시켜야 한다. 이것이 반영이 되지 않으면 중요한 핵심가치에 대한 추구가 관심도가 떨어지고 자원이 할당되지 않게 됨으로써 핵심가치의 구현이 어렵게 된다(Piotrowski, Rosenbloom, Kang, & Ingrams, 2018). 이것은 결국 정부차원에서의 비전의 실행력을 떨어뜨리는 원인이 된다.

이것은 부처의 우선순위 목표의 경우도 마찬가지이다. 일부 성과지표들이 바뀌는 경우도 있지만 기본적으로 각 부처는 자신들의 time line을 따라 성과계획을 작성하고 대통령이 취임하게 되면 홈페이지에 이 계획을 올리고 의회와 대통령에게 통지하도록 의무화하는 것이다. 즉 대통령이 바뀌어도 중장기 성과계획에 의해 연방정부가 가야할 길은 가면서 필요한 경우 지표의 수정을 추후에 OMB와 협의하여 해 나간다는 것이다. 그러나 기본적으로 각 부처는 미션에 기초한 성과지표를 관리하고 그중에 우선순위 목표를 제시하는 것이기 때문에 지속성을 가지고 목표를 추진할 수 있게 된다. 그보다 앞선 Bush 행정부의 경우도 「대통령관리 어젠다(President Management Agenda: PMA)」에 5개의 부처공통과제와 9개의 핵심과제를 추진하는 계획을 의회에 전달하였다. 또한 9개의 과제에 대해서는 연방정부의 해당부처들을 지정하고 단기와 중기 결과(result)를 측정하기 위한 성과지표를 제시하고 있음을 알 수 있다.[3)]

한편 아래의 <그림 3-10>은 트럼프 행정부 CAP의 3번째 목표인 '연방정부공무원의 21세기 대비 역량강화를 위한 목표(People-Workforce for the 21st Century)'에 대한 액션플랜보고서의 내용이며 이 목표의 경우 4명의 Goal Leader가 배정되어 있고 목표에 대한 기술(Goal Statement)이 나와 있으며 핵심 성과지표(Key Performance Indicators: KPIs)들이 정해져서 전 부처를 대상으로 모니터링 되고 있는 모습을 보여주고 있다.

그림 3-10 CAP 목표에 따른 목표리더 배정

CAP Goal Action Plan

Workforce for the 21st Century

Goal Leaders

Michael Rigas, Acting Director, Office of Personnel Management, and Acting Deputy Director for Management, Office of Management and Budget

Peter Warren, Associate Director for Performance and Personnel Management, Office of Management and Budget

Lisa Hershman, Chief Management Officer, Department of Defense

Charles Rettig, Commissioner of the Internal Revenue Service

September 2020

한편 <그림 3-11>은 설문조사를 통한 성과지표(개인성과관리와 참여개선을 위한 지표)를 사용하고 있는데 크게 5가지의 지표로 구분하여 관리하고 있고 이를 토대로 연방정부전체(government-wide)차원에서 성과를 모니터링하고 있음을 알 수 있다. 구체적인 지표의 내용을 보면 "(1) 우리부서에서 저성과자가 있는

---

3) THE   PRESIDENT'S   MANAGEMENT   AGENDA,   2002.   available   at   https:// obamawhitehouse.archives.gov/sites/default/files/omb/assets/omb/budget/fy2002/mgmt.pdf, Accessed on Jan. 11, 2020.

데 시간이 지나면서 성과가 향상되고 있다, (2) 우리부서에서의 저성과자는 여전히 저성과를 내고 있다, (3) 우리부서에서의 저성과자는 업무에서 배제되거나 다른 부서로 갔다. (4) 우리부서에서 저성과자는 사직서를 제출하고 떠났다. (5) 우리부서에는 저성과자가 없다"로 구성되어 있다.

부처별로 차이를 보이고 있는데 연방정부 전체로 보면 아직도 56% 정도가 성과가 향상되지 않은 채 부서에 남아있는 것으로 모니터링 되고 있음을 알 수 있다. 해당 목표 리더들은 이를 토대로 분기별 모니터링을 통해 액션플랜을 점검 및 수정해 나가게 되고 OMB와 성과향상위원회(Performance Improvement Council: PIC)가 중심이 되어 모든 프로세스를 관리해 나가게 된다. 여기서 성과향상위원회의 기능과 역할이 매우 중요하기 때문에 이를 별도로 살펴볼 필요가 있다.

그림 3-11 CAP 목표에 대한 기술

Goal Statement

- Effective and efficient mission achievement and improved service to America through enhanced alignment and strategic management of the Federal workforce.

Guiding Principles

- Modernizing the Federal workforce and implementing targeted "people" strategies is a critical component to transforming the Government.

- The mission of the Federal government remains a significant strength, and we must enhance alignment of the workforce to mission to maximize this strength.

- Strategic workforce management will drive transformation by addressing certain root cause workforce issues, to include: strengthening leadership of human capital systems; developing better human resources processes and capabilities; and enhancing the workforce culture.

"So, tonight, I call on Congress to empower every Cabinet Secretary with the authority to reward good workers and to remove Federal employees who undermine the public trust or fail the American people."

- President Trump, State of the Union, January 29, 2018

그림 3-12 CAP 목표를 측정하는 KPI 별 부처 현황 및 전체현황

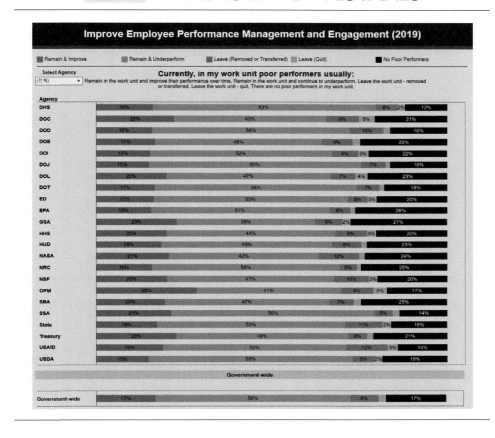

(4) 성과향상위원회(Performance Improvement Council: PIC)의 발족과 구성, 역할

성과향상위원회는 범정부 조직(a government-wide body)으로서 연방정부 내에서 목표달성을 위한 부처 간 협력을 지원하고 우수사례를 공유하는 것을 지원한다. 위원회의 위원장은 대통령실내에 있는 관리예산국(OMB)의 차장(Deputy Director)이 맡으며, 성과향상관(Performance Improvement Officer: PIO)을 두고 있는데 현재 PIO는 총 24명으로 연방정부 각 부처에서 차출된 고위직 공무원(senior executive)으로 구성되며 각자 개인이 속한 부처의 차관(최고운영책임자: Chief Operating Officer: COO)에게 보고하고 기관의 목표가 잘 관리되고 달성될 수 있도록 돕는다.

위원회는 정기적으로 정부전반에 걸친 많은 실무그룹들과 만나고 회의를 소집하여 소통과 우수사례공유를 활성화시킨다.

위원회의 구체적 역할은 아래와 같다.[4]

- OMB를 도와 연방정부의 성과를 개선하는 것
- 부처 간에 걸쳐 나타나는 성과이슈를 해결하는 것
- 성과우수사례를 공유하는 것
- 연방정부 공무원의 성과역량을 강화하는 것
- 민간과 비영리, 주정부, 지방정부로 부터의 우수사례를 벤치마킹하고 적용하도록 격려하는 것
- 성과관리과정을 간소화하는 것

(5) 연방정부의 전략목표와 전략기획, 성과계획에 대하여

사실상 지금까지는 연방정부에서 목표를 어떻게 설정하고 이것을 어떻게 지표화하여 관리하며 하위조직단위에 어떻게 할당하는가에 대하여 선별적 사례를 통해 언급하였다. 그러나 연방정부의 이 모든 목표설정과 성과지표 설정 노력들은 각 부처마다 수립하고 있는 전략기획(Strategic Plan)에 입각한 전략목표의 설정의 한 부분으로 이루어지고 있는 것이며, 앞에서도 언급하였듯이 각 부처는 이러한 전략기획과 성과계획을 대통령 당선 이듬해 2월 첫 번째 월요일까지 홈페이지에 공개하고 대통령과 의회에 통지하여야 한다.

전략적 목표들은 4년에 한 번씩 업데이트되고 수정되며 대통령 임기기간동안 목표의 달성을 위해 각 부처가 최선을 다하게 된다. 각 부처는 전략적 기획 하에 전략목표를 관리하게 되며 대통령의 회계연도 예산이 시행됨과 동시에 성과관리가 시작된다. 트럼프 행정부 내에서는 이미 2018년도에서 2021년까지의 전략목표를 설정하였고 현재 시행중에 있다. 이러한 전략목표는 위에서 언급한 기관의 우선순위 목표(Agency Priority Goals: APGs)와 부처 간에 걸친 우선목표(Cross-Agency Priority Goals: CAP Goals)도 이 전략적 기획에 포함되며 함께 관리된다. 각 부처는 1년에 한 번씩 성과를 평가하여 그 보고서를 홈페이지와 'performance.gov' 사이트에 공개한다.

---

4) 더 자세한 내용은 관련 홈페이지 참조. <https://www.pic.gov/>

3. 위험과 결과 간 연계(Linkages of Result Chain with Risk Chain)

1) 행정 · 정책 문제의 정의의 중요성

1단계의 연계(Linkage)가 조직의 우선순위와 상위지표 간 연계에 관한 것이었다면 이제 조직의 입장에서 위험과 결과 간 연계를 살펴본다. 사실 2단계의 연계가 더 중요한데 이는 곧바로 정책문제를 얼마나 정확하게 정의할 수 있는가의 문제와 직결되며 이에 따라 구체적인 정책이나 사업의 내용이 결정되기 때문이다. 이것은 공무원들의 입장에서 보면, 성과지표를 발굴하고 정의하는 역량이 뛰어나야 함을 의미하는 것이기도 하고, 정책을 수립하는 담당 공무원들, 국정목표를 수립하고 이를 이끌고 나가야 하는 블루하우스(BH)의 구성원들, 그리고 재원을 검토하고 예산을 승인·배분해 주어야 하는 기획재정부와 국회의원들이 모두 문제정의역량 또는 성과지표정의역량이 뛰어나야 함을 의미하는 것이기도 하다. 이러한 성과역량을 강화하기 위한 개인차원에서의 깊은 고민과 함께 관련된 교육훈련이 지속적이고도 집중적으로 이루어져야 한다. 어떤 면에서 보면 바로 이 부분이(성과지표개발 역량) 앞에 지표와 조직간 연계에서 언급한 대통령의 부처 간에 걸친 우선순위목표(CAP Goals)처럼 전 부처 차원에서 관리되어져야 한다.

이제 2단계 연계에 대한 이해를 돕기 위해 기존의 Result Chain의 의미와 본서에서 제시하는 Risk Chain의 의미를 알아볼 필요가 있다.

2) 결과사슬(Result Chain)의 유형과 의미

앞서 성과지표의 구조와 유형에 대해서 살펴보았지만 이하에서는 Result Chain과 관련하여 특히 "궁극적 결과(ultimate outcome) – 중간적 결과(intermediate outcome) – 즉시적 결과(immediate outcome)" 간 관계와 의미에 대하여 구체적으로 알아보기로 한다. 아래 <그림 3−13>에서 알 수 있듯이 궁극적 결과는 말 그대로 최종적으로 바라보아야 하는 결과이다. 궁극적인 결과는 인류사회의 바람직한 상태인 건강, 안전, 삶의 질, 자유, 번영, 인간존중, 환경보호, 경제성장 등의 영역 등에서 수혜자의 관점에서의 나타나는 상태의 변화(change in state)를 측정하는 지표들로 구성된다.

중간결과(immediate outcome)는 중개자(intermediaries)나 수혜자(beneficiaries)들의 행태(behavior)와 습관(practice), 성과(performance)에 있어서의 변화를 의미하는 것으로서 보통은 프로젝트가 종료될 때 달성되는 것으로 예측하지만, 정책단위로 확대되면 중간결과도 바로 나타나는 것은 아니다. 주로 의사결정과 사회적 행동, 효율성, 효과성 차원에서의 성과의 변화가 나타나는 단계이다.

즉시적 결과(immediate outcome)는 중개자나 수혜자의 역량(capacities)이 변화하는 단계이다. 이것은 주로 사람들의 의지, 태도, 지식, 기술, 인지, 의견, 열망 등에 있어서의 변화를 의미한다. 그러나 많은 경우에 중간결과지표가 결정되면 즉시적 결과지표는 자연스럽게 결정될 수밖에 없다.

따라서 Result Chain에서 핵심은 어떻게 하면 '올바른' 중간결과지표를 찾아내느냐에 있다. 공공부문에서 이것은 매우 중요하며 특히 사회·경제정책분야에서 이 중간결과지표의 발견은 정책의 성패를 결정짓는 중요한 요인이 된다는 점을 강조하고 싶다.

그림 3-13 Result Chain과 각 단계에서의 의미

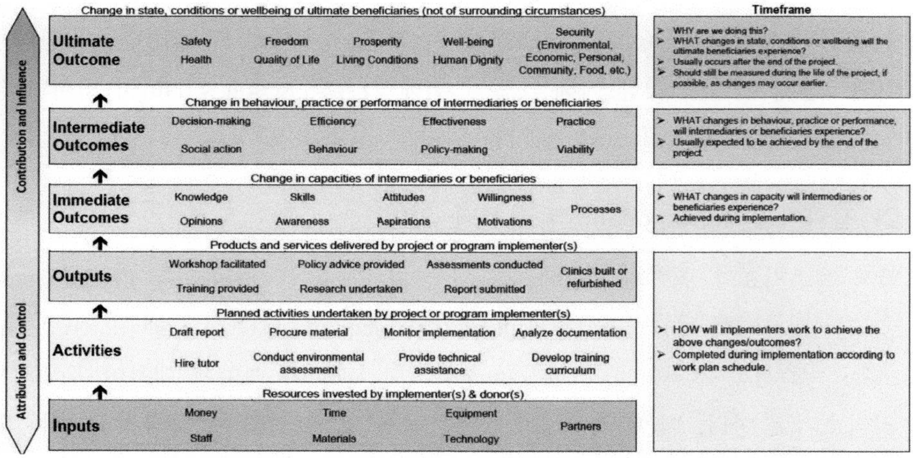

출처: A companion to Results-Based Management for International Assistance Programming at Global Affairs Canada: A How-to Guide (Second Edition, 2016), published by Results-Based Management Centre of Excellence, also available at https://www.international.gc.ca/world-monde/funding-financement/rbm-gar/tip_sheet_2-1-fiche_conseil_2-1.aspx?lang-eng, Accessed on Dec. 23, 2020.

이상의 논의를 종합해 보면 목표상태에서의 궁극적 성과지표가 결정이 되어 있다면(그러나 이것도 단순한 전체결과지표 구성요소의 내용의 합이 아니라 의미 있는 '조건'이 달린 지표여야 함을 이미 강조하였다), 우리는 역으로 중개자나 수혜자의 입장에서 중간결과와 즉시결과를 추론해 볼 수 있게 되고 이를 통해 목표상태에 도달하기 위해 거쳐 가야할 상태를 정의함으로써 현재상태를 제대로 정의할 수 있게 되고, 이러한 목표상태와 현재상태간 차이(gap)를 줄이기 위한 처방으로서 의(문제해결 방안으로서의) 사업, 프로그램, 정책을 산출지표(output measures)의 차원에서 고안할 수 있게 된다.

3) 위험사슬(Risk Chain)의 의미와 중요성: 결과사슬의 반응성에 대한 침해 가능성

그렇다면 궁극적 결과지표가 주어졌다고 가정했을 때, '올바른' 중간결과지표와 즉시적 결과지표를 어떻게 찾아낼 수 있을까? 이것은 먼저 정책결정자의 입장에서 이해관계자, 전문가 집단 등으로 부터의 다양한 의견수렴과 토론을 통하여 도출하되 그것이(중간결과지표와 즉시적 결과지표가) 옳은(바람직한) 목표인가를 체크하는 데서부터 시작하여야 한다. 그것은 바로 Fischer(1995)가 제안한 정책평가를 위한 종합평가 틀에서 단서를 찾을 수 있다고 믿는다. 다시 말해 결과사슬(result chain)에서 각 단계의 지표를 정해 놓고 구상한 정책내용이 의도한 목표를 달성하기 위해서는 해당 정책의 시행이 초래하게 될 Risk 요인들을 사전에 파악해야 한다. 이른바 위험사슬(risk chain)에 의한 단계별 위험을 파악하고 위험이 심각할 수 있다고 판단되면 정책문제를 다시 정의하거나 기존 도출된 정책의 내용을 수정하는 것이다.

재차 강조하지만 여기서 무엇에 대한 위험(risk)을 이야기하는 것인가? 그것은 바로 행정이 지켜야 하는 반응성(responsiveness)을 저하시키게 될 위험이라고 정의할 수 있다. 즉 정부가 시민이 중요하다고 생각하는 부분을 시민의 눈높이에서 함께 중요하다고 생각하고 이에 대응하려고 노력하고 있는지를 보여주는 부분이 바로 반응성이다. 반응성은 보통 '시민의 수요에 대한 대응(responsiveness to the demand of citizens)'으로 정의되지만 여기서 수요(demand)란 시민이 원하는 것이고 그것은 시민이 중요하게 생각하는 가치들인 것이다.

　　따라서 위험은 회피(avoidance)의 대상이 아니라 최소화(minimization)의 대상이라고 보아야 한다. 위험(risk)이 최소화 될수록 정책에 대한 순응도는 높아질 것이다. 이것이 위험사슬(risk chain) 3단계의 핵심이 된다.

　　결과사슬(result chain)에서는 궁극적인 결과지표(ultimate outcome measures), 중간결과지표(intermediate outcome measures), 즉시적 결과지표(immediate outcome measures)를 어떻게 구성하느냐가 핵심이다. 특히 중간결과와 즉시결과지표를 잘 발견해 내는 것이 더 중요하며 이는 행정에서 문제의 해결(problem solving)보다 문제의 정의(problem defining)가 더 중요하다는 것을 의미한다. 문제가 제대로 정의되지 못하면, 즉 잘못된 정의를 내리게 되면 잘못된 정책의 내용이 구성되고 이는 정책실패를 초래할 뿐이다. 이른바 제3종 오류를 낳을 뿐이다. 그러나 올바른 문제의 정의는 결과사슬에만 의존한다고 이루어지지 않는다.

　　올바른 문제정의를 위해서는 결과사슬 분석이 이루어진 후(1차적으로 중간결과지표와 즉시결과지표를 도출해 본 후) 이에 따라 도출된 정책의 내용에 대하여 위험사슬 분석이 뒤따라야 한다. 이는 정책에 대한 순응(compliance)과 직접적 관련이 있다. 위험사슬이란 정책의 가치가 대상시민들과 전체사회구성원들의 가치, 그리고 전체사회에서 수용된 질서체계에 얼마나 부합하지 못할 가능성이 있는가에 기인하는 위험이며 정책이 이 부분을 사전에 조율하여 반영하지 못한다면 실패한다는 점을 강조하는 것이다. 따라서 위험의 최소화(risk minimization)가 정책에 대한 순응도(policy compliance)를 증대시키고 이는 정책성공의 열쇠라는 점에서 순응사슬(compliance chain)이라 해도 무방하다.

　　위험사슬의 1단계는 타겟 그룹들의 가치를 파악하는 단계로 먼저 해당정책의 내용이 시민들에게 의미하는 바가 무엇인지를 고민하는 단계이며 2단계는 타겟 그룹을 넘어 사회전체의 관점에서의 수용성을 파악하는 단계로 해당 정책의 목표가 사회구성원들의 서로 다른 가치와 얼마나 충돌할 수 있는지를 고민하는 단계이다. 이 단계에서 정책이 초래할지 모를(정책결정자가 회피하고 싶은) 예기치 못한 결과(unexpected result)들을 분석하게 된다. 그리고 마지막 3단계는 해당 정책의 내용이 기존의 사회구성원들 사이에서 수용된 사회질서와 헌법적 가치에 얼마나 부합하는지를 파악하는 단계로 이 3단계에 걸쳐 위험사슬이 분석되고 위험이 최소화되는 방안을 강구하여야 한다.

이렇게 위험사슬에 의한 위험분석을 하게 되면 앞서 결과사슬에서 정의한 중간결과지표와 즉시결과지표의 내용이 바뀌어야 하는 상황이 발생할 수도 있고 바뀌지는 않더라도 정책의 내용을 수정해야 하는 상황이 생길 수밖에 없다.

사실 이러한 이유 때문에 Yang & Pandey(2007)는 그들의 경험적 연구에서 결과중심의 관리(result-based management)와 반응성(responsiveness)과의 관계가 이차함수의 ∩자 모형을 보인다고 주장하고 있는데, 이는 결과중심의 관리가 최적의 지점을 지나고 나면 목표대치현상도 나타나고 가치 중심의 활동을 방해하기도 하며 서류중심의 업무가 가중되기도 하고 공무원들을 좌절시키기도 한다고 주장한다. 이러한 경향들이 본서에서 강조하듯이 결과사슬에만 의존하여 문제를 정의하고 해결하려 할 때 나타나는 문제라고 생각한다. 위험사슬에 대한 분석과 연계가 이루어지지 않으면 결과중심의 관리(result-based management)는 극단으로 치달을수록 부작용을 초래할 수밖에 없다.

행정·정책에 대한 문제정의는 이 두 가지의 사슬이 서로 연계(linkage)되어 분석되어야만 올바르게 정의될 수 있다. 그래야 정책의 실패확률을 현저히 줄일 수 있다. 그러나 많은 경우에 정부는 정책문제를 정의하는데 있어서 결과사슬에만 의존하고 위험사슬에 대한 분석을 소홀히 하여 올바른 정책문제를 정의하지 못했고 그에 따라 정책이 의도했던 원래의 목표를 달성하지 못하고 실패를 반복해 왔다는 것이다.

이하에서는 우선 Frank Fischer가 제안한 4단계 정책평가의 모델을 설명하고 이 모델의 배경인 후기실증주의에 대하여 논의를 먼저 하여야 한다. 그리고 이에 기초하여 위험사슬(risk chain)의 3단계를 제시하고 정책의 지속가능성 및 성공여부를 예측해 볼 수 있는 정책순응지수(policy compliance index)에 대해 소개하기로 한다.

(1) Frank Fischer의 정책평가를 위한 종합분석틀과 후기실증주의(Postpositivism)

가. Fischer의 정책평가 논리모형

Fischer(1995)는 정책분석과 평가를 논리실증주의(positivism)에 입각하여 계량적으로만 평가하는 것은 많은 오류를 초래할 수 있다고 균형적·다차원적 관점에서 기준을 세우고 정책을 평가해야 올바른 평가가 될 수 있다고 주장하였다.

이것은 어떤 면에서 보면 조직의 성과를 균형적으로 측정해야 한다는 BSC (Balanced ScoreCard)의 관점과도 유사한 것이다. 물론 보고자 하는 차원의 내용이 다르지만, 정책의 성과를 다차원적 측면에서 보아야 한다는 차원에서는 그 맥을 같이 하고 있다. Fischer(1995)는 이를 위해 4단계의 정책평가기준을 제시하면서, 1단계를 프로그램에 대한 기술적 검증단계(technical verification), 2단계를 상황적 확인단계(situational validation), 3단계를 사회의 지지단계(societal vindication), 그리고 4단계를 사회적 선택 단계(social choice)로 구분하였다. 그리고는 1단계에서 4단계에 이르기까지 각각의 단계에 따라 담론(discourses)을 거쳐 최종 4단계까지 검증을 하고 이에 기초하여 종합적으로 정책을 평가하는 것이 가장 바람직한 방법이라고 주장한다.

우선 1단계에서 데이터를 활용한 과학적인 계량방법론을 통하여 정책의 효과를 분석해 보고 이 부분이 통계적으로 유의미한 효과가 있었다고 하면 2단계인 상황적 확인단계로 넘어가서 규범적이며 질적인 방법론을 통하여 해당 프로그램

그림 3-14 정책종합평가의 논리구조

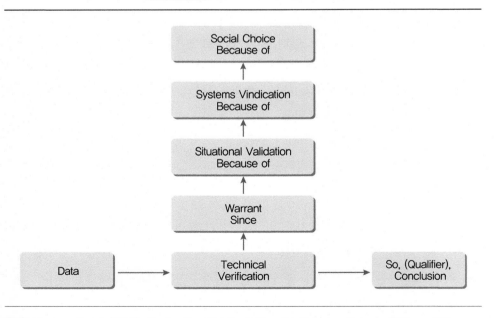

출처: Fischer, Frank.(1995). *Evaluating Public Policy*, IL: Chicago, Nelson-Hall. p. 232.

의 목표가 문제 상황에 적합한 것인지를 따져본다. 이것이 검증되면 3단계로 이동하여 정책의 목표가 예기치 못한 부정적 사회적 결과를 초래하는지를 살펴본 후, 마지막 4단계에서 정책의 목표가 그 사회가 수용한 사회질서에 부합하는지를 최종 검증해야 한다는 것이다(<그림 3-14> 참조).

이하에서는 Fischer(1995)가 주장하는 각 단계별 핵심질문을 살펴본다.

우선 프로그램 검증단계(program verification)에서는 기술적 분석적 담론(technical-analytic discourse)으로서 다음과 같은 핵심질문을 하여야 한다.

- 해당 프로그램이 당초에 설정했던 목표를 경험적으로 충족시키고 있는가?(Does the program empirically fulfill its stated objective(s)?)
- 경험적 분석이 원래의 프로그램의 목표를 상쇄시키는 부수적인 또는 예기치 못한 효과들도 밝혀내고 있는가?(Does the empirical analysis uncover secondary or unanticipated effects that offset the program objective(s)?)
- 해당 프로그램이 대안으로 제시된 프로그램보다 더 효율적으로 목표를 충족시키고 있는가?(Does the program fulfill the objective(s) more efficiently than alternative means available?)

두 번째로 상황적 확인 단계(situational validation)에서는 맥락적 담론(contextual discourse)으로서 다음과 같은 핵심질문이 나와야 한다.[5]

---

5) 사실 이 단계에서 Fischer는 앞에서 언급된 Head Start Program의 예를 들어 빈민가 가족들이 사회적으로 적절한 경험(socially relevant experience)을 하고 있는 변화가 감지된다고 주장하였고 1단계에서 주장되었던 결과지표들, 예를 들어 reading score와 인지적 발전(cognitive development), 감성적 발전(emotional development) 등은 이러한 사회적 경험이 늘어나게 되면 나중에라도 언제든 달성될 수 있는 것이라는 점을 강조한다. 이러한 내용은 인터뷰와 관찰 등 질적인 연구방법을 통하여 밝혀지게 되었는데 "가난하고 어려운 가정들이 지역의 사회복지기관(social service agencies)을 연락하는 빈도가 크게 늘었다"는 점을 밝혀낸 것이다. 이러한 내용은 계량적 지표가 아닌 질적인 지표로서 문제의 상황을 훨씬 더 잘 설명하고 있음을 알 수 있고 Head Start Program이 올바른 트랙으로 가고 있음을 미루어 짐작하게 할 수 있는 것이었다. Head Start와 관련된 배경과 논의에 대한 자세한 내용은 Fischer, Frank.(1995). *Evaluating Public Policy*, IL: Chicago, Nelson-Hall 참조.

- 해당 프로그램의 목표가 문제 상황에 적합한 것인가?(Is the program objective(s) relevant to the problem situation?)
- 해당 프로그램의 목표에 예외가 고려되어져야 하는 상황들이 존재하는가?(Are there circumstances in the situation that require an exception to be made to the objective(s)?)
- 프로그램의 목표 외에 이와 동일한 수준으로 문제 상황에 적합한 두 개 이상의 기준들이 있는가?(Are two or more criteria equally relevant to the problem situation?)

세 번째 단계인 사회적 지지(societal vindication) 단계는 체제에 대한 담론(systems discourse)을 의미하며 다음의 핵심질문이 나와야 한다.

- 정책의 목표가 사회를 위해 수단적이며 기여적 가치를 가지고 있는가?(Does the policy goal have instrumental or contributive value for the society as a whole?)
- 정책의 목표가 중요한 사회적 결과들과 연계된 예기치 못한 문제들을 초래하는가?(Does the policy goal result in unanticipated problems with important societal consequences?)
- 정책목표의 추구가 형평성 있게 분배되어져야 하는 결과들(예를 들면 특정집단이 얻게 되는 혜택과 다른 특정집단이 감당해야 하는 비용)을 초래하는가?(Does a commitment to the policy goal lead to consequences (e.g., benefits and costs) that are judged to be equitably distributed?)

마지막 단계는 사회적 선택(social choice)으로서 이는 이념적 담론(ideological discourse)을 위한 핵심질문이다.

- 수용된 사회질서를 구성하는 근본적인 이념이 논란이 되는 판단에 대하여 합법적인 해결을 위한 근거를 제시할 수 있는가?(Do the fundamental ideals (or ideology) that organize the accepted social order provide a basis for a legitimate resolution of conflicting judgments?)
- 만일 수용된 사회질서가 근본적인 가치갈등을 해결하기 어렵다면, 이러한 갈등들에서 초래된 이해와 니즈를 공정하게 해결할 수 있는 또 다른 사회질서가 있

는가?(If the social order is unable to resolve basic value conflicts, do other social orders equitably prescribe for the relevant interests and needs that the conflicts reflect?)
- 규범적인 숙고와 경험적인 증거들이 대안이 되는 이념과 그 이념이 처방하는 사회질서의 정당성과 채택을 지지하는가?(Do normative reflection and empirical evidence support the justification and adoption of an alternative ideology and the social order it prescribes?)

나. 후기실증주의와 질적 연구(qualitative research)의 필요성

Fischer(1995)에 의하면, 이상의 단계별 핵심질문을 통하여 사회적 담론을 이어갈 수 있고 평가자는 경험적인 분석과 증거만으로 평가결과를 제시하면 안 되고 규범(norms)과 가치(values)와 기준(standards)에 입각한 모든 가능한 가정(assumptions)들을 고려해야 한다고 주장한다. 이 과정을 통해 정책평가는 증거(evidence)와 원리(principle)를 모두 보고 판단하는 평가가 되어야 한다는 것이다.

이것은 다시 말해 이 책의 앞부분에서 행정학의 발달과정에서 주장한 가치(value)와 사실(fact)의 분리는 불가능하다는 입장과도 같은 맥락이며, 사실에만 입각한 정책평가는 가능하지도 않고 정확할 수 없는 것이다. 따라서 그 사실 뒤에 연결된 가치와 규범을 함께 판단해 주어야 올바른 평가를 할 수 있다는 점을 주목해야 한다. 이것이 바로 정책학 연구에 실증적 연구와 규범적 연구가 동시에 병행되어져야 하는 이유이다.

그동안 정책분석 및 평가를 위한 연구방법론이 실증주의 중심으로 치우쳐져 왔고 실증주의적 연구방법론은 사실과 증거에 기초한 명확한 인과관계를 설정하고 과학적 방법론을 동원하여 이를 입증해 내는 방법론이었다. 반면 후기실증주의적 연구방법론은 사실상 가치와 사실 간의 분리를 불가능하다고 보며 어떤 행동에 주목하기보다는 그 행동이 나오게 된 맥락(context)을 중요시하고 질적인(qualitative) 연구방법론(심층인터뷰와 참여관찰 등)을 주로 활용하여 현상을 분석하게 된다. 아래의 그림에서 보는 바와 같이 후기실증주의는 해석학과 비판이론, 포스트모더니즘의 주장들과 맥을 같이 한다(<표 3-13> 참조).

표 3-13 실증주의와 후기실증주의의

실증주의(positivism)	후기실증주의(postpositivism)		
합리주의, 논리실증주의	해석학 (interpretivism)	비판이론 (critical theory)	포스트모더니즘 (postmodernism)
	현상학, 해석학, 문화기술지, 사회언어학, 근거이론, 상징적 상호작용주의	여성학(feminism), 마르크시즘(marxism)	후기구조주의
계량적 연구방법	질적 연구방법		

출처: 이성우(2008), 후기실증주의와 질적연구방법의 정책분석평가연구에의 적용가능성, 「한국정책
분석평가학회보」 18(4), p.20.

후기실증주의는 우선 존재론(ontology)과 관련하여 실증주의와 마찬가지로 실
제(reality)가 존재한다고 보지만 단지 불완전하게 이해가능 하다고 본다. 또한
질적인 방법론의 시용을 통하여 가설을 입증하기 보다는 가설이 틀렸다는 것을
밝히는데 주안점을 둔다. 어느 정도 반복적으로 발견된 것(replicated findings)이
사실(true)이라는 점을 인정하면서도 늘 반증(falsification)에 따라 달라질 수 있다
고 본다(Guba & Lincoln, 1994). 이러한 시각에서 후기실증주의는 실증주의와 완
전히 대립되는 이론이 아니라 질적인 연구방법론들을 통하여 실증주의적 시각을
늘 검증해 나가야 한다는 종합적인 사고의 패러다임이라 할 수 있다.

정책이나 프로그램 평가의 영역은 사실상 질적 연구의 많은 기여를 할 수 있
는 영역이다. 왜냐하면 질적인 연구들이 특정한 프로그램의 타겟 그룹에 대한
즉시적인 효과(immediate effect)[6]를 발견하는데 도움을 줄 수 있기 때문이다
(Denzin & Lincoln, 1994; Hamilton, 1994).

정책문제는 동태성, 불확실성, 정치성이 강하게 나타나는 사회문제일 수밖에
없으므로 정책문제를 잘 정의하는 것이 중요하다(이성우, 2008). 결국 정책학에서
실증주의와 후기실증주의 연구방법론에 대한 논쟁은 정책문제의 정의와 관련된
부분으로, 현실에서의 문제해결을 위한 정책이나 프로그램이 규범적 관점이 결여
된 채 실증적이고 경험적인 관점에만 기초하여 설계되고 집행된다면 그 정책 자

---

6) 이러한 시각에서 보면, 본서에서 언급하는 결과사슬(result chain)에서의 즉시적 결과지표
(immediate outcome measures)의 도출은 질적인 연구방법론이 들어와야 완성도가 올라갈
수 있음을 보여준다. 이러한 즉시적 결과가 중간결과로 이어져서 예측되어야 함은 물론이다.

체가 지속가능할 수 없고 실제문제해결도 요원하다는 점을 강조하려는 것이다.

(2) Risk Chain의 3단계 핵심질문들과 정책순응부합지수(Compliance Index)

이제 위험사슬을 고려하기 위해서는 기존의 실증주의적 방법론에 기초한 문제정의를 넘어서 질적 방법론의 중요성을 강조하는 후기실증주의관점의 도입이 중요함을 알게 되었다. Fischer(1995)의 정책평가 종합모형에 기초하여 올바른 정책문제 정의를 위한 위험사슬의 구성요소 및 구체적인 핵심질문을 나열하면 <표 3-14>와 같다.

표 3-14 Risk Chain과 Compliance Index

Risk Chain	Risk 핵심질문 (담론을 통한 핵심질문에 대한 답변정리를 통하여 정책문제의 정의를 완성)	Compliance Index
〈3단계〉 기존 사회 질서와 이념간의 불일치	− 해당정책의 목표추구가 사회구성원 간 수용된 헌법적 사회질서를 침해하는 경우는 어떤 경우가 있으며 침해가능성은 얼마나 있는가? − 해당정책의 목표추구로 인한 갈등에 대하여 정당성 있는 해결책을 제공 할 수 있는 근본이념(fundamental ideals or ideology)이 존재하는가? 그리고 이 근본이념은 기존의 수용된 사회질서(accepted social order)로 구성되어 있는가? (역질문)	담론을 통한 위험성에 대한정성평가 (1− 평가 점수)
〈2단계〉 사회 시스템 차원에서 의 부정적 파급효과	− 해당정책의 목표의 추구가 정책수준의 범위를 넘어 사회전체시스템에 미치는 부정적인 영향은 어떠한 것들이 있는가? − 해당정책을 집행하는 과정에서 사회적 약자 등 다른 대상 집단에 예기치 못한 결과(동일하게 보호되어져야 할 다른 사람들의 권리침해 등)들이 발생한다면 어떤 경우들이 있는가? − 해당정책을 집행하는 과정에서 해당집단에게 잘못된 사인을 주어 의도하지 않은 행태들이 발생한다면 어떤 경우들이 있는가? − 해당정책을 집행하는 과정에서 특정집단에게 부담이나 비용이 일방적으로 전가된다면 어떤 경우가 있는가? (시장에서 '정당한 의미의 주고받기'의 관계를 방해하는 경우가 있다면 어떤 경우가 있는가?) − 해당정책을 집행하는 과정에서 타 부처,기관들의 목표와 충돌하여 목표달성에 방해가 되는 경우는 있는가?	담론을 통한 위험성에 대한 정성평가 (1− 평가 점수)
〈1단계〉 당사자의 삶의 관점과 맥락의 미반영	− 해당정책이 다루는 주제나 대상이 정책대상자들에게 의미하는 바는 무엇이며 정책의 목표 및 내용이 이를 반영하고 있는가?(역질문) − 정책대상 집단들의 삶의 방식과 문화는 무엇이며 정책의 목표와 내용이 이를 반영하고 있는가?(역질문) − 대상 집단들의 행태를 둘러싼 기본 맥락과 배경은 무엇이며 정책의 목표와 내용이 이를 반영하고 있는가?(역질문) − 대상 집단들이 행동하는 근본적인 이유와 배경은 어디서 비롯되었다고 보며 정책의 목표와 내용이 이 부분을 다루고 있는가? (역질문)	담론을 통한 위험성에 대한 정성평가 (1− 평가 점수)

주) 전체 Compliance Index에서 '평가점수'는 각 단계의 점수를 동일한 가중치 100점 만점으로 하여 300점 총합의 평균으로 계산하고 총 1점 만점으로 환산하여 1에서 뺀 평가점수를 index로 정한다.

가. 3단계 위험사슬에 대한 고려가 배제되었을 때의 위험성

먼저 위의 3단계 사슬별로 핵심질문을 중심으로 다양한 당사자들, 이해관계자들, 전문가집단, 공무원, 시민단체 등이 모여 토론을 벌일 수 있어야 한다. 이와 함께 사전에 문헌조사와 언론보도, SNS 메시지 등 컨텐츠 분석을 통해서 핵심질문들에 대한 답변의 초안을 만들어 낼 수 있고 담론을 통하여 내용을 정리하여야 한다.

1단계 위험을 해결하지 못하면 2단계 위험으로 전환되고 2단계 위험을 해결하지 못하면 결국 3단계로 위험이 확대되어 정부가 통제할 수 없는 상황이 초래된다.

1단계 위험은 당사자 관점에서 현상에 대한 의미부여와 의미가 도출된 맥락을 이해하지 못하는데서 나오는 위험인데 이는 반응성이라는 차원에서 큰 위험이 된다. 즉 정책설계자의 관점이 당사자의 관점과 일치하지 않는데서 나오는 위험이 여기에 해당한다.

2단계 위험은 해당정책의 목표와 내용이 설사 올바르게 구성되었다 하더라도 정책을 둘러싼 사회환경 또는 사회전체의 입장에서 이 정책이 얼마나 예기치 못한 부정적인 결과들을 초래할 수 있는가에 대한 위험이다. 이것은 대상집단에게는 효과를 발휘할 수 있는 정책이라 할지라도 이 대상집단이 또 다른 집단과 거래를 하는 상황이 발생하고 이러한 거래관계에서 해당정책이 오히려 불특정 다수의 집단이나 사람들에게 악영향을 미칠 수 있는 위험이기도 하다. 결국 정책은 특정한 집단을 대상으로 하지만 사회는 사람과 사람사이의 관계로 규정되기 때문에 2단계에서의 위험을 살피는 것은 매우 중요한 의미를 갖는다. 특히 해당정책이 시장에 대한 개입을 하는 규제정책인 경우, 정부는 이러한 위험분석을 철저하게 하고 들어가야 한다. 어설프게 대비하고 시장에 개입했다가는 낭패를 보기 일쑤다. 왜냐하면 시장이라는 무대에서는 모든 사람들이 영역과 분야에 관계없이 직간접적으로 연결되어 있기 때문이다. 마치 두더지 게임처럼 한 쪽을 건드리면 다른 쪽이 튀어나온다.

3단계 위험은 시민들이 또는 사회전체가 수용한 사회질서에 해당정책이 얼마나 부합하는가에 관한 것이다. 하나의 정책을 둘러싸고 두 개의 서로 다른 수용된 사회질서가 경합하는 경우 이는 담론과 토론을 통해서 해결해 볼 수 있다. 그러나 하나의 정책이 수용된 사회질서에 위배되고 더 이상 이를 해결하기 위한 수용된 다른 사회질서가 존재하지 않는 경우에는 반응성과 관련하여 심각한 위험이 발생한다. 수용된 사회질서(accepted social order)는 갈등관계에서 서로 다른 입장에 처한 국민들의 감정에 의해 바뀔 수 있는 질서가 아니다. 이것은 오랜 시간을 두고 한 국가가 충분히 논의과정을 거쳤고 개인적인 호불호에 관계없이 전체차원에서 그렇게 가야 한다고 암묵적으로 인정한 질서이다. 개인적으로 동의하지 않았다 하더라도 인정한 질서라는 것이다.

이렇게 3단계의 위험사슬에 따라 핵심질문들에 답을 하다보면 해당정책의 내용과 목표가 어떠한 위험을 내포하고 있는지를 사전에 파악할 수 있게 된다.

나. 위험분석을 회피하려는 경향: 집단사고(groupthink)

그렇다면 과연 정부는 이러한 위험을 정말 모르는 것일까? 유능한 공무원으로 가득 찬 정부조직에서 이러한 위험이 있다는 것을 사전에 모를 리 없다고 생각한다. 만일 이 가정이 틀리지 않는다면 정부는 집단사고(groupthink)를 하고 있을 가능성이 매우 높다. 집단사고는 이러한 위험을 경고하는 전문가들의 주장 또는 내부에서 다른 목소리를 내는 사람들의 얘기에 귀 기울이지 않고 다른 대안을 검토하지 않으며 의견일치에 대한 추구(concurrence seeking)를 강조한 나머지 비합리적인 의사결정을 내려 정책실패를 초래하게 되는 현상을 말한다(Janis, 1982). 실제 이러한 그룹사고의 징후를 통하여 결함이 있는 의사결정(defective decision makings)을 내리게 되는데 그중의 하나가 선호된 선택(preferred choice)에 대하여 위험성을 분석을 하는데 실패하는 것이다. 이러한 집단사고가 발생하게 되는 이유는 조직이 응집력이 강하거나, 그룹이 격리되어 있거나, 대안을 찾는 프로세스나 방법론이 없거나, 강력한 리더나 영향력 있는 사람들에 의해 선호되는 대안보다 더 나은 안이 없어 높은 스트레스를 받는 경우에 이르기까지 다양하다(Janis & Mann, 1977). 그 어떤 이유가 되었든지 간에 집단사고는 부정적인 것이며 이러한 집단사고에 빠지지 않도록 하는 것이 중요하다. 물론 Janis(1982)의 이론의 완결성과 관련하여 비판적 시각도 제기되지만 적어도 조직이 시간에 쫓기든 다른 요인이 있든 '성급한 의견일치를 추구하려는 경향(premature concurrence seeking tendency)'을 보인다면 그것은 집단사고의 징후를 보일 수 있는 전조단계가 된다는 점을 기억할 필요가 있다(Longley & Pruitt, 1980).

이제 아래에서 설명하게 될 정책순응지수는 정부차원에서 집단사고(groupthink)를 방지하기 위한 제도적 조치라 할 수 있다.

다. 정책순응지수의 활용과 법제도화: 집단사고(groupthink)를 예방하기 위한 조치

위의 <표 3-13>에서 정책순응지수(Policy Compliance Index)라는 개념을 새롭게 제시한 이유는 정책의 지속가능성 내지는 정책목표달성 성공가능성을 예측해 보기 위함임과 동시에 이러한 지수활용을 제도화하여 정부조직내 집단사고(groupthink)를 예방하고자 함이다.

각 단계에서의 정책당사자들을 포함한 다양한 멤버로 구성된 평가단의 정성평가를 통해 총 100점 만점의 점수를 도출하고 300점 총합의 평균점수를 계산하고 이를 다시 총점 1점 만점으로 환산한 후 전체 1점에서 뺀 수치가 정책순응지수이다.

구체적인 기준에 대하여 더 연구가 필요하겠지만 정책순응지수가 0.5 미만이면 정책이 성공할 확률도 50% 미만인 것으로, 이 지수가 예를 들어 0.7 이상이면 정책이 성공할 가능성이 높은 것으로 판단해 보는 기준을 만들 수가 있을 것이다.

정부의 정책설계시뿐 아니라 국회에서의 국회의원들의 법안 발의 시에도 이러한 과정을 거치도록 의무화하면 많은 문제점들을 사전에 발견하고 수용성 높은 현실적인 정책과 법안들이 나올 것이라고 확신한다.

4) Risk-Result Chain Linkage와 정책문제의 종합적 정의

결국 정책순응지수는 위험과 결과사슬을 연계하는 과정에서 나타나는 것이며 이런 프로세스가 정부의 정책설계에 필요하다(<그림 3-15> 참조). 이는 정부의 정책결정자의 입장에서도 적용되어져야 하지만 국회에서 법안을 발의하는 국회의원의 입장에서도 법안을 발의하기 전에 반드시 Risk-Result Chain 연계분석을 수행하는 것을 의무화하는 것을 시급히 고려해 보아야 한다.

이러한 단계별 담론과 평가를 위한 참여자 구성과 운영이 시간이 걸리고 다소의 예산이 든다 할지라도 정책을 잘못 설계해서 또는 법안을 잘못 제안해서 정책의 목표달성이 안되고 예기치 못한 부정적 효과를 보게 된다면 그것은 고스란히 국민의 입장에서 발생하는 손실이고 비용이다. 문제를 성급하게 해결하려 하지 말고 문제를 올바르게 정의하는데 충분한 시간을 써야 한다. 이 과정을 소홀히 하면 정부가 지켜야 할 반응성(responsiveness)에 대한 위험이 발생하는 것이다. Hindy Schachter(1996)가 주장했듯이 "생산적인 사회는 생산적인 정부에 달려있으며(productive society depends on productive government), 생산적인 정부는 시민에 대한 반응성 없이는 존재할 수 없다(productive government does not exist without responsiveness from the demand of citizens)"는 말은 우리가 Blue Government를 만들기 위하여 잊어서는 안 되는 중요한 대목이다.

그림 3-15   위험 – 결과사슬 연계(Risk–Result Chain Linkage)

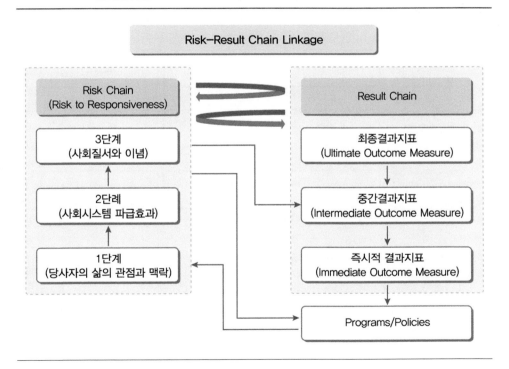

5) Risk-Result Chain Linkage를 통한 부처 간 협업

또한 위에서 Risk-Result Chain을 분석하다 보면 하나의 추상적인 상위목표에 여러 개의 상호 독립적이고 이질적인 지표들이 도출된다는 것을 알 수 있다. 특히 위험사슬의 1단계와 2단계를 거치다 보면 해당정책의 목표를 추구하는 과정이 단지 해당정책의 영역에만 국한되지 않는다는 것을 깨닫게 된다. 이것이 '부동산 시장 안정화'라는 상위목표를 논하면서 교육문제를 논의해야 하는 이유고 '범죄의 예방'이라는 상위목표를 논하면서 경찰관의 부패를 논의해야 하는 이유이다. 이를 통해 자연스럽게 부처 간, 기관 간 협업이 이루어지게 된다. 즉 위험사슬 분석이후 여러 세트의 결과체인이 도출되기도 한다는 것이다.

그림 3-16 성과목표와 복수의 성과지표, 그리고 부처간 협업

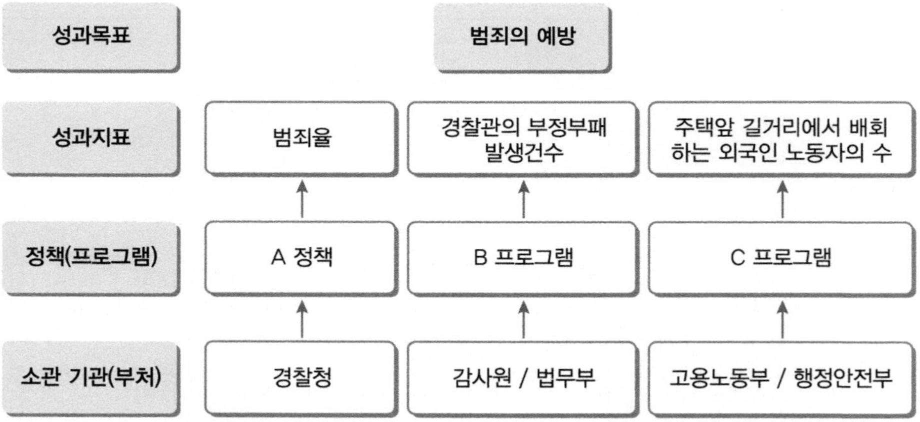

성과목표	범죄의 예방		
성과지표	범죄율	경찰관의 부정부패 발생건수	주택앞 길거리에서 배회하는 외국인 노동자의 수
정책(프로그램)	A 정책	B 프로그램	C 프로그램
소관 기관(부처)	경찰청	감사원 / 법무부	고용노동부 / 행정안전부

여기서 우리는 이른바 성과목표에 대한 조작적 정의(operational definition)를 잘 내리는 방법이 결국 정책문제를 정의하는 과정과 동일함을 알게 된다. Drucker가 MBO를 설명하면서 예시로 든 '법과 질서의 유지(maintenance of law and order)'라는 말을 살펴보자. 이 말이 얼마나 구체적이고 세부적인 것처럼 보이는가? 대단히 추상적이고 모호한 말이다. 다시 이 말을 더 구체화하여 '범죄의 예방(prevention of crime)'으로 범위를 좁혔다고 가정하자. 이 말은 그렇다면 구

체적이고 명확한 의미를 갖고 있는가? 겉보기에는 명확해 보이지만 아직 이 말 또한 여전히 구체적이거나 명확하지 않다. "범죄의 예방이 시민들에게 의미하는 바가 무엇인가"를 살펴보지 않으면 정확한 의미를 찾기 어렵다는 것이다. 여기 서도 바로 에스노그라피의 관점이 반영된다.

범죄의 예방이 밤 길거리에서 다니는 일반 시민들이 안전하게 귀가하는 것을 의미하는 것인가? 아니면 집에서 저녁에 머무는 시민들이 강도가 찾아들지 않고 안전하게 쉴 수 있는 상황을 의미하는 것인가? 아니면 저녁에 음침한 거리에서 경찰차가 한 대도 보이지 않는 상황의 개선을 의미하는 것인가? 아니면 거주 지 역에 외국인 노동자들이 어슬렁대는 모습과 무질서한 지역 환경이 문제인가? 어 찌 보면 다소 지엽적인 것처럼 보이지만 경찰관들이 범죄 집단과 손잡고 부패하 고 있는 상황이 문제인가? Drucker에 의하면 경찰관들의 내부 설문조사 결과 가장 시급한 이슈는 경찰관들의 부패를 막는 것이라고 나타났으며 '범죄의 예방' 이라는 성과목표를 실현하기 위해 구체적인 전략성과지표로 경찰관의 부정부패 건수를 줄이는 것이 1순위 지표가 되는 것이다.

물론 '범죄의 예방'이라는 성과목표 하에서 최종적으로 봐야 할 최종결과지표 는 '범죄율의 하락'과 '안전에 대한 인식확산'이 될 것이다. 그러나 이러한 지표 들이 함께 좋아지려면 조작적 정의를 하는 과정에 시민과 공무원, 관련 당사자 들이 같이 모여 문제를 찾아내는 과정이 필요하다. 실제로 범죄율과 범죄에 대 한 두려움은 별개의 독립된 사회적 실재라고 한다(김지선, 2014). 안전에 대한 체 감도 역시 범죄율 외에 경찰의 역량, 언론의 메시지, 인구학적 특성 등에 의해 영향을 받는 함수로 정의된다(김태영, 2014).

따라서 이러한 요인들을 찾아내어 성과지표화하려는 노력이 필요하며 이렇게 해야 비로써 궁극적 결과지표인 '범죄율'도 떨어지고 안전에 대한 인식도 또한 개선될 수 있는 것이다. 이러한 진짜문제를 도출해 내는 과정이 필요하다. 진짜 문제의 정의는 여기서 끝나지 않는다. 앞에서도 언급했듯이 위험사슬 분석을 통 하여 범죄의 예방을 하는 과정에서 또는 범죄율을 낮추어 가는 과정에서 당사자 집단 또는 타 집단에게 미칠 부정적 영향들도 고려해야 한다. 이러한 예상치 못 한 부정적 영향들을 고려하지 못하면 규제나 단속의 대상자들이 다시 어디에선 가 돌아와 새로운 범죄를 일으키고 다시 안전인식이 떨어지고 범죄율이 올라가는 악순환이 반복될 것이기 때문이다.

이렇게 '범죄의 예방'이라는 말을 세부적으로 정의하다 보면 복수의 조작적 정의가 내려지고 우리가 찾는 진짜 문제(real problem)가 종합적으로 정의된다. 이 부분은 다음 장에서 논의하려고 하는 통합(Unity)과 관계가 된다. 정부 혼자 모든 일을 다 해서도 안 되고 정부 내의 부처들도 자신의 영역이라는 이유로 자신이 혼자 다 감당할 수 없다는 얘기가 되기 때문이다.

6) 위험사슬의 관점을 고려한 정책문제정의 예시: 저출산 정책과 부동산 시장 안정화 정책의 사례를 중심으로

이상에서 언급된 Risk-Result Chain을 통해 공공부문 내에서 올바른 정책문제가 정의되고 올바른 정책과 프로그램이 도출되기를 기대한다.

아래의 사례에서는 위의 Risk-Result Chain을 활용한 직접적 분석은 아니지만 적어도 정책문제정의과정에 위험사슬의 관점이 반영되면 어떻게 정책문제가 달라질 수 있는지를 예시적으로 보여주고자 한다. 위의 후기실증주의에서 언급되었던 에스노그라피 방법론을 적용하여 저출산정책의 정책문제를 정의한 보고서를 소개하고 부동산시장안정화 정책과 관련하여 위험사슬을 고려한다면 어떤 부분이 정책문제로 새롭게 정의될 수 있을지에 대해서 알아보고자 하는 것이다.

여기서 대표사례로 저출산 정책과 부동산정책을 선정한 이유는 이 두 영역이 현재 국민과 정부의 입장에서 동시에 관심을 가질 수밖에 없는 중요한 정책영역이기 때문이다.

물론 반응성을 중요시 한다고 해서 무조건 시민들의 목소리가 100% 옳으니 그대로 반영해야 한다는 것을 의미하는 것은 당연히 아니다. 시민주도형 모델에서 시민들은 단기안적 시각을 가지고 있으며 전체보다는 부분의 이익을 볼 가능성이 높다는 비판이 있지만, 그렇다고 전문가나 공무원들이 전체를 보고 장기적인 안목을 가지고 있으니 이들이 일방적으로 정책문제를 정의하고 정책을 수립하게 하는 것은 더 위험한 일이다. 결국 어느 쪽 극단에 치우치지 않고 현실적으로 해당정책문제에 대하여 시민들의 담론을 유도하고 이러한 대화가 정부와 시민 간 상호 양방향으로 작동하게 하여야 한다(Liao, 2018). 이렇게 서로의 관점이 교환되고 인지될수록 정확한 정책문제를 정의할 확률이 높아진다.

(1) 에스노그라피 구현방법론의 소개와 저출산 극복 정책을 위한 문제정의 사례

민속기술지(Ethonography)는 위에서 살펴본 바와 같이 후기실증주의 연구방법론의 한 유형으로 등장하기 시작하여 기존의 양적인 실증주의 연구방법론의 한계를 지적하고 이에 대한 대안을 제시하는 연구방법론으로 주목받고 있다. 인류학에서 시작된 Ethnography는 그리스어로 '사람들(ethnos)'과 '기록(grapho)'의 조합으로서 '사람들을 기록 한다'는 의미를 가지고 있다(정승혜, 2015).

민속기술지를 한마디로 정의하는 것은 어렵지만 Atkinson & Hammersley (1994)에 의하면 다음의 특징들을 포함하는 방법론으로 정의할 수 있다고 주장한다.

- 사회현상에 대한 가설 검증에 집중하기보다는 특정한 현상의 본질(nature)에 대한 탐구를 강조
- 구조화된 데이터가 아닌 비구조화된(unstructured) 데이터를 활용하여 연구
- 많지 않은 소수의 사례에 대한 연구(심지어 한 사례에 대한 연구)
- 인간의 행동에 대한 의미와 기능에 대하여 솔직한 있는 그대로의 해석(explicit interpretation)을 강조하고 구술서(verbal description)와 설명을 중요시 하며 계량적인 통계분석을 기껏해야 보완적인 것으로 사용을 포함하는 데이터 분석 (Atkinson & Hammersley, 1994, p. 248)

또한 이러한 민속기술지가 과학인지 아닌지를 묻는 질문에 적어도 다음의 세가지 가능성을 고려해야 한다고 주장한다. 이것은 과학을 주장하는 연구자들이 알아야 할 사항들이다.

- 자연과학의 어느 영역이 과학적 방법론을 적용하기에 모범적인 것으로 받아들여져야 하는지에 대해 관점의 차이가 있다.
- 특정한 자연과학 방법론이 특정한 시점이나 특정한 과학의 영역에 가장 적절한지에 대해서는 다양한 해석이 있을 수 있다.
- 자연과학방법론의 어느 부분이 사회연구를 위해 적용되어야 하고 적용되어서는 안되는지에 대하여 의견차이가 늘 있다(Atkinson & Hammersley, 1994, p. 251).

Fischer(1995)의 정책평가모델에서 제시하듯 민속기술지(ethnography)를 포함한

후기실증주의 연구방법론은 당사자가 현상에 대해 부여하는 의미(meaning)와 그 의미를 결정짓는 맥락(context)을 중요시 하며, 참여관찰(participant observation)을 통해 연구자의 입장이 아닌 연구대상자의 입장에서 실제 이들이 행동하는 것에 집중하여 기록하는 것을 중요시 여긴다(Holstein & Gubrium, 1994; Atkinson, 1994).

이러한 민속기술지(ethnography)의 시각과 사용자경험(user experience)의 관점에서 우리나라의 저출산 현상에 대한 원인분석을 연구한 보고서를 소개한다.[7]

연구보고서의 내용을 소개하기 전에, 다시 한번 위험사슬분석의 중요성에 대해 강조하고자 한다. 즉, 저출산과 관련한 기존의 정책들을 도출하기 위한 정책 문제정의가 결과사슬(result chain)에 의해 구성되는데 이 방식만으로는 정책문제를 온전하게 정의할 수 없으므로 위험사슬(risk chain)에 따른 분석이 있어야 한다. 이 연구보고서는 위험사슬 1단계에서 중요하게 여기는 "당사자의 경험과 관점, 그리고 맥락"이라는 부분에 집중하여 정책문제를 정의해 본 것이라는 점에서 주목할 만하다.

여기서 결과사슬(result chain)에 입각한 궁극적인 결과지표는 "출산율의 증가"가 될 수 있고, 중간결과지표는 "20세~35세 구간의 나이에 결혼을 하는 여성의 수"나 "피임을 하는 부부의 수(하향지표)" 정도가 될 수 있을 것이며 즉시결과지표는 "출산에 대한 긍정적인 인식의 확대" 정도가 될 수 있을 것이다. 아래에서 조사된 내용들은 위험사슬(risk chain)에서 고려되어져야 할 내용들과 일치한다.

그럼 이제 연구보고서의 내용을 구체적으로 소개하기로 한다.

먼저 이 연구에서는 사용자경험과 에스노그라피 방법론을 구현하기 위해 페르소나(Persona)[8] 개념을 도입하고 실제 연극전공 학생들을 무대에 세워 연극워크숍을 수행하였다.

이 연구는 먼저 저출산의 이슈를 분석하기 위해 기사분석, SNS 분석, 학술

---

7) 자세한 내용은 "안진호(2019). 사용자경험과 에스노그라피를 활용하여 페르소나 워크숍으로 풀어보는 저출산의 원인분석, 한국정책분석평가학회 하계학술대회 발표논문"을 참조. 이 연구의 전 과정 소개를 위해 저자에게 전체 내용 인용을 허락받았음을 밝힌다.

8) 원래 연극배우가 쓰는 탈을 가리키는 말이었으나, 그것이 점차 인생이라는 연극의 배우인 인간 개인을 가리키는 말로 쓰이게 되었다(네이버 지식백과, 두산백과 참조, https://terms.naver.com/entry.nhn?docId=1157716&cid=40942&categoryId=32972).

자료 분석을 수행하였고 이를 통해 아래와 같은 조사를 위한 기준들을 도출하였다.

그림 3-17 조사를 위한 기준들의 발견

저출산의 원인이 되는 테스터 리쿠르팅과 조사항목을 도출하기 위한 방향에 중점

기준	분석 가이드
• 저출산 문제 심각성 1, 2	관련 기사 중심의 의견 수렴 및 데이터 분석
• 결혼과 연애에 대한 현황 파악	관련 기사, 학술자료, SNS상에서의 의견 수렴 및 데이터 분석
• 소득과 출산의 상관관계	관련 기사, 학술자료, SNS상에서의 의견 수렴 및 데이터 분석
• 육아정책의 문제	관련 기사, 학술자료, SNS상에서의 의견 수렴 및 데이터 분석
• 미혼 남녀의 자녀의 의미	관련 기사, 학술자료, SNS상에서의 의견 수렴 및 데이터 분석
• 국내의 동거에 대한 인식조사	관련 기사, 학술자료, SNS상에서의 의견 수렴 및 데이터 분석
• WOM(word of mouth)분석	SNS (블로그, 카페, 페이스북, 트위터 등상에서의 관련 의견 중점 수렴
• Summary	현황분석 키워드 요약을 통한 단계완료 키워드 도출

그림 3-18 표본추출 및 대상자 모집

개인 단위의 설문조사와 심층인터뷰를 병행하여 연애/결혼, 출산/양육 등에 관한 사항을 관찰, 기록
1차 : 2019년 3월 6일(수) ~ 2019년 4월 12일(금) , 방식 : 에스노그라피적 관점의 설문조사 및 심층 인터뷰 진행
2차 : 2019년 6월 10일(월) ~ 2019년 6월 14일(금) , 방식 : 에스노그라피적 관점의 설문조사 및 심층 인터뷰 진행

표본 추출	• 비확률 표본 추출의 할당추출법(quota sampling)으로 추출 　Status Analysis의 시사점에서 전체 모집단 중에서 초기 가임기 고학력여성군 위주로 범주를 지정
모집 대상	• 기준 　리서치대상은 개별 설문 및 인터뷰 등이 가능한 약간 명으로 한정 　개인당 70~80분 소요 (설문조사 20분, 인터뷰 60분 소요) • 서울, 경기 거주하는 가임 가능 초기 대학(원) 재학중 여성 및 남성(동거커플)
모집 기준 (표본 할당)	• 연애/결혼에 대한 부정적 시각 : 2명 • 출산/양육에 대한 부정적 시각 : 2명 • 결혼, 출산/양육에 대한 부정적 시각 : 4명 • 동거 커플 : 4명

이용행태	20대 초반		20대 중반	
	대학생	대학원생	대학생	대학원생
결혼에 대한 부정적 시각	1			1
출산/양육에 대한 부정적 시각	1			1
결혼, 출산/양육에 대한 부정적 시각	1	1	1	1
동거커플	1		3	

이를 기초로 하여 현황분석을 한 후 당사자들에 대한 조사를 하기 위해 대상 자를 모집하고 총 11명을 선발하였다. 이때 연애/결혼에 대한 부정적 시각을 갖 는 그룹과 출산양육에 대해 부정적 시각을 갖는 그룹, 그리고 양자 모두에 대해 부정적 시각을 갖는 그룹으로 나누어 대상자를 선발·배분하였다. 아래의 그림 은 대상자 선발과 각 대상자들에 대한 심층인터뷰와 설문조사 일정을 보여준다.

그림 3-19 테스터별 조사 일정 및 진행방식

저출산 가능성이 높은 가임기 초기 고학력 여성+동거커플 대상으로 관찰조사와 인터뷰 방식으로 테스트 진행

tester	구분	이름	현장	일시	나이	출신지	직업	진행방식
1	결혼에 대한 부정적 시각	이가*	현장	2019.04.28 / 10:00~11:00	20대 초반	경기	대학생	설문조사 + 심층인터뷰
2	결혼에 대한 부정적 시각	김진*	현장	2019.05.01 / 15:00~16:00	20대 중반	서울	대학원생	설문조사 + 심층인터뷰
3	출산/양육에 대한 부정적 시각	조진*	현장	2019.05.01 / 11:00~12:00	20대 초반	대전	대학생	설문조사 + 심층인터뷰
4	출산/양육에 대한 부정적 시각	임민*	현장	2019.04.26 / 20:00~21:00	20대 중반	경기	대학원생	설문조사 + 심층인터뷰
5	출산/양육에 대한 부정적 시각	이정*	현장	2019.05.01 / 12:00~13:00	20대 초반	서울	대학생	설문조사 + 심층인터뷰
6	결혼, 출산/양육에 대한 부정적 시각	차혜*	현장	2019.05.01 / 13:00~14:00	20대 중반	전북	대학생	설문조사 + 심층인터뷰
7	결혼, 출산/양육에 대한 부정적 시각	김은*	현장	2019.04.25 / 17:00~18:00	20대 중반	경남	대학생	설문조사 + 심층인터뷰
8	결혼, 출산/양육에 대한 부정적 시각	박연*	현장	2019.04.25 / 18:00~19:00	20대 중반	강원	대학원생	설문조사 + 심층인터뷰
9	동거커플(여자)	김서*	현장	2019.06.05 / 18:00~19:00	20대 중반	서울	대학생	심층인터뷰
10	동거커플(남자)	임동*	현장	2019.06.05 / 18:00~19:00	20대 중반	강원	대학생	심층인터뷰
11	동거커플(여자)	기현*	현장	2019.06.21 / 14:00~16:00	20대 중반	서울	자영업	심층인터뷰
12	동거커플(남자)	고민*	현장	2019.06.21 / 14:00~16:00	20대 중반	서울	자영업	심층인터뷰

* 비확률 표본 추출법 중여 '할당 추출법(quota sampling)'으로 표본추출

할당 추출법(quota sampling) : 비확률 표본 추출법들 중에서 가장 정교한 방법으로 연구자가 모집단의 구성단위에 대한 파악이 끝난 상태에서, 전체 모집단을 몇 개 의 상호배타적 하위 집단(범주)로 분할한 후, "범주별 할당표"를 작성해서 비율에 맞게 표본의 크기를 정하는 방법으로 확률 표본 추출법인 층화 추출법과는 달리, 할 당 추출법은 표본집단 구성단위를 추출함에 있어서 통계적 처리가 아닌 연구자의 사전지식과 전문성에 의지하는 방법

그리고 이들(초기가임기 여성)을 대상으로 기본입장을 정리한 후 시사점을 도 출하고 Affinity Diagram 분석을 통해 키워드 내지는 대분류를 도출하였다. 그 결과 남성위주의 사회에 대한 불신, 믿음이 안가는 정책들, 신체적·정서적 자 아욕구, 만연한 성차별의 4가지 이슈로 정리되었다.

그림 3-20 테스터별 이슈정리 1

가임 가능한 초기 고학력 여성군

tester1	결혼에 대한 부정적 시각	아직 어리지만 주변에서 결혼하면 다 손해래요.
tester2		여성을 하대하므로 나는 출산 파업을 할 것이다.
tester3	출산/양육에 대한 부정적 시각	여성이 출산으로 얻는 이득이 없다.
tester4		내 꿈이 중요해서 결혼, 출산에 무관심하다.
tester5		아빠가 여태까지 보여준 모습에 남자에 대한 신뢰를 잃고 비출산 다짐했다.
tester6	결혼, 출산/양육에 대한 부정적 시각	여자로 태어났으니까 아이 낳는 특권을 경험해보고 싶다.
tester7		출산에 긍정적이지만 일하는 엄마이고 싶다.
tester8		일하고 늘려가는 인생이 좋아서 비혼, 비출산을 한다.

그림 3-21 테스터별 이슈정리 2

Affinity Diagram_초기가임기 여성

• 1:중요, p:긍정/N:부정, t:테스터외견/f:정형/i:비정형

남성 위주 사회 불신		믿음이 안가는 관련 정책들		신체적, 정신적 자아실현 욕구		만연한 성차별	
미래 나의 가정으로 투영 1.p.t	신뢰할 수 없는 부부 관계 1.p.t	여성을 위한 정책의 실효성에 대한 의문	여성을 위한 구체적인 출산 정책은 없다.	여자가 일적으로 성공하기 쉽지 않음 .p.t	꼭 결혼해야 하는가? 1.p.t	여성에게 불안한 사회 1.p.t	회사에서 안마방, 노래방 다니는 것을 부끄럽지 않게 여김.
연애하면서도 보이는 가부장적인 모습	결혼이라는 제도가 남성을 더욱 가부장적으로 만듦	국가는 출산을 신성시 할 뿐	아이가 행복하게 살기 힘든 사회구조	비혼의 편리한 라이프 .p.t	아이는 없어도 무방함	불안감으로 이성에 대한 두려움	사회에서 성희롱, 추행 당하는 여성 성희롱/성추행
아빠는 돈벌어다주는 기계	성희롱한건 남자인데 행실이 올바르지 않고 아빠에게 욕을 먹음	아이를 낳는 산모의 정신적, 신체적 건강을 헤아리는 정책이 없음	독박 육아에 대한 불안 .p.t	부부만의 생활을 즐기고 싶음	육아를 하면서 주말에 쉴수가 있을까?	사회적 이슈로 인한 남성에 대한 불신 팽배	사회에서 성희롱, 추행 폭행 당하는 여성이야말로 임신을 성스럽게 포장함
남자는 사회화되면서 가부장적으로 변함	아들 하나를 위해 온 가족이 공동 육아를 한다고 느낌	아이 낳은 엄마들은 아이에게 시달리기만 할 뿐 자기 삶이 없음	학교에서 제대로 된 성교육을 실시하지 않음	양질의 일자리는 여자에게 힘듦	아이를 낳으면 망가져서 회복하기 힘든 몸이 됨	말하기 애매한 성희롱과 성적 수치심 유발	사회에 만연한 남성에 의한 권력적 성희롱(권집), 성추행(직접), 성폭력(간접)
여성을 하대하는 고질적인 문제	여자가 집안일 하는 것을 당연하게 여김	내게는 해당이 안됨 1.p.t	약간의 경제적 지원으로 불안함	아이는 낳아보고 싶은데 입양은 안 될까?	출산 후 여성이 겪는 신체적 변화와 고통	아이에게 폭력을 휘두른 유치원 선생님이 매스컴에 자주 등장	남성이 여성을 폭행하는 것을 직간접적으로 경험
믿었던 엄마 마저도 가부장적으로 변함	성별이 취업시 유리함	경력 단절 여성의 실질적인 취업 정책이 없음	출산 시 대한민국 여성으로써 겪는 불행을 대물림하고 싶지 않음	아이를 낳으면 아이만 매달려야 해서 일을 할 수 없음	아이를 낳아도 주변에서 도와줄 사람이 없음	사회 분위기로 인해 임신부에 대한 인식이 저조하다	남성과 여성은 서로를 혐오함

그리고 위의 Affinity Diagram의 내용을 중심으로 8명의 참가자들을 두 가지 패턴의 페르소나 유형으로 구분해 내었다. 그리고 가상의 인적정보와 함께 키워드와 그들의 행태를 정리하였다.

그림 3-22 페르소나 유형의 도출

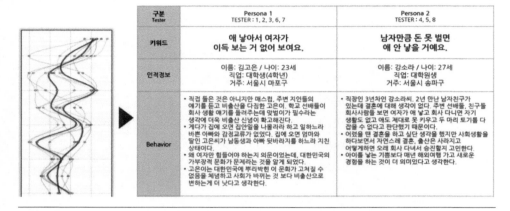

페르소나를 설정한 후 이를 연기할 수 있는 페르소나 컨셉에 맞는 연극배우 (또는 지망생)를 섭외하여 한국정책분석평가학회에서 상황극을 진행하였다. 그 순서는 아래의 그림과 같으며 배우들이 상황극을 진행한 후 청중들이 배우들에게 질문하면서(if~then의 형식으로) 배우들과 토론하는 참여극을 통하여 문제를 찾아내는 과정을 거쳤다.

그림 3-23 연극포럼 진행절차

절차	상황 소개	상황극 진행1	상황극 진행2	참여극	과정마무리
시간 (총60분)	5분	10분	10분	30분	5분
진행상황	상황에 대한 소개	AS IS 갈등유발 요인에 대한 상황극 진행	TO BE 문제해결에 대한 상황극진행	청중들의 의견으로 토론과 제안,수정 등이 진행	한줄소감 및 연극마무리
참여 주체	사회자	배우	배우	패널+배우	사회자
페르소나 참여	-	1~4	1~2	1~4	-

이 워크숍을 통해 참여자들은 저출산을 해결하기 위해서는 그동안 아이 중심으로만 이루어져 왔고 산모의 입장에서의 신체적, 정신적 변화를 헤아리는 정책이 나와야 하며, 사회와 가정의 꼰대들의 의식개혁을 유도하는 적극적인 정책이 선행되어져야 함을 공감하게 되었다.

그동안 저출산 정책들이 셋째아이를 낳으면 출산장려금을 지급하고 일·가정 양립을 위하여 남녀 모두에게 육아휴직을 허용하는 정책들은 사실상 이미 태어난 아이의 입장에서 고려된 정책이라고 할 수 있다. 어떤 면에서 보면 출산장려금은 출산율을 올리는데 기여를 하지 못한다고 보는 게 맞다. 젊은 부분들이 아이를 낳게 유도하는 장려금으로서 역할을 하기 보다는 이미 아이를 낳은 가정에게 경제적 지원을 일시적으로 해주는 제도에 불과하기 때문이다.

이처럼 당사자의 시각에서 바라보는 것은 대단히 중요한 일이고 당사자의 시각은 그 개인이 지금까지 살아오면서 경험하고 느낀 삶을 통하여 형성되는 것이기 때문에 에스노그라피적 시각에서 정책문제를 정의하는 것은 매우 중요한 과정임이 강조되어져야 한다. 따라서 정책은 국민들의 삶 속에서 문제를 찾고 이를 해결하기 위해 중장기적 관점에서 고민한 산출물이어야 한다.

이상의 논의를 종합하면 위험사슬의 관점을 반영하여 결과사슬을 새롭게 구성할 수 있고 이는 기존의 저출산 정책들이 정의했던 문제와는 전혀 다른 새로운 문제의 정의가 탄생함을 알 수 있게 된다. 즉 여성들의 출산에 대한 기본인식과 의미부여가 사회의 가부장적 분위기를 혐오하고 있고 맞벌이가 필수라는 상황인식하에서 출산이 개인과 가족의 사회적 안전망(그것이 부동산이든 금융이든)을 구축하는데 방해가 된다고 인식하는 한 결혼을 생각하는 사람들이 줄어들게 되고 따라서 출산율이 증가하는 것을 기대하는 것은 어려운 것이다. 그렇다면 이제 '출산율의 증가'라는 최종결과지표에 다가가기 위해서는 우선 결혼을 하는 사람들의 수가 증가해야 하고(중간결과지표), 결혼을 하려면 사회의 가부장적인 분위기에 대한 인식의 변화와 함께 결혼을 해서 사회적 안전망이 강화될 수 있을 것이라는 인식의 변화가 필요한 것이다(즉시결과지표). 이를 위한 해결책 탐색을 통해 다양한 대안들이 모색될 수 있을 것이다(<그림 3-24> 참조).

그림 3-24 저출산 정책 도출을 위한 위험사슬(Risk Chain) 반영후의 결과사슬(Result Chain)

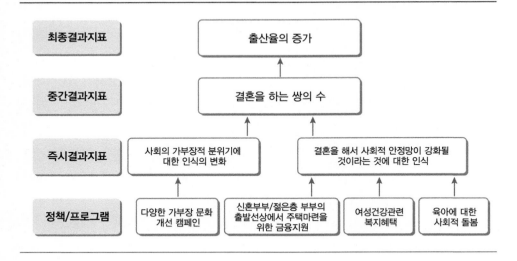

(2) 부동산 시장 안정화 정책을 위한 문제정의에 대한 소고

이제 또 하나의 사례를 들어보고자 한다. 위의 저출산 정책처럼 실제로 에스노그라피 관점에서 분석된 사례는 없지만 한국에서의 부동산 정책은 역대정부를 통틀어서 가장 핫하고 예민한 이슈이기도 하다. 특정한 역대정부의 부동산 정책이 옳은 것이었는지, 틀린 것이었는지를 떠나 정책목표의 바람직성과 관련하여 에스노그라피나 후기실증주의의 시각에서 문제를 진단하고 분석하는 것은 매우 중요한 의미를 갖는다. 실증주의적 관점에서 만들어진 정책목표들이 혹시 놓쳤을지도 모르는 중요한 목표가 있다면 이를 수용해야 하고 균형 있게 추진하는 것이 중요하기 때문이다.

그렇다면 부동산 시장 안정화를 위한 정책을 고안하기 전에 먼저 에스노그라피의 관점에서 한국인에게 부동산이란 무엇인가?에 관한 질문을 해 볼 필요가 있다. 어렸을 때 부모님이 살아왔던 방식과 그 모습을 관찰했던 경험을 토대로 국민들이 부동산을 어떤 의미로 받아들이는지를 살펴보아야 한다. 최근 언론에서 보도된 특집기사와 기고문 등을 보면 한국인에게 부동산이 무엇을 의미하는지와 관련하여 일부분을 엿볼 수 있다.[9]

---

9) [집이란 무엇인가] 한국인들 "집은 최후의 안전망… 부동산은 절대 배신 안해" 집착.

이 특집기사에 의하면 한국인에게 있어서 부동산 소유에 대한 집착은 "80·90년대 사회복지제도가 거의 없던 시기 베이비부머들이 집을 '최후의 안전망'으로 생각"하는데서 비롯되었기 때문에 집 이외의 최후 안전망을 더 확산시키는 정책을 펼치고 다양한 사회복지제도를 병행해 실시해야 한다고 주장한다. 한편 다른 언론사의 한 기고문에 의하면[10] 한국인에게 부동산은 사회안전망으로 작동하는 것이며 부동산정책만으로 부동산 시장을 안정화시키기에는 한계가 있다고 주장한다.

그렇다면 부동산을 투기의 대상으로 생각하고 집값을 담합하여 올려가는 행태는 비난받아 마땅하지만, 더 중요한 것은 한국인들이 왜 이렇게 집에 집착하는지를 정확히 파악하여야 한다는 것이다.

후기실증주의, 에스노그라피의 관점은 위에서 언급되었던 특집기사나 기고문의 내용을 지지하고 있다. 한국인에게 집 또는 부동산은 한 가족이 살아온 삶의 역사이며 문화이자 땀 흘려 열심히 일하게 하는 1차 동기부여 목표였다고 할 수 있다. 평균적으로 한국 사람들은 모든 경제활동의 결과물들을 모아 집 한 채에 쏟아 붓는다. 재산이 늘어난 다는 것은 집의 규모가 늘어난다는 것을 의미하고 이는 이사도 자주해야 한다는 것을 의미한다. 집을 통해 재산을 늘려오고 그것을 위해 열심히 살아온 사람들이라는 것이다. 여기에는 본인의 노후와 자녀교육, 자녀의 결혼을 위한 비용, 자녀가 대학진학에 실패하거나 취업하지 못했을 때 부모로서 여유가 있다면 지원해 주고 싶은 경제적 독립을 위한 비용까지 모든 가족과 관련된 위험 비용을 감당하기 위한 노력이 포함된다. 한국 사람들은 부동산에 대한 의미부여(meaning)를 아마도 이정도로 할 것이라 생각한다. 이들이 부여한 의미가 옳다, 그르다를 따지는 것이 아니라 이들 당사자들의 입장을 이해해야 궁극적으로 의도한 정책목표인 부동산 시장 안정화를 달성하는데 한 발짝 더 다가갈 수 있다는 얘기다.

부동산 시장의 안정화는 매우 중요한 목표이지만 일반국민들이 기대하고 노력하는 내집 마련의 꿈과 더 좋은 환경으로 이사하고 싶어 하는 내집 확장의 꿈

<https://www.hankookilbo.com/News/Read/201811231937331393?did=NA&dtype=&dtypecode=>

10) [기고] 사회안전망과 집 투기의 상관관계 – 매일경제(mk.co.kr).
<https://mk.co.kr/opinion/contributors/view/2019/04/201290/>

의 연결고리를 단절하는 정책이어서는 부동산 시장의 안정화라는 목표를 달성할 수 없다는 것이다. 왜냐하면 정책에 대한 순응도가 문제인데 한국사회가 주거와 관련하여 겪어온 삶과 문화 자체를 강력한 규제정책으로 바꾼다는 것은 불가능하다. 이들에게 임대주택의 공급과 사회주택의 공급은 결국에는 내집 마련의 꿈으로 가는 초기단계일 수는 있어도 그러한 거주유형이 미래의 자가주택으로 옮겨가야 하는 희망을 포기하게 하는 거주유형은 아니어야 한다는 것이다.

그렇다면 이제 정책목표를 달성하기 위해 고려해야 할 제약조건들이 있다. 즉 부동산 투기로 인한 시장가격 왜곡행위를 근절하기 위해서 강력한 규제를 시행하는 것은 맞는 방향이지만 적어도 이러한 내용의 규제가 일반국민이 더 나은 주거환경으로 이전할 수 있는 주거의 자유를 제한해서는 안 된다는 것이다. 국민은 더 나은 환경으로 주거환경을 바꾸고 싶어 하고 이를 실현하기 위해서는 시장에서의 거래에서 이익이 존재해야 한다. 거래에서 이익이 발생할 가능성을 없애면 거래가 일어나지 않게 되고 부동산 매물은 시장에 나오지 않게 된다. 이는 단순히 부동산을 통해 이익을 챙기고 돈을 벌려고 하는 행태가 아님을 주목할 필요가 있다. 더 좋은 환경으로 이주하고 싶은 욕구가 먼저이고 이를 위해 어느 정도의 거래이익이 발생하여야 이주할 수 있다.

이 부분을 고려하지 않은 규제정책은 시민들의 입장에서 중요하다고 생각하는 부분을 정부가 같은 시각에서 고민하고 있지 않다는 증거이고 이는 반응성(responsiveness)의 입장에서 위험요인이 된다. 이렇게 되면 정책이 수용성이 떨어질 수밖에 없다.

결국 이러한 부분들이 정책을 추진함에 있어 위험요인으로 작동하게 되고 이러한 위험요인을 방치하는 것은 정책에 대한 순응도 저하로 이어져 정책이 효과를 내지 못하게 하는 원인이 되고 만다.

따라서 결과사슬[11]을 통하여 정책의 내용과 목표가 설정되고 나면 위험사슬 3단계 분석을 통하여 정책문제를 보다 명확하게 정의하여야 하고 이에 따라 정책을 수정하여야 한다.

---

11) 여기서 결과사슬에 입각한 궁극적인 결과지표는 "부동산 가격의 상승률(하향지표)"이 될 수 있고, 중간결과지표는 "다주택자들이 시장에 내 놓는 매물의 수"가 될 수 있으며 즉시결과지표는 "다주택을 가지고 있는 것이 이익실현에 도움이 되지 않는다는 인식의 증대" 정도가 될 수 있을 것이다.

결국 위험사슬을 고려한 결과사슬이 다시 도출되어야 하는데 부동산이 한국 사람들에게 사회안전망으로 여겨지고 있고 이것을 대체할 다른 안전망 확보 수단이 없는 한 부동산만을 대상으로 규제를 하는 것은 저항을 불러올 수밖에 없다. 부동산에 대하여 한국 사람들이 사회안전망으로 의미를 부여하고 있고 이것이 가장 확실하고 유일한 사회안전망이라고 생각 하는 한, 정책은 이러한 의미 부여를 무시하는 쪽으로 가서는 기대했던 효과를 얻을 수 없다. 그렇다면 장기적으로는 부동산 이외에 다양한 사회안전망을 구축해 나가는 쪽으로 정책이 설계되어야 할 것이다. 그러나 국민들에게 부동산이 사회안전망이 이제는 더 이상 아니라는 믿음을 갖게 하는 것도 사실상 불가능하다. 설령 가능하다 할지라도 상당히 오랜 세월이 걸릴 것이다. 그것은 또 하나의 역사와 문화 속에서 자리 잡아야 하기 때문이다. 한국인에게 부동산은 역사적으로 문화적으로 오랜 세월에 걸쳐 사회안전망이라는 의미로 자리 잡아 왔다. 이 사실을 받아들여야 한다. 다만 핵심은 부동산이 과열되지 않은 상태에서 건전한 사회적 안전망으로서 적절하게 자리 잡을 수 있도록 유도하는 정책이 나와야 한다. 누구나 노력하면 사회적 안전망에 진입할 수 있는 구조를 만들어 주어야 하고 특히 젊은 층에게는 더욱 그러하다. 이러한 시각에서 저출산 문제도 부동산의 문제와 밀접한 관련을 가지고 있다. 교육의 문제와도 직결됨은 물론이다.

이상의 논의를 종합하여 결과사슬을 다시 설계해 보면 아래의 그림과 같은 예시가 도출될 수 있을 것이다.

정리하면, 에스노그라피 관점을 도입한 저출산 정책 분석과 부동산 시장 안정화 정책의 사례에서도 알아본 바와 결과사슬(result chain)은 위험사슬(risk chain)과 연계되어야 정책문제가 명확하게 정의되고 이에 따라 정책의 내용이 올바르게 결정된다는 점을 알 수 있다.[12]

---

12) 이 밖에도 현실에서 Risk Chain에 대한 고려를 하지 못하여 실패한 정책의 사례는 많다. 2004년도에 성매매특별법이 시행되면서 성매매업소와의 전쟁을 선포한 김강자 서장의 스토리는 또 하나의 당사자의 관점의 결여가 의도했던 정책목표를 달성하는데 발목을 잡았는지를 잘 보여주는 사례이다. 자세한 내용은 <이석환(2015). 정책논단: 성매매특별법 위헌논란과 실증주의 기반의 성과관리, 그리고 비합리적인 목표들의 중요성, 한국정책학회 「e-정책 Magazine」 38호>를 참조하기 바라고 그 내용을 이 책의 부록에 첨부한다.

그림 3-25 부동산시장 안정화 정책 도출을 위한 위험사슬(Risk Chain) 반영후의 결과사슬 (Result Chain)

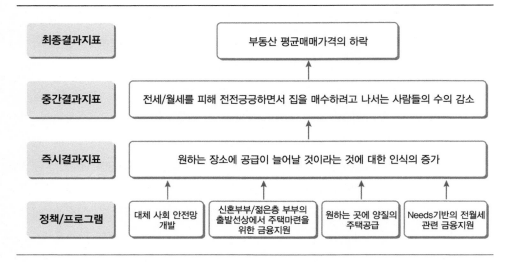

4. 공공부문은 과연 이러한 두 종류의 연계(linkages)를 잘 지키고 있는가?

1) 지표와 조직간 연계의 현황

(1) 역대 정부의 국정목표와 국정전략, 그리고 국정과제: 성과지표가 없는 국 정과제의 얼라인먼트

위에서 언급된 국정비전과 국정원리 내지는 기조를 바탕으로 각 정부는 국정 목표를 설정하고 국정전략과 그에 기초한 국정과제를 설정한다. 이렇게 국정과 제를 도출하는 절차는 거의 동일하다고 판단된다. 현재의 문재인정부는 5대 국 정목표와 20대 국정전략, 100대 국정과제, 496개의 실천과제를 설정하고 이행하 고 있다(대한민국정부, 2020). 우선 인수위원회나 국정기획자문위원회에서 5대 국 정목표 및 20대 국정전략을 정하게 되면 각 부처와 협의하여 국정과제를 정하게 된다.

이때 각 부처가 국정과제에 해당하는 내용을 실천과제와 함께 제안할 때 각 국정전략별로 명확한 목표 상태에서의 성과지표가 먼저 설정되어야 이를 기준으 로 각 부처가 어떻게 기여할 수 있는지를 제시할 수 있는데, 이 성과지표들이

제시되지 않은 상태에서 추상적인 국정전략의 개요 내지는 설명을 보고 국정과
제를 제안하게 되면 현재 상태를 알지 못하게 되고 따라서 제대로 된 문제의 정
의를 내리지 못하게 된다.

결국에는 정부가 성과와 결과를 내지 못하게 되는 것이며, 성과와 결과를 냈
다 하더라도 이것을 입증하기 위해 장황한 설명을 해야 하는 상황이 된다. 각각
의 국정과제에서는 복수의 계량성과지표들을 제시하지만 이것은 부처의 차원에
서 성과를 입증하기 위해 제시되는 것으로 국정목표와 전략의 차원에서
top‒down으로 설정된 목표가 아니기 때문에 다수의 개별부처가 각각의 국정
과제에 대한 성과지표를 제시하고 각자 그 목표만 보고 가는 것이기 때문에 하
나의 국정전략이라는 그릇 안에 다양한 부처가 들어와 있으나 각자의 지표만 보
고 가게 되면서 배가 산으로 가는 것과 비슷한 결과를 보게 될 수밖에 없다
(<그림 3-26>, <표 3-15> 참조). 즉 성과지표 설정의 주도권을 부처가 쥐는
것이 아니라 청와대가 쥐어야 한다는 점을 강조하고 싶다.

더 나아가 현재의 대한민국의 국정과제를 통한 중앙부처간 연계 이외에 부처
가 제출하는 성과계획을 보면 정부의 국정기조와 철학을 반영한 내용은 별도로
지표화되어 있지 않고 주요성과지표에 대한 달성도만 나와 있다. 중앙정부 부처
의 미션과 별도로 대통령과 집권당의 핵심가치를 반영한 지표들이 성과계획에
포함될 필요가 있고 이를 정부업무평가기본법에서 의무화할 필요가 있다. 이와
관련된 내용은 마지막 Blue Government의 조건인 '평형(Equilibrium)'을 다룰
때 성과보고(performance reporting)부분에서 다시 언급하기로 한다.

표 3-15 100대 국정과제 현황(예시)

국정목표	과제 번호	국정과제(주관부처)
고르게 발전하는 지역 (11개)	국정전략2: 골고루 잘사는 균형발전	
	78	전 지역이 고르게 잘사는 국가균형발전(산업부 · 행안부 · 국토부)
	79	도시경쟁력 강화 및 삶의 질 개선을 위한 도시재생뉴딜 추진(국토부)
	80	해운조선 상생을 통한 해운강국 건설(해수부)

주) 위의 각각의 국정과제는 복수의(평균 5~6개)세부실천과제로 구성되어 있음.
출처: 「문재인 정부 3년: 100대 국정과제 추진실적」, 대한민국정부, 2020.

그림 3-26 현 정부의 국가비전 · 목표 · 전략

국가비전	국민의 나라 정의로운 대한민국				
5대 국정목표	국민이 주인인 정부	더불어 잘사는 경제	내 삶을 책임지는 국가	고르게 발전하는 지역	평화와 번영의 한반도
20대 국정전략	1. 국민주권의 촛불 민주주의 실현 2. 소통으로 통합하는 광화문 대통령 3. 투명하고 유능한 정부 4. 권력기관의 민주적 개혁	1. 소득 주도 성장을 위한 일자리경제 2. 활력이 넘치는 공정경제 3. 서민과 중산층을 위한 민생경제 4. 과학기술 발전이 선도하는 4차 산업혁명 5. 중소벤처가 주도하는 창업과 혁신성장	1. 모두가 누리는 포용적 복지국가 2. 국가가 책임지는 보육과 교육 3. 국민 안전과 생명을 지키는 안심사회 4. 노동존중 · 성평등을 포함한 차별 없는 공정사회 5. 자유와 창의가 넘치는 문화국가	1. 풀뿌리 민주주의를 실현하는 자치분권 2. 골고루 잘사는 균형발전 3. 사람이 돌아오는 농산어촌	1. 강한 안보와 책임국방 2. 남북 간 화해협력과 한반도 비핵화 3. 국제협력을 주도하는 당당한 외교
100대 국정과제 (524개 실천과제)	15개 과제 (72개 실천과제)	26개 과제 (151개 실천과제)	32개 과제 (169개 실천과제)	11개 과제 (56개 실천과제)	16개 과제 (76개 실천과제)

출처: 정부업무평가위원회 홈페이지(https://www.evaluation.go.kr/psec/np/np_2_1_1.jsp).

(2) 공공기관의 목표와 중앙부처 핵심업무 및 국정과제간 얼라인먼트

위에서 살펴본 중앙부처로의 국정전략목표의 캐스케이딩처럼 공공기관도 해당 주무부처의 목표를 중심으로 얼라인먼트가 잘 이루어져 있어야 한다. 공공기관의 경우 이를 주요사업의 영역으로 볼 수 있는데 주요사업의 대표계량지표들이 주무부처의 중요한 성과지표인지를 확인할 필요가 있다. 많은 경우에 지표 간 연계성이 떨어지는 경우가 많고 주무부처의 핵심지표와 전혀 관계가 없는 지표가 사용되기도 한다. 더욱이 경영평가를 잘 받기 위하여 실제 공공기관들의 주요사업 계량지표들은 목표치 부여방식13)의 문제로 인하여 임계치에 다다르는 지표가 생기게 되고 이를 해결해 주기 위해 3년마다 지표를 개선할 기회가 주어

---

13) 목표부여(편차)방식이 가장 엄격한 방식인데 이는 "당해연도 실적과 최저목표와의 차이를 최고목표와 최저목표의 차이로 나누어 측정하되, 최고 · 최저목표는 5년간 표준편차를 활용하여 설정"하는 방법이다. 자세한 내용은 기획재정부(2019). 「2020년도공공기관 경영평가편람」 p.36 참조.

지면서 핵심 지표가 지속적으로 관리되지 못하고 주무부처와의 지표 연계성이 떨어지는 경우가 많다. 공공기관도 계량지표를 설정하면서 기관의 본연의 미션과 거리가 있는 지표를 선정하여 운영하게 되는 경우도 많기 때문에 이에 대한 조치가 필요하다.

2) 위험과 결과 사슬연계의 적용의 현황에 대하여

위험 – 결과 사슬연계와 관련하여서는 이미 이 책의 해당부분에서 다양한 사례를 통하여 직간접적으로 제시하였기 때문에 별도의 사례는 언급하지 않기로 한다.

다만 그동안 역대정부들의 정책실패 사례들을 고려해 보면 (물론 다 그런 것은 아니지만) 그동안 정부가 정책을 입안하거나 국회에서 법안을 발의할 때 문제해결에만 급급한 나머지 문제를 정확하게 정의하는데 많은 시간을 쓰지 못했다는 점을 강조하고 싶다. 결국 이러한 시간적 제약에 대한 압박은 정책을 시행하기 전에 반응성에 대한 위험분석을 게을리 하는 요인이 되었다고 생각한다.

또한 정책의 문제를 정의하거나 문제를 해결하는데 있어서 실증주의 기반의 정책관에 집중한 나머지 정책목표와 정책수단 간의 인과관계의 과학성을 강조하면서 오류를 더 증대시켰다고 볼 수 있다. 이러한 실증주의 기반의 정책관은 목표달성에 이른바 'one best way'가 있다고 믿는 경향을 강화시켜왔다. 이른바 조사방법론과 조사설계의 과학화에 지나치게 의존한 나머지 정책을 시행하고 이러한 인과관계를 입증하기에 급급했을 뿐 다른 대안이 있을 수 있다거나 다른 차원에서의 비계량적인 목표가 있을 수 있다는 점을 찾아내는데 많은 노력을 기울이지 못해왔다. 사실은 이 부분이 더 중요함에도 불구하고 말이다.

또한 실증주의 기반의 'one best way'식 접근은 정책평가로 인한 피드백을 불가능하게 만들었고 시행착오를 거듭하여 점진적으로 정책의 내용을 수정하고 개선해 가는 과정을 거치지 못하는 오류를 낳기도 하였다.

이제부터라도 Risk – Result Chain Linkage의 중요성을 알고 정책실패로 인한 사회적 비용을 줄이는데 힘써야 한다. 그것이 Blue Government가 가야 할 길이다. 완벽한 정책을 고안하자고 얘기하는 게 아니다. 우리 모두는 하나의 정책이, 5년 임기의 정부가, 소수의 공무원들이 낸 하나의 정책으로 사회문제를 한꺼번에 해결하거나 한꺼번에 급진적으로 세상을 바꿀 수 없다는 것을 너무나 잘 안다. 다만 하나의 정책이 올바른 궤도에 들어서게 하고 다른 정책들이 시행착 오를 겪으며 점진적으로 개선되어 세상을 점진적으로 변화시켜 나가는 것이 가 장 바람직한 것이라고 하는 데에는 의심의 여지가 없다. 소위 'Big Jump'는 위 험하며 Blue Government는 이를 경계한다.

Chapter

03

UNITY(사회 속에서의 정부의 역할에 관한 이야기)

1. 무엇이 조화(Unity)인가?

여기서 Unity란 직역을 하면 통합, 통일체 등으로 해석될 수 있으나 이것은 사회가 존재하는 모습 그 자체이다. 즉 우리가 살아가는 사회(Society)는 하나의 통일체(Unity)로서 존재해야 하고 그러한 통일체(Unity)는 사회구성원들이 공유된 가치(shared values)와 공동의 목표를 가지고 각자의 역할에 맞게 행동하며 조화롭게 노력하는 단일체를 의미한다고 할 수 있다. 이러한 의미에서 본서에서 Unity를 '통일체'라는 단어로 표현하기 보다는 '조화'라는 단어가 더 사회의 본질에 가깝다고 생각하여 '조화'로 표현하기로 한다. 따라서 조화(Unity)는 사회가 존재해야 하는 방식이므로 사회 속에서 정부가 핵심적인 역할을 수행하여 사회가 조화를 이루는데 기여해야 한다는 것이다. Unity를 신경쓰지 않는 정부는 무능한 정부이며 책임 있는 정부가 아니다. Blue Government는 사회의 조화로움 (Unity)을 위해 달려가는 유능한 정부이다. 그런데 어떻게 Blue Government가 조화로운 사회를 구현할 수 있을까? 그것은 정부의 통치기능(governing function)을 최대한으로 끌어내는 것과 깊은 관련이 있다. 그 방법들이 이제 아래에서 설명된다. 이를 위한 첫 번째 단계는 정부를 사회 안으로 끌고 들어오는 것이다.

2. 정부를 사회의 중심으로 끌어들이기

앞에서 기초(Basics) 부분에서 언급하였듯이 모든 기업의 핵심가치와 핵심목적은 그 기업이 속한 사회(society)와의 관계 속에서 설정된다. 이러한 핵심이념이 쉽게 변할 수 없는 이유는 바로 그 기업들의 근본적인 신념과 존재이유가 사회와 맞닿아 있기 때문이다.

그러나 이 사회를 얘기하는 부분에 지금까지 정부는 늘 기업과 마찬가지로 구성원의 일부로서 논의되어 왔다. 정부와 시장에 대한 논의들은 대부분 서로의 기능과 역할이 어떻게 다른가에 관한 것이었고, 정부와 시장(기업)에 대한 논리는 늘 이분법적이어서 정부가 시장에 어느 정도까지 개입하고 관여해야 하는가가 늘 논쟁의 대상이었다고 할 수 있다. 반면 사회와의 관계는 어떠한가? 정부와 사회에 대한 논의들 또한 정부가 어떻게 하면 사회를 공정하게, 행복하게 만들 수 있을까를 고민하였지(즉 무슨 일을 직접 나서서 하려고만 하였지), 정부가 사회 속에 존재하는 수많은 비정부조직들(non-governmental agencies)의 역할들을 조율하고 잘 동원하여 사회를 공정하게 만들고 행복하게 만들 수 있는 방법을 고민하지는 못했다.

조화로운 사회는 강력한 구심점을 필요로 하고 정부가 이 역할을 맡아 주어야 한다. 이것은 중앙집권적인 정부를 말하는 것이 아니라 강력한 리더십을 가진 오케스트라의 지휘자와 같은 역할을 하는 정부를 말하는 것이다.

수많은 사회구성조직들 사이에서 정부는 자신의 기능에만 의존하여 일을 처리하지만 그로인해 발생하는 사회시스템 전체에 대한 파급효과는 관심을 갖지 않는다. 누군가는 사회전체를 보고 지휘를 해 주어야 하는데 정부가 이 역할을 충실히 하지 못해왔다. 이래서는 조화로운 사회를 이룰 수 없다.

정부가 사회의 구성원이고 구성조직이지만 수많은 조직 중의 하나가 아닌 사회의 중심에서 역할을 하는 중요한 구성원이어야 한다.

이러한 의미에서 Blue Government는 정부의 고유기능인 '통치(governing)' 기능의 확대를 통하여 사회 속에서 더 강한 구심점으로서 정부의 역할을 수행하는 정부를 지향한다. 이 통치기능의 강화를 통해서 조화로운 사회를 이룩하려고 하는 것이다.

이제 우리가 속한 사회를 좋게 만들기 위해서는 정부는 사회 언저리에 머물러 있지 말고 사회 중심 속으로 깊숙이 들어와야 한다. 정부는 정치적·사회적 목표를 정하고 사회의 모든 구성원들(조직과 개인을 포함하여)을 각자의 역할과 기능에 따라 잘 배치하여 이들이 최대의 성과를 내어 정부의 목표가 달성될 수 있도록 만들어야 한다.

이 과정 또한 반응하는 정부를 만들기 위한 것이다. 중앙정부든 지방정부든 처한 상황에 따라 사회의 중심으로 나서는 데에 나름대로의 어려움이 있을 것이다. 즉 정부조직 내에서의 문화, 조직기관장의 리더십, 조직구조와 규칙(rule), 이해관계자 집단에 대한 의존도, 외부통제의 기제 및 강도여부에 따라 반응성의 정도가 달라지므로(Bryer & Cooper, 2007), 이러한 요인들에 대하여 정부 스스로가 진단과 함께 개선해 나가는 노력을 해나가야 한다.

3. Governing[1]과 Doing에 대한 이해: 전체(Whole)와 부분(Parts)에 대한 이야기

앞서 조직이 기본(Basics)을 잘 지키고 지표와 조직간 연계를 통한 얼라인먼트를 잘 구축하며, 위험－결과 사슬 연계(Risk-Result Chain Linkage)를 통해 정책문제를 명확하게 정의하고 나면 정부는 이제 구체적인 정책과 사업, 프로그램을 고안해 내고 일을 시작해야 한다.

그런데 정부가 일을 한다는 것은 어떤 의미일까? Drucker가 얘기한 것처럼 여기에는 두 종류의 일이 있다. 첫 번째는 집행 내지는 실행(doing)이고 두 번째는 통치(governing)이다. 그렇다면 둘 중 어느 것이 더 중요할까? 조화(Unity)를 지향하는 Blue Government에서는 통치(governing)를 훨씬 더 중요시 여긴다.

---

1) 여기서 'governing'에 대한 해석이 중요할 수 있는데 이것은 '협치'라고 하는 governance와는 구별되어져야 할 것 같다. 같은 맥락이긴 하지만 'governing'의 개념은 통치(統治)에 더 가까운 개념이다. 그러나 이것이 전체주의적 관점에서 행해지는 일방적인 통치를 의미하는 것이 아니며, 참여민주주의를 구현하면서 사회 모든 구성원(조직과 개인)들이 성과를 내도록 이끌어야 한다는 점에서의 통치를 의미한다. 따라서 '통치'는 '협치'를 포함하는 개념이며 그 이상을 넘어서서 정부가 의사결정을 하고 사회구성원들을 리드해 나가는 과정을 의미한다고 할 것이다. 즉 통치는 사회 구성원들과의 조화(Unity)를 위한 선제조건이다.

말 그대로 'Government'는 'govern'을 해야 한다. 그러나 이것이 정부가 doing 보다 governing을 더 잘해야 한다고 해서 이것이 정부의 역할과 기능축소를 의 미하는 것이 아니라는 점을 명심해야 한다. 오히려 사회의 중심에 governing 기 능을 통해 정부를 중심에 위치시킴으로써 그 어느 때보다 강력하고 유능한 정부 를 구현하려는 것이다.

그렇기 때문에 조직 성과관리에서도 실행단위인 과 단위보다 실·국 단위가 훨씬 더 중요하다. 실국차원에서 복수의 과들이 조화롭게 일을 할 수 있도록 governing을 해 주어야 하기 때문이다. 그러나 지금까지의 조직성과관리는 실국 의 기능을 가볍게 보고 과단위에서의 성과가 합쳐져서 실국의 성과가 되는 것으 로 잘못 이해되어져 왔다. 때로는 실국에게 별도의 집행기능을 부여하고 이에 집중케 함으로써 통치기능을 마비시키는 결과도 가져왔다.

본서에서는 이러한 governing 중심의 정부의 활동이 사회의 조화(Unity)를 달 성하고 사회 밖에 있던 정부를 사회 안으로 끌어들여 와서 사회의 중심에서 역 할을 하는 바람직한 정부의 모습을 구현할 것으로 확신한다. 결국 Unity는 사회 가 존재해야 하는 모습 그 자체이며 그 안에서 사회구성원들이 공유된 가치와 공통의 목표를 갖는 통일체여야 한다.

이것이 바로 Blue Government가 지향하는 세 번째 조건, 즉 조화(Unity)이 다. 이 세 번째 조건은 어떤 면에서 보면 정부가 지향해야 할 궁극적인 목적일 지도 모른다.

이상하게 들릴지 모르겠지만 Blue Government가 아닌 현대의 정부(Modern Government)들은 이미 통치하기가 어려운(ungovernable) 정부가 되어 버렸다. 불 행하게도 각각의 개별정부기관 또는 부처들은 자율권이 너무 강해져서 국가의 정책에 의해 움직이기보다는 자신들의 좁은 비전(their own narrow vision)에 의 해 움직인다(Drucker, 2003).

이 개별 기관들에 대한 강력한 통제력이 발휘되지 않으면 통치(governing)는 불가능하다. 모든 부처들이 각자의 목표만 보고 앞으로 나아가고 다른 부처들의 목표와 충돌하는지, 발목을 잡는지는 고려하지 않기 때문이다.

Drucker(2003)는 정부의 목적은 'doing'을 하는 것이 아니라 'governing'을 하는 것이라고 주장하였다. 궁극적으로는 사회 속에 존재하는 모든 조직들을 오케스트라 단원처럼 잘 모아서 성과를 내는 지휘자(conductor)의 역할을 해야 한다고 주장한다. 이때 지휘자는 악기를 연주해서는 안 되며 통치(governing)라는 것은 기본적으로 의사결정을 하는 것이기 때문에 결정을 하는 사람이 집행(doing)까지 하게 되면 둘 다 잘 할 수 없다고 강조한다.

그러나 이러한 Drucker의 주장이 정부가 doing을 전혀 하지 말고 governing만을 해야 한다는 것을 의미하는 것은 아니라고 생각한다. 각 중앙정부와 지방정부는 여전히 doing을 할 수 있다. 산하 공공기관을 통해서 'doing'을 할 수도 있고 때로는 직접 무언가를 'doing'의 형태로 하는 것이 가능하다. 그러나 여기서 'governing'과 'doing'의 차이점은 전체(whole)와 부분(parts)에 있다. 'governing'을 한다는 것은 지휘자로서 전체를 보고 부분의 기능들을 조율한다는 것이고 'doing'을 한다는 것은 전체를 보지 못하고 부분만 보고 갈 수 있다는 점이 바로 그것이다. 정부는 간혹 시장에서 민간 기업들이 문제를 만들어 낼 때 직접 동일한 상품이나 서비스를 제공하여 저렴한 가격에 제품이나 서비스를 제공함으로써 국민들에게 보다 나은 '가성비' 좋은 서비스를 제공하려고 한다. 그러나 이 경우에도 정부가 민간과 경쟁하여 최고의 서비스를 생산하겠다는 목표를 잡는 순간 정부는 'governing'을 하는 것이 아니라 'doing'만 하는 것이 된다. 자칫 최고를 추구하겠다는 민간기업의 행동이 사회 전체적으로 문제를 만들어 낼 수 있듯이 정부가 똑같은 방식으로 정부가 최고로 잘 할 수 있다고 주장하며 서비스 경쟁에만 집중한다면 이 또한 전체를 보지 못하고 부분만 보고 달려가는 기업과도 같은 것이다. 정부는 자칭 '솔로리스트'가 되어서도 안되고 사회구성조직들이 개별적으로 최고의 솔로리스트가 되도록 방치해서도 안된다. 여기서 얘기하는 개별적 솔로리스트는 자신의 전문성과 업적에만 심취한 나머지 옆에 사람들이 어떠한 소리를 내고 어떻게 일하는지를 신경 쓰지 않게 만든다. 이 사회는 협연이 필요하고 협연은 각각의 개인들이 자신의 역량을 최대로 발휘하기만 하는 것이 아니라 옆의 연주자들과 소통하며 나서야 할 때와 나서지 말아야 할 때를 구분하며 가는 것이다.

흔히들 말하는 정부규제는 대표적인 'governing' 기능이지 'doing' 기능이 아니다. 정부는 사회전체를 보고 사회를 구성하는 조직들에게 공동체의 이익을 위해 넘어서는 안될 선을 그어주어야 하고 각각의 장점을 극대화하여 조화롭게 성과를 함께 낼 수 있도록 유도해 주어야 한다.

청와대가 지휘를 하고 행정안전부도 지휘를 해야 한다. 문화체육관광부도 지휘를 해야 하고 보건복지부도 지휘를 해야 한다. 지휘자가 정부부처의 수 만큼 존재하지만 훌륭한 지휘자들은 서로 소통하며 옆의 부처(오케스트라단)가 어떤 연주를 하고 있는지도 살펴보고 국민들에게 아름다운 협연을 들려주기 위해 노력한다. 청와대는 총괄지휘자가 되어야 하고 각 부처의 장들은 해당 목표를 중심으로 지휘자가 되어야 한다. 국민은 늘 아름다운 협연의 소리를 들을 권리가 있다. 불협화음이나 귀에 듣기 거북한 엉망진창의 잡음을 국민에게 들려주어서는 책임 있는 정부라고 할 수 없다.

4. 통치역량(Governing Capacity)과 조화(Unity)

이를 위해서는 정부의 역할이 사회의 구심점으로서 매우 중요한데 이 역할은 정부가 doing에만 집중해서는 구심적 역할을 할 수 없으며 정부 내부에 governing을 담당하는 기능이 작동할 때만 비로써 진정한 Unity로서의 사회가 만들어 진다는 것이다. 여기서 Unity로서의 사회를 만들기 위한 통치동심원(Governing Concentric Circle)을 제시하고자 한다.

먼저 동심원의 핵심부분을 보면 정부 그 자체가 존재하고 다음 원에는 정부기관에 대한 통치(governing)가 있어야 한다. 이것은 공공부문을 구성하는 정부기관들이 공동의 목표와 믿음체계를 가지고 일사불란하게 한 방향으로 움직여야 한다는 것을 의미하며 이를 위해서는 수직적 의미의 통치(governing)가 작동하여야 한다.

세 번째 원에는 비정부기관들에 대한 통치(governing)가 있다. 이것은 수직적 개념이 아닌 수평적 통치(governing)를 의미하는 것으로 사회의 모든 비정부조직들을 모으고 이들이 각각의 역할과 영역에 따라 성과를 낼 수 있도록 지원하는 통치기능을 말한다. 여기의 중심에 역시 정부가 있어야 한다.

네 번째 원에는 비정부기관들과 시민들에 대한 통치(governing)가 있다. 세 번째 원에서 비정부기관들에 대한 통치를 통해 시민에게 서비스를 하는 것이 목적이었다면 통치의 대상에 개별 시민들을 더 추가하는 것이다. 이때에도 시민들은 자신들의 각자의 직업과 성별, 배경, 경험 등 각기 다양한 환경으로부터 갖추게 된 재능들을 마음껏 발휘하여 사회의 문제를 해결해 나가게 되고 정부는 이를 지원하게 된다.

결국 마지막 네 번째 원이 가장 강한 원심력을 갖게 되고 그것은 가장 구심점에 위치한 정부가 얼마나 강력한 governing의 힘(power)을 발휘하느냐에 따라 원심력의 세기가 결정된다. 네 번째 원의 원심력이 강해질수록 우리사회는 최고의 Unity가 확보된 사회가 되어 다섯 번째 원으로 최종적으로 이동할 것이다. 이런 의미에서 정부의 체계화된 통치(governing)를 통한 사회적 조화(Unity)의 확보는 사회통합과도 직간접적으로 매우 밀접한 관련이 있다. 다양한 이해관계와 소득수준의 격차, 현실에 대한 문제의식과 미래에 대한 인식의 차이에 이르기까지 다양한 생각을 가진 사회구성원들이 함께 조화롭게 공존하기 위해 필요한 것은 사회공동의 목표와 가치들이 공유되며, 이를 구현하기 위해 각자의 역할이 있음을 느끼고, 직접 참여와 체험을 통해 사회의 응집력(cohesion)을 키워 나가게 된다.

그림 3-27   사회의 조화(Unity)를 위한 정부의 Governing Capacity 동심원 모형

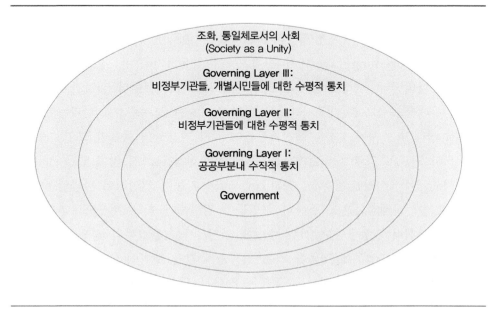

1) Governing Layer I: 공공부문 내 수직적 통치(Vertical Governing)

먼저 첫 번째 Governing Layer는 공공부문 내에서의 통치에 관한 것이다. 가장 협의의 통치이지만 가장 중요한 통치일 수 있다. 왜냐하면 이 부분이 안 된 상태에서 다음 원에 있는 두 번째 수평적 Governing 단계로 이동하게 되면 매우 위험한 상황이 발생한다. 즉 정부 행정기관 간 조율과 정리가 안 된 상태에서 독자적인 행정기관이 중심이 되어 사회 깊숙이 들어가 비영리기관들을 통치해 나가는 것은 더 큰 문제를 야기시킨다. 독자적인 개별 행정기관이 모두 이렇게 한다고 생각해 보자. 이것은 정책에 있어서 큰 혼란을 초래하여 사회의 Unity를 무너뜨리게 되는 것이다.

이 단계에서는 우리의 경우 청와대(Blue House)가 중앙정부들에 대하여 통치를 해야 하고, 중앙부처는 각 부처내의 부서들을 통치해야 하며, 외청과 산하기관을 통치해야 한다. 여기서 '통치'라는 말을 '간섭'이라는 말과 혼용해서는 안 된다. 또한 광역자치단체는 기초자치단체를 통치해야 하지만 광역자치단체가 기초자치단체를 통치하기란 쉽지 않은데 그 이유는 선출직으로 당선된 장들이 소속정당이 다를 수 있기 때문이다. 그러나 최소한 광역수준에서 통치를 위한 기능을 두고 기초자치단체를 통치하려고 노력해야 하며 그것이 어려우면 지방자치단체들을 총괄 지원하는 행정안전부에 그 기능이 있어야 한다.

첫 번째 Governing Layer에서 통치기능이 작동하지 않는 경우는 현실에서 다양하게 나타난다. 이하에서는 주로 언론에 보도된 내용들과 필자가 현장에서 관찰한 사례를 중심으로 대표사례들을 뽑아서 예시를 보여주기로 한다.

먼저 아래의 <사례 1>은 행정기관들이 각자 자신들의 목표만 보고 가는 상태에서 타 기관의 영역에서 일어나는 일에 전혀 신경을 쓰지 않고 일을 하는 경우(즉 'doing'에만 열심인 경우에), 통치(governing) 기능이 결여되어 나타나는 문제점들이다. 이 문제점들은 고스란히 시민들이 감당해야 하는 비용으로 나타나고 지속적인 사회적 갈등을 유발시킬 수밖에 없다. 사실 환경부의 경우 업무의 특성상 다른 부처의 업무에 제동을 거는 정책들이 많을 수밖에 없다. 특히 산업적 규제완화를 요구하는 산업부와 충돌하는 경우가 많고 숲과 관련하여서도 숲을 가꾸고 인공적으로 손을 대려는 산림청과 자연 그대로 놓아두어야 한다는 환경부의 입장이 늘 충돌해 왔다. 이렇게 루틴하게 발생하는 목표충돌의 영역에 대한 통치(governing)가 필요한 시점이다.

> **사례 1**
>
> 환경부에서 매년 상수원 보호를 위해 천문학적인 국민의 혈세를 투입하고 있지만 다른 행정기관에서는 오염을 부추기는 무허가 음식점 영업을 활성화시키고 있는 문제가 발견된다. 무허가 음식점은 카드단말기를 사용할 수 있는데 관할세무서의 입장은 세금 징수를 위해 무허가 음식점에게는 미등록 가산금을 받고 사업자등록증을 발급하고 있다는 것이다. 심지어 세무서에서는 국립공원에서 무허가 영업을 해도 자신들은 사업자등록증을 발급한다고 밝혔다. 자치단체에서는 형식적인 단속만 한다. 결국 수도권 주민의 식수원인 팔당호 보호구역에서는 상수원 보호행정, 관할 자치단체의 무허가 업소 행정, 세무행정의 손발이 맞지 않고 있는 것이다.
>
> 출처: 「에코뷰 & 함께 사는길」, "엇박자 행정이 상수원 오염 부추긴다", 2007.5.17., 이철재 기자.[2]

또한 지역에서 지방자치단체와 또 다른 행정기관 사이에 사전 교류가 이루어지지 않아 시민의 입장에서 큰 불편을 겪는 사례 또한 통치(governing)의 필요성을 절감하게 한다. 다음은 지방자치단체와 교육청간 교류가 결여되어 시민이 불편해지는 경우이다.

> **사례 2**
>
> 학교를 세우는 것이 교육청의 역할이라면 혁신도시 건설을 준비하는 지방자치단체의 입장에서는 아파트 입주민이 들어오기 전에 교육청과 적극 협의하여 학교가 먼저 들어설 수 있도록 조치해 놓아야 한다. 병원과 학교가 안 들어 선 상태에서 아파트만 들어선다고 서울에서 공공기관 종사자들이 몰려들지 않는다. 그들은 결국 혁신도시에 살지 않고 인프라가 갖추어져 있는 배후도시로 이주하여 살게 된다. (A 자치단체 OOO 팀장)
>
> 출처: 이석환(2012. 3). ○○시 성과관리시스템구축 컨설팅 인터뷰 자료.

한편 통치기능의 결여 문제는 비단 서로 다른 행정기관 간에만 존재하는 게 아니다. 심지어 한 행정기관 내에서도 서로 다른 부서들, 산하기관 또는 외청 들

---

2) <http://www.hamgil.or.kr/%EB%AC%BC%ED%95%98%EC%B2%9C/%EC%97%87%EB%B0%95%EC%9E%90-%ED%96%89%EC%A0%95%EC%9D%B4-%EC%83%81%EC%88%98%EC%9B%90-%EC%98%A4%EC%97%BC-%EB%B6%80%EC%B6%94%EA%B8%B4%EB%8B%A4-%EC%9D%B4%EC%B2%A0%EC%9E%AC, Accessed on Jan. 7, 2021.>

사이에서의 칸막이로 인하여 통치기능이 마비됨으로써 예산이 낭비되는 경우가 심심치 않게 발생한다. 아래의 사례들은 그 단면을 보여준다.

사례 3

　환경부에서는 백두대간 생태통로 복원사업계획에 따라 야생동물 보호를 위한 생태통로 조성을 시작하였다. 그런데 이 지역으로부터 불과 몇 백 미터 떨어진 곳에 태양광발전소가 들어선다. 아이러니 하게도 원주지방환경청에서 환경영향평가를 내 주었기 때문이다. 즉 야생동물 생태통로를 만든 것도 환경부이고 인근에 태양광발전소가 들어서서 야생동물 서식지가 사라지게 만들어 생태통로를 무용하게 만드는 곳도 환경부라는 얘기다...

　　　출처: 「YTN 뉴스」, "동물도 없는데 생태통로... 주먹국식 위치선정", 2018.12.17., 송세혁 기자.[3]

사례 4

　서울시 푸른도시국이 '시청앞 덕수궁 플라타너스 가로수 제거 반대 청원'에 공론화 과정을 거치기로 했으나 같은 시 소속의 도시교통실이 지난 7월 시작한 '세종대로 사람숲길'의 선형공사를 연내 마무리한다고 밝혔다. 서울시는 이번 사업의 일환으로 덕수궁 앞을 수십 년간 지켜온 아름드리 플라타너스 벌목을 위한 준비에 나섰다가 지난달 26일 시민들의 항의로 해당 구간 벌목공사를 중단한 상태인 상황에서 시민공론화 과정을 추진하기로 한 푸른도시국과 이를 무시하고 일정을 강행하려는 도시교통실의 행태는 시민들에게 혼선을 줄 뿐만 아니라 시정에 대한 신뢰도를 떨어뜨릴 수밖에 없는 것이다.

　　　출처: 「환경과 조경」, "세종대로 사람숲길 서울시 교통실－푸도국 행정 엇박자", 2020.12.27., 이형주 기자.[4]

또한 중앙행정기관이 역시 칸막이행정으로 인하여 공급자의 입장에서만 각자의 사업에 몰두함으로써 전체를 보지 못하고 해당 사업의 결과물이나 사업자체가 무용지물이 되는 나타나는 어처구니없는 예산낭비가 나타난다. 결국 야생동물보호는 야생동물의 입장(이것은 정책문제를 정의할 때 당사자의 입장에서 봐야 하는 것과 마찬가지이다)에서 정책이나 사업이 설계되어야 하는데 공급자의 입장에서 설계되다 보니 예산만 낭비되는 결과를 가져왔다(<사례 5> 참조).

---

3) <https://www.ytn.co.kr/_ln/0115_201812170133055842, Accessed on Jan. 7, 2021.>
4) <https://lak.co.kr/news/boardview.php?id=10341, Accessed on Jan. 7, 2021.>

> **사례 5**
> 국토부는 최근 야생동물이 차에 치여 죽는 것을 방지하기 위한 이른바 로드킬 방지 울타리를 설치했다. 길이만 1km에 이르는데 도로 사이를 잇는 생태통로가 없는 상태에서 울타리만 설치하다 보니 오히려 동물들의 자유로운 이동을 방해하는 결과를 낳았고 예산은 수십억 원이 낭비되었다.
>
> 출처: 「YTN 뉴스」, "동물도 없는데 생태통로... 주먹구구식 위치선정", 2018.12.17., 송세혁 기자.[5]

또한 통치기능의 마비는 광역자치단체와 기초자치단체간에도 나타난다(<사례 6> 참조).

> **사례 6**
> 최근 경상북도가 구미시에 도시숲을 조성해 미세먼지를 줄이고 열섬현상도 완화하기 위해 도내 도시숲과 가로수길 등 68곳의 조성·정비계획을 수립하였는데 구미시에는 200억원을 들여 도시바람숲길을 조성할 계획이며 올해 실시설계를 거쳐 2021년까지 완공 예정이다. 그러나 구미시는 민간공원화 사업과 8천세대의 아파트단지 조성계획을 세우고 숲을 없애려고 하고 있다. 즉 수백억 원을 들여 나무를 심겠다는 경상북도와 숲을 개발해 주택단지로 만들겠다는 구미시간의 엇박자 행정으로 혈세 낭비가 우려되고 있다.
>
> 출처: 「현대 HCN 새로넷 방송뉴스」, "나무 심는다는 경북도와 숲 개발한다는 구미시 엇박자행정", 2019.5.22., 김현우 기자.[6]

때로는 국가가 주요한 성장 동력으로 인식하고 추진하는 사업들 가운데 각 부처가 서로의 입장에서 서로 다른 규제를 내놓는 바람에 관련 사업이 힘들어지는 경우가 있다. 요즘 시장에서 많은 관심을 받고 있는 온라인 동영상 서비스 (OTT) 사업이 그것이다. 아래의 <사례 7>을 보자.

---

5) <https://www.ytn.co.kr/_ln/0115_201812170133055842, Accessed on Jan. 7, 2021.>
6) <https://blog.naver.com/hcnnewser/221543578461, Accessed on Jan. 7, 2021.>

> **사례 7**
>
> 현재 OTT 정책은 방송통신위원회·과학기술정보통신부·문화체육관광부가 각축전을 벌이고 있다... 방통위는 최근 'OTT 활성화 협의체'를 구성해 정책지원을 하겠다고 밝힌 반면, 과기부는 'OTT 법제도 연구회'를 만들었고, 문체부는 'OTT 콘텐츠 글로벌 상생협의회'를 발족시켰다... 결국에는 문체부와 과기부, 방통위 간 서로 다른 규제를 시장에 내놓을 가능성이 크며 이러한 규제들이 시장에 미칠 혼선은 비용으로 나타날 것이다. 문제는 이에 OTT 거버넌스가 부재하다는 것이다.
>
> 출처: 「미디어스」, "정부 OTT 거버넌스 문제있다", 2020.9.23., 윤수현 기자.[7]

더 나아가 규제와 진흥정책간에 충돌이 일어난 경우가 많다. 같은 사례인 OTT 시장의 경우 저작권을 담당하는 주무부처인 문체부와 OTT 정책 활성화 정책을 담당하는 과기부와 방통위 간에 마찰이 생길 수밖에 없다. 아래의 <사례 8>에서 저작권 요율을 둘러싼 갈등을 보자.

> **사례 8**
>
> 최근 문체부가 OTT 사업자에 대해 음악사용료(저작권) 요율을 2026년까지 최대 1.9995%로 확정하였는데 이에 반발한 일부 국내 OTT 업체들이 행정소송을 제기할 방침이다... 앞서 정부는 지난 6월 범부처 '디지털미디어 생태계 발전방안'을 발표하면서, 국내 OTT 사업자의 빠른 성장과 글로벌 진출을 지원하기 위해 최소 규제 방침을 내세운 바 있는데 문체부의 이러한 결정은 이러한 최소규제 원칙과 상반될 수 있다.
>
> 출처: 「디지털데일리」, "OTT 저작권 갈등에 정부 엇박자만... 규제−진흥 갈림길로" 2020.12.17., 권하영 기자.[8]

또한 부처 간 고유목표 달성노력이 본질적으로 충돌할 경우 통치기능이 작동하지 않아 발생하는 정책실패 사례는 많다. 부동산 정책과 교육정책 간 충돌은 비일비재하게 일어난다. 아래의 <사례 9>를 보면 그 단면을 알 수 있다.

---

7) <https://www.mediaus.co.kr/news/articleView.html?idxno=193921, Accessed on Jan. 7, 2020.>

8) <http://www.ddaily.co.kr/news/article/?no=206593, Accessed on Jan. 7, 2020.>

> **사례 9**
>
> 부동산 정책은 필연적으로 교육정책과 밀접한 연관을 맺고 있다. 특히 한국에서는 더 그렇다. 국토교통부는 부동산 시장 안정화를 위해 다양한 정책으로 대응하고 있는 반면 교육부는 자사고와 특목고를 일반고로 전환하는 정책을 펼치고 있다. 이는 결국 강남 일반 고의 수요를 확대시켜 유명 일반고 주변의 강남 아파트 입주에 대한 수요를 부축이게 되었 고 전월세와 매매 가격을 상승시켜 국토부의 부동산 정책에 걸림돌이 되는 결과를 낳았다.
>
> 출처: 「조선일보」, "교육 정책과 부동산 정책이 충돌, 강남 집값 잡기 어렵다" 2020.9.16.,
> 김기훈 기자.[9]

이상의 9가지 사례에서 살펴보았듯이 공공부문 내에서 행정기관 간 칸막이나 사일로 효과(silo effect)로 인한 폐해는 심각하다. 그러나 이 책의 Linkages에서 도 언급했듯이 에스노그라피의 관점에서 당사자의 관점에서 문제를 정의하다 보면 해당 행정기관들은 본인들이 하는 일 외에 다른 부처나 기관들이 함께 협력해 주거나 양보해 주어야 하는 부분들이 자연스럽게 드러나게 된다. 그러나 이 경우에 주무부처나 기관이 이 문제를 해결할 수 없다. 주무부처는 악기를 연주하고 있는 당사자이고 동시에 오케스트라의 지휘자가 될 수는 없기 때문이다. 따라서 별도의 지휘자가 BH(Blue House)[10] 차원에서 필요한 것이고 BH는 이러한 통치기능 강화에 많은 신경을 써야 한다. 오케스트라의 지휘자가 되어야 할 BH가 통치기능을 상실하고 관여 내지는 간섭만 한다면 그건 불행한 정부가 된다.

2) Governing Layer II: 비정부 기관들(Non-Governmental Agencies) 에 대한 수평적 통치(Horizontal Governing)

동심원의 두 번째 원은 정부가 사회 한복판으로 들어와서 이제 기존에 했던 'doing'을 버리고 완전한 의미의 'governing'으로 기능전환을 하는 상태를 말한다. 아직 이러한 형태의 통치(governing) 사례가 많지는 않지만 국내에서도 일부 지방자치단체나 공공기관에서도 나타난다. 사실 기재부의 경영평가를 받는 준정

---

9) <https://www.chosun.com/economy/economy_general/2020/09/16/OLKKKAUHWV APZFENTGAWGMXFAI/?utm_source=naver&utm_medium=original&utm_campaign=new s, Accessed on Jan. 7, 2021.>

10) 사실상 이 책에서는 Blue Government에 대한 이야기를 하고 있지만 청와대(Blue House)도 말 그대로 B·L·U·E House여야 한다.

부 공공기관 중 위탁집행형 공공기관들은 이러한 기능을 수행하고 있는 것인데 이 두 번째 동심원에서 강조하고자 하는 형태는 이러한 공공기관들이 정부의 몸체가 아닌 민간의 몸체여야 한다는 것이다. 그래야 더 효율적으로 정부도 비용을 줄여가며 일을 할 수 있다.

물론 이것이 작은 정부를 의미하는 것은 아니라는 점은 이미 밝힌바 있다. 그러나 장기적으로 정부가 비대해 지고 더 이상 몸무게를 감당할 수 없는 시점에 다다르면 문제는 심각해진다. 물론 여기서 미래정부에 대한 이야기를 새롭게 시작할 수는 없으므로 지면관계상 더 이상 논의는 하지 않는다.

다시 지방자치단체의 사례로 돌아가면, 지역사회에서 지방정부가 본인들이 일을 직접 하지 않고 지역에 있는 대학, 비영리 단체들과 위탁계약을 맺고 공공의 목적을 달성하기 위하여 일하는 모습을 발견할 수 있다. 이것이 바로 2단계의 통치유형이다.

아래의 사례는 서울시의 성북구에서 「성북구청소년상담복지센터」를 개설하고 관내에 있는 국민대학교를 법인으로 선정하여 업무를 위탁하여 운영하고 있는 사례이다. 아래의 그림에서 볼 수 있다시피 지방정부인 성북구가 중앙에 위치하고 있고 지역 내의 다양한 정부·비정부 기관들과 연계하여 지역사회의 청소년 상담과 복지지원 프로그램을 운영하고 있다.[11] 그러나 여기서 이 사업은 기존의 단순한 위탁사업이 아니라 관내 대학을 참여시킨 후 지방정부가 그 지역의 네트워크를 연결하여 주고 네트워크를 구성하는 모든 기관들이 협력하여 성과를 창출하게 돕는다는 점에 주된 특징이 있다(<그림 3-28> 참조).

최근 센터에서는 여러 활동 중의 하나로 청소년의 진로계획에 도움을 주는 것과 동시에 지역사회 내 교육협력 모델을 발굴하기 위해 예술분야에서의 직업과 진로결정 관련 멘토링을 실시하였다. 예술에 관심이 있는 성북구 관내 중고등학생을 대상으로 진행되었는데 국민대학교의 해당분야 전문교수진과 연구진들이 멘토로 참여하였고 프로그램 1기로 선발된 학생들에게 적성과 꿈을 탐색하게

---

11) 성북구 청소년 상담복지센터는 청소년복지지원법 제29조에 근거하여, 여성가족부, 서울특별시, 성북구청으로부터 국민대학교가 위탁을 받아 설치 운영되고 있는 '청소년 상담전문기관'이며, 본 센터는 성북구 관내의 청소년들에게 cys-net, 학교 청소년 지원센터, 청소년동반자에서 상담, 긴급구조, 정서지원, 교육 프로그램 등 다양한 지원을 하고 있다. 자세한 내용은 센터 홈페이지 참조. <http://www.sb1318.or.kr/>

하고 고민을 해결하게 하는 과정이다.

　이와 같이 성북구는 관내 대학의 전문적 영역에서의 자원을 지원받을 수 있고 대학은 그 특수성과 강점을 살려 성과를 창출할 수 있는 것이다.[12] 진정한 통치를 하는 지방정부의 한 모습이라고 할 수 있다. 향후 청소년상담 분야뿐 아니라 다른 영역까지도 관내 다양한 대학들이 지역사회에 기여하고 성과를 낼 수 있도록 영역을 확장해 나가야 한다. 이것은 별도의 청소년상담을 위해 성북구나 서울시가 새롭게 조직을 만들고 인력을 충원하는 방식이 아니다. 즉 정부가 직접 'doing'을 하지 않고 'governing'을 함으로써 세금으로 운영되는 정부의 몸집을 늘리지 않고 더 효과적으로 효율적으로 일을 하게 되는 것이다.

그림 3-28 청소년상담복지센터 네트워크 체계도

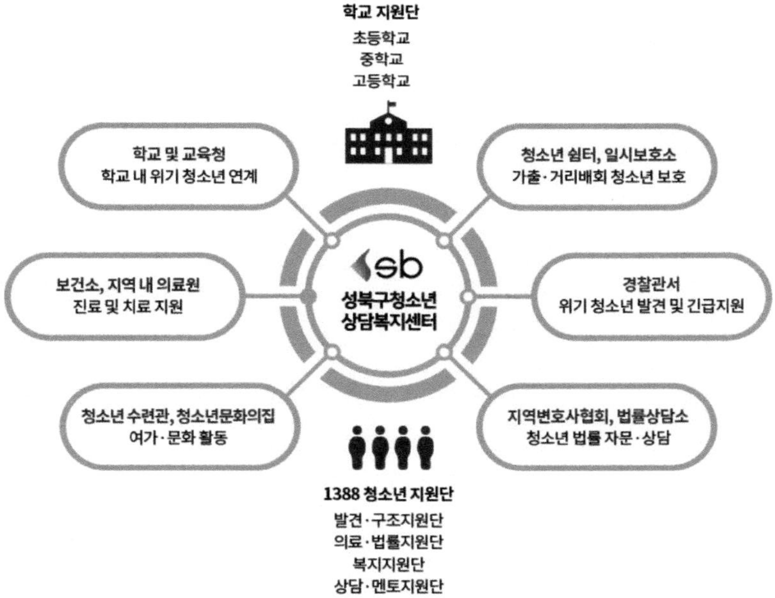

출처: 청소년 상담복지센터 홈페이지.

---

12) 더 자세한 내용은 국민대학교 뉴스플러스 홈페이지 참조. available at <https://www.kookmin.ac.kr/comm/board/user/505778f2d4a04163de6ee5fee35d9bb9/view.do?currentPageNo=1&searchTy=0000&searchValue=%EC%9D%B4%EC%88%98%EC%A7%84&dataSeq=1072648&parentSeq=1072648, Accessed on Jan. 7, 2021.>

사실 현재까지 이러한 두 번째 유형의 모습은 현실에서 찾아보기 쉽지 않다. 현재 대학들이 산학협력을 통하여 기업들과 손잡고 함께 성과를 내는 모습은 어렵지 않게 찾아 볼 수 있으나 여기에 중앙정부나 지방정부는 역할이 빠져 있다. 굳이 말하자면 교육부 정도가 재정지원사업 등을 통해 대학들의 산학협력 노력을 격려하고 그 성과를 평가하여 지원금을 지원해 주는 정도가 현재까지의 주소이다. 여기에 정부가 들어와야 하는 가장 중요한 이유는 정부는 많은 공공데이터를 보유하고 있고 이 데이터에 기초하여 다양한 네트워크를 발굴하여 기관들을 연결해 줄 수 있으며 정부가 어떤 모습을 그리느냐에 따라 (그것이 특정한 산업분야이든 공공의 안전을 꾀하는 분야이든 간에) 사회의 다양한 비정부기관들이 목적에 따라 모여가면서 성과를 내게 하는 것이 가능한 것이다.

위의 성북구 사례는 단순한 구청 업무의 위탁계약(contracting out)을 의미하는 것이 아니다. 현재 청소년상담업무는 상당수의 자치단체에서 위탁의 형식으로 운영하고 있는데 문제는 정부가 이러한 사업을 수행할 비정부기관들을 선정하는데 있어서 얼마나 적합하고 역량 있는 기관을 선정하여 운영하느냐 하는 것도 성공의 중요한 조건이 된다는 것이다. 만일 수탁업체가 기본적인 인프라와 전문인력을 갖춘 대학이 아닌 다른 소규모 법인이나 단체가 된다면 (이 단체나 기관들이 수탁할 자격이 없다는 것이 아니라) 그 사업을 수행해 낼 수 있는 역량이 얼마나 되는지를 선별하는 것도 오케스트라의 지휘자로서의 정부의 중요한 역할이다. 그리고 더 나아가 이 기관들이 지속적으로 역량이 개선될 수 있도록 지원해 주는 것도 정부여야 한다는 것이다. 이것이 진정한 의미의 통치(governing)라고 할 수 있으며 함께 성장하는 사회를 만드는 지름길이다.

물론 아직 이러한 방식이 초기단계여서 지방정부의 통치역량이 강화되는 것도 선결과제이다. 대학이 일을 잘 할 수 있고 성과를 내어 윈-윈 할 수 있도록 지원하는 것이지 필요 이상으로 간섭하거나 관료주의적 사고로 사업운영에 걸림돌이 되어서는 안 된다. 지방정부는 3년의 계약을 통하여 성과여부에 따라 수탁업체를 재선정할 수 있지만 3년의 계약기간 동안 수탁업체가 성과를 낼 수 있도록 적극적인 지원을 해주어야 한다. 단순히 맡겨놓고 간섭만 하며 3년 뒤에 수탁업체를 바꾸는 방식으로는 함께하는 조화된 사회를 만들 수 없다. 그 업체는 그 사회 속에서 성과를 못내는 업체로 전락할 것이고 이것은 Unity의 개념에도 부합하지 않는다. 다시 말해 그만큼 지방정부의 책임도 크다는 것을 의미한다. 이것은 마치 조직에 저성과자가 있을 때 그 저성과자는 스스로 만들어진 것이 아니라 저성과를 내도록 방치한 상관도 책임이 있고 그 상관도 결국 저성과자라는 논리와 마찬가지 이야기이다.

결국 Governing Layer II가 성공하기 위해서는 참여하는 비정부기관들의 역량과 함께 이를 잘 판단하고 선별하는 지방정부의 역량이 매우 중요하다. 청소년 상담업무와 관련하여서는 성북구가 사실상 최근까지 직영을 하다가 늦게 위탁한 사례이기 때문에 이보다 먼저 시행하고 있는 자치단체들이 많다. 그러나 늦게 시작했지만 가장 우수한 사례로 평가받고 있다.

3) Governing Layer III: 비정부 기관들(Non-Governmental Agencies) 과 개별 시민들에 대한 수평적 통치(Horizontal Governing)

세 번째 원은 3단계에 해당하는 통치 막(governing layer)으로 이제 조직화된 비정부 기관들과 함께 조직화 되지 않은 개별시민들을 함께 참여시켜 통치를 하는 단계이다. 이것이 사실상 정부의 통치기능의 최고로 성숙된 단계라고 할 수 있고 이러한 유형의 통치가 구현될 때 우리사회는 진정한 Unity로서 성장할 수 있다고 믿는다. 통치에 개별시민들을 끌어들이기 위해서는 우선 시민들이 (지역)사회를 위하여 어떠한 역할을 할 수 있는지부터 파악하여야 한다.

가. 시민의 역할을 바라보는 5가지 유형: 오케스트라의 단원으로서의 시민

Epstein, Coate, and Wray(2005)는 시민이 지역사회발전을 위하여 5가지 유형으로서의 역할을 한다고 보고 이 다섯 가지 시민의 역할을 강화하고 지원하는 방안을 제시하였다. 이러한 유형분류는 정부로 하여금 통치(governing)에 시민들을 초대할 때 어떠한 영역에서 역할을 맡길지에 대한 부분과 그 영역에서 시민들의 역량을 키워나가기 위해 정부가 무엇을 지원해야 할지에 대한 방향성을 제시해 준다. 즉, 정부가 시민들을 어떠한 역할로 오케스트라에 단원으로 초대하고 어떻게 개별단원들이 성과를 내게 할지에 대한 가이드라인을 제공한다는 것이다.

표 3-16 시민의 주요한 5가지 역할과 강화방안

주요역할	역할을 강화하기 위한 접근들
Citizens as stake holders	− 시민들이 지역사회에서 서로 조직화하는 것을 도와야 함 − 시민들이 이해관계자로서 자신들이 관심 있어 하는 부분에 영향을 미칠 수 있는 기회가 주어질 수 있게 지원해야 함
Citizens as advocates	− 시민들이 기술적·정치적인 도움을 받아 그들의 영향력을 발견할 수 있도록 도와야 함 − 시민들이 어떻게 일이 돌아가는지를 알 수 있게 돕고, 서로에게 배울 수 있도록 도와야 함
Citizens as Issue framers	− 시민들이 서로에게 귀 기울이고 어려운 결정을 할 수 있는 담론의 장과 절차를 마련해 주어야 함 − 시민들이 초기 아젠다 세팅에서부터 문제의 정의, 해결책의 발견에 이르기까지 참여할 수 있도록 도와야 함 − 시민들이 지역사회중심의 해결책을 낼 수 있고 영역을 가로지르는 문제해결을 할 수 있도록 도와야 함
Citizens as evaluators	− 시민들의 평가가 엄격하고 신뢰할 만하며 유용할 수 있도록 지원을 해야 함 − 시민들에게 주기적으로 시민들이 관심 있어 하는 이슈들에 대하여 성과보고를 해야 함
Citizens as collaborators	− 시민들이 그들의 목소리가 들리게 하고 이해관심사가 존중받을 수 있게 도와야 함 − 시민들이 서로 다른 이해관계를 가지고 있는 타인들을 인정하고 이를 넘어서 전체 지역사회를 위한 해결책을 낼 수 있도록 도와야 함 − 시민들로 하여금 공동생산자로 활동할 수 있는 기회를 부여하여야 함 − 시민들이 지역사회의 자산(시민들을 포함)을 찾아내게 돕고 영향력을 미칠 수 있도록 도와야 함 − 공동생산 프로젝트에 불을 붙일 수 있는 모멘텀을 제공하고 지역사회를 조직화할 수 있도록 도와야 함

출처: Epstein, P.D., Coates, P.M., & Wray, Lyle D.(2005). *Results that matter: Improving communities by engaging citizens, measuring performance, and getting things done.* San Francisco, CA: Jossey−Bass, p. 21.

위의 표에서 보듯이 시민을 이해당사자(stake holders)로 보고 이 역할을 맡기게 되면 정부가 정책이나 사업을 추진할 때 왜 정부가 시민들이 중요하다고 보는 것에 똑같이 관심을 가져야 하는지를 설명해 줄 수 있다. 이것이 바로 반응성(responsiveness)의 출발점이다. 정부가 보는 시각과 시민이 보는 시각이 다르다 해서 무시하거나 중요하지 않은 이슈로 폄하하면 안 되는 이유가 여기에 있다.

시민을 지지자(advocates)로 보면 성과지표의 공개와 이를 통한 소통이 얼마나 중요한가를 알려주며, 시민을 이슈 제안자(issue framers)로 보면 토론과 담론

의 장을 만들어 주는 것이 중요하다는 것을 알게 된다. 또한 시민을 평가자 (evaluators)로 보면 정부의 성과가 얼마나 체감되며 시민들이 원하는 것이 해결 되고 있는가를 판단하는데 시민들의 참여가 얼마나 중요한지를 알게 되고, 시민 들을 협력자(collaborators)로 보면 시민들이 적극적으로 서비스와 정보 생산에 함 께 기여하고 더불어 사는 사회를 만드는 과정이 얼마나 중요한지를 알게 된다.

이하에서는 정부가 통치를 통하여 시민들을 어떻게 다양하게 참여시키며 함 께 일할 수 있는지에 대한 현실사례들을 살펴본다.

나. 시민의 역할유형의 다양한 적용사례

a. 미국 아이오와주의 CIPA(Citizen-Initiated Performance Assessment): Citizen as Issue Framers and Stakeholders

미국 아이오와주에서 실시되고 있는 시민주도형 성과평가 모형에 대해 언급 할 필요가 있다. CIPA는 정부의 성과지표 측정이 시민들의 관심과 우선순위를 반영할 수 있도록 참여를 유도하는 모형이라 할 수 있다.[13] 해당 서비스분야 별 로 이른바 Performance Team이 꾸려지게 되고, 이 팀은 시의회 대표, 공무원 대표, 시민대표로 이루어진다. 이 팀이 바로 특정한 목적을 위해 꾸려진 오케스 트라 팀이 되고 아이오와 주는 이 팀을 통하여 시민들의 요구사항을 파악하고 해당서비스분야의 핵심요인들을 발굴한 후 서비스의 성과를 측정하기 위해 시민 들과 공무원들에게 모두 유용하고 필요한 성과지표를 찾아내게 된다. 이후 이 지표를 달성하기 위한 구체적인 활동들이 탐색되고 해당부서와 협의하여 성과지 표의 목표치와 상위목표를 정한 후 이를 평가하고 예산관련 의사결정에 활용한 다는 것이다. 이러한 과정을 도표로 나타내면 <그림 3-29>, <그림 3-30> 과 같다.

---

13) CIPA와 관련한 자세한 사례 및 내용은 아래의 두 논문을 참조.
  Ho, Alfred T.(2007). "Exploring the Roles of Citizens in Performance Measurement." *International Journal of Public Administration*, 30(11), 1157-1178.
  Ho, A. & Coates, P.(2004). "Citizen-Initiated Performance Assessment." *Public Performance & Management Review*, 27(3), 29-50.

그림 3-29 CIPA Performance Team

그림 3-30 CIPA Process Model

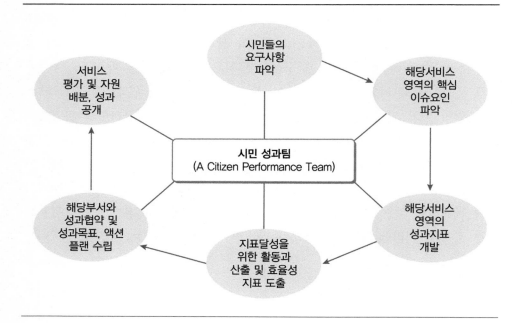

위의 그림에서 보듯이 시민들의 요구와 관심사항을 받아들여 해당 서비스영역에서 주요 이슈들을 뽑게 되고, 이 가운데 핵심적인 이슈를 선정하여 성과지표가 도출된다는 점이 인상적이다. 성과관리가 '문제를 정의하는 과정'이라는 것

에 대한 의미가 여기에 있는 것이다. 또한, 성과지표와 구체적인 활동들이 도출되면 이를 추진할 부서와 성과협의를 맺고 실질적인 자원배분을 유도하는 것을 주목할 필요가 있다. 이는 기관장 차원에서의 지원과 몰입이 있지 않으면 안 된다는 것을 의미하는 것이며 이러한 지원이 없이는 해당부서는 기존의 일만을 하려고 할 것이고 새롭게 정의되거나 발견된 문제를 위해 자원배분을 하지 않으려할 것이다. 이러한 과정을 통해 만들어진 정책이나 사업들에 기존의 비정부기관들이 함께 달려들고 지속적으로 이해당사자인 시민들의 의견을 수렴해 가면서 공동의 목표를 달성해 간다면 가장 이상적인 사회가 될 것이다.

b. 성북구의 모바일 행정: Citizens as Advocates, Collaborators, and Issue Framers

오케스트라단의 운영은 다양한 목적에 따라 다양하게 구성할 수 있다. 현장의 문제를 성북구가 직접 찾지 않고 시민들이 찾아내는 성북구의 직접민주주의 시험이 그것이다. 성북구는 2015년 3월에 주민들이 모바일 기기를 이용하여 정책에 참여하는 정책마당을 개최하였다.[14] 관계 공무원들 외에 지역주민, 기자, 전문가, 타 지자체 공무원 등 100여 명이 모인 장소에서(이를 100명의 오케스트라 단이라고 해도 좋다), 모바일 기기를 통하여 주민들의 의견을 표시하고 이를 집계하는 프로그램이 소개되었고 그중 "성북구 길거리 금연구역 지정"을 위한 대안을 놓고 주민들의 의견을 묻는 순서가 진행되었다. 특이할 만한 사항은 금연구역지정 대안으로 제시된 7개 구역 외에 관내 어디든 자유롭게 지정해 달라고 했는데, 성북구에서는 인파가 가장 많이 몰리는 지역이나 대학밀집 지역, 관광객들이 많이 몰리는 지역에 금연구역 지정에 대한 의견이 많을 것으로 예측하였으나 놀랍게도 주민들은 "마을버스 정류장"을 제1순위 금연구역으로 선정한 것으로 나타났다. 주민들의 왕래가 잦고 간접흡연이 심한 지역으로 마을버스 정류장을 지정한 것이다. 이러한 주민들의 선택은 성북구에 예상했던 구역과 전혀 다른 구역이었으며 주민들의 관점에서의 생각과 구 전체를 관리하는 구청 차원에서의 생각에 차이가 있음을 알게 되었던 것이다. 성북구는 주민들이 관심 갖고 있는

---

14) 이 정책마당에 저자도 전문가로 참여하였다. 관련 소식은 「연합뉴스」, "성북구서 '모바일 직접민주주의' 실험", 2015. 3. 12, 하채림 기자, available at <https://www.yna.co.kr/view/AKR2015031 2120600004?input=1195m, Accessed on Jan. 27, 2021.> 참조.

부분에 똑같이 관심을 보여주지 못하는 반응하지 못하는 정부가 될 뻔 했었던 것이다. 그러나 이러한 과정을 통하여 반응하는 정부(responsive government)가 어떤 것인지를 알게 되었다. 물론, 이러한 시도는 아직 초기단계여서 의미 있는 주민참여를 이끌어내기 위해서는 보다 더 진지한 담론과 토론문화가 정착되어져야 한다. 이러한 담론을 통하여 주민들이 지역사회에서 무엇이 가장 중요하고 어떻게 주민들의 요구를 정책에 반영시킬지에 대한 합리적 합의를 이루게 된다.

이것은 성북구가 직접 보여준 성과가 아니라 100여명의 오케스트라단이 보여준 성과이다. 성북구는 오케스트라단에게 의사결정을 위한 정보를 제공하고 참여하는 방법론을 제시하며 최종대안이 결정되는 과정을 설계하는 지휘자 역할을 했을 뿐이다.

c. 커뮤니티 매핑(community mapping)과 시민참여: Citizens as Collaborators, Issue Framers, and Advocates)

커뮤니티 매핑은 앞선 언급된 시민의 역할 중 "citizens as issue framers"와 "citizens as collaborators", 그리고 "citizens as advocates"의 역할을 충실히 반영한 디지털 시대에 나타난 우수한 시민 참여형 문제해결 기법이다. 이 기법은 과거에도 참여적 GIS(Participatory Geographic Information System)라는 방식의 프로그램이 있었으나 기기(device)의 사용방법이 어렵고 기기에 대한 접근도 어려워 실질적인 효능을 보지 못했다가 모든 시민들이 스마트폰을 소유하게 되고 사용이 쉬운 앱[15]이 개발되면서 빛을 보게 되었던 것이다.

이러한 커뮤니티 매핑은 시민들 간에 유용한 정보를 공유하게 할 뿐만 아니라 시민들이 무엇을 심각하게 문제라 생각하는지 또는 무엇이 가장 시급한 이슈인지에 대해 정부에게 의미 있는 양질의 정보를 제공해주게 된다. 이러한 정보에 기초하여 정부는 문제를 올바르게 정의할 수 있고 에스노그라피적 관점에서 중요시 생각하는 "What does it really mean to citizens and society?"라는 질문을 통하여 진정한 정책문제를 찾고 정의해 나가는 과정이 제도화되게 된다.

커뮤니티 매핑의 적용영역은 매우 다양한데 가장 일반적으로 지역사회의 안

---

15) 커뮤니티 매핑은 국내에서는 (사)커뮤니티매핑센터의 임완수 박사가 본격적으로 확산시키기 시작했고 'mappler'라는 앱을 개발하고 이를 활용하여 다양한 영역으로 매핑의 영역을 확장시키고 있다.

전(학교, 교통, 재난 등)의 영역에서 의미 있게 활용될 수 있다. 지역사회에서 위험한곳으로 인지된 장소, 초등학생들의 등·하굣길에 위험한 장소, 교통사고를 유발하는 도로의 움푹 페인곳(pothole)들에 대한 정보, 지진이나 자연재해 시 기름을 파는 주유소에 대한 정보의 표시 등이 이 경우에 해당되며 실제 이러한 주유소 매핑은 미국 뉴저지 주에서 토네이도가 왔을 때 연방정부에서 공식적으로 이 지도를 활용할 정도로 그 가치와 의미가 재조명될 정도였다.[16] 또한 장애인이나 불편한 사람들을 위한 화장실 찾기 매핑 이라든지 장애인들이 갈 수 있는 식당에 대한 매핑은 사회복지서비스 차원에서도 장애인 참여가 얼마나 문제를 발견하는데 도움을 줄 수 있는지를 알려준다. 실제 공공기관에서 제공하는 장애인이 갈 수 있는 식당에 대한 매핑 정보와 실제 장애인들과 함께 매핑을 한 결과 간에는 정보량에 있어 많은 차이가 존재하였다.[17]

이러한 커뮤니티 매핑이 성공적으로 확산되어 참여민주주의를 실현하려면 참여에 대한 교육이 먼저 선행되어야 한다. 어떻게 하면 커뮤니티 내지는 지역사회의 시민들을 매핑이라는 기술을 통해 끌어들이고 공동생산에 참여하게 하느냐의 문제인데, 일반 시민들을 대상으로 이 기술을 교육하고 참여시키는 데에는 시간과 비용 상의 한계가 있을 수밖에 없다. 그렇다면 어떻게 해야 할까? 초등학교, 중학교, 고등학교에 이르기까지 그리고 대학교까지 이러한 참여교육을 교과과정에 반영하는 방안을 생각해 볼 수 있다. 어렸을 때부터 참여가 습관화되고 지역사회를 위해 공동생산에 참여하는 연습을 해야 한다는 것이다. 이러한 관점에서 Schachter(1997)도 시민참여의 중요성을 언급하면서 직접민주주의의 실현을 위하여 어렸을 때부터의 교육과 참여경험이 중요함을 강조하고 있다.

최근 성북구의 국민대학교는 교양대학의 핵심교양과목을 중심으로 강의계획서에 커뮤니티 매핑 활동을 필수평가항목으로 넣어 수업을 통하여 공동체 정신과 집단지성의 힘을 체험하게 하는 교육과정을 마련하였다. 수업 참가학생들이

---

16) 2012년 가을 미국동북부 일대에 몰아닥친 허리케인 샌디는 뉴욕, 뉴저지 일대에 엄청난 피해를 입혔다. 당시 미국 뉴저지주립대학교의 임완수 박사 팀에 의해 학생들이 참여하여 만들게 된 주유소 매핑은 당시 미국사회 전역에 큰 호응을 불러일으켰다. 연방정부도 이렇게 시민들이 참여하여 정보를 공유하는 사례를 과거에 본적이 없었으며 집단지성의 힘과 시민들의 참여가 정부가 혼자 할 수 없는 많은 것을 해낼 수 있다는 가능성을 보여준 계기가 되었으며 임완수 박사 팀이 제작한 주유소 지도를 국토정보부에서도 공유해 시민들에게 공개하였다.
17) 임완수(2014). 커뮤니티 매핑에 대한 이해(강의자료).

서울시 전역과 성북구 등지에서 안전과 관련한 영역에서 지속적으로 커뮤니티 매핑을 해 나갔다. 커뮤니티 매핑에 있어 가장 중요한 것은 정보가 지속적으로 업데이트 되는 것이어야 한다. 저자는 이 모델이 대학과 자치단체, 그리고 산업체가 협력하여 지역사회를 위한 의미 있는 정보생산에 참여하는 모델의 본보기가 될 것으로 전망한다. 최근 성북구 관내 29개 초등학교 정문기준 반경 300m 지역을 대상으로 국민대학교 학생 300여명이 참여하는 초등학교 주변 안전위해 시설에 대한 매핑이 이루어졌고 그 결과 짧은 시간에 6,400여개에 이르는 데이터가 수집되었다. 이를 토대로 국민대학교는 성북구청, 경찰서, 교육청, 소방서 등과 손잡고 학부모와 선생님, 초등학생이 지역주민으로 직접 참여하는 아동안전 거버넌스 모델을 구축하는 과정을 시도한 바가 있다(아래 <그림 3-31>, <표 3-17> 참조).

그림 3-31 미국 뉴저지 뉴욕 일대의 기름을 파는 주요소 매핑

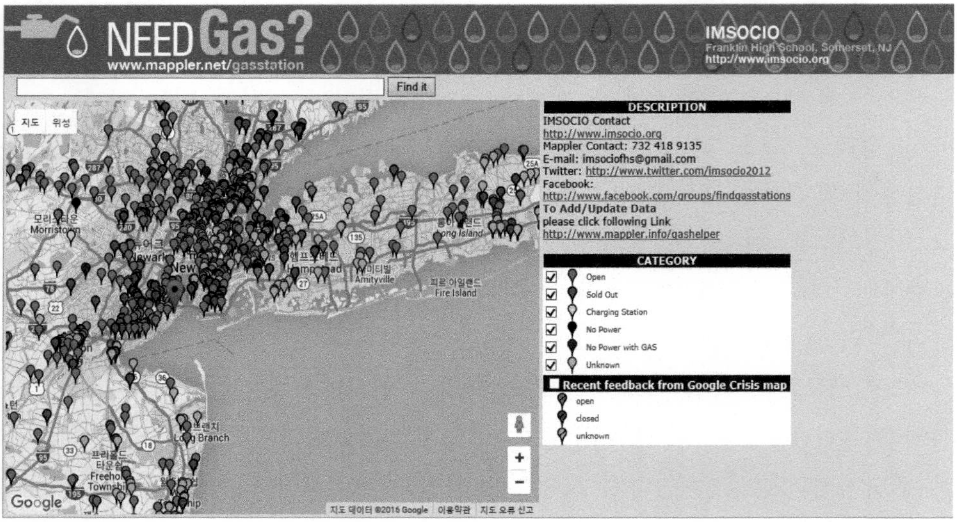

주) 허리케인 샌디 이후 작성된 지도-2102년.
출처: http://mappler.net/gasstation/.

그림 3-32 성북구 초등학교 주변 안전위해시설 매핑(2017년)

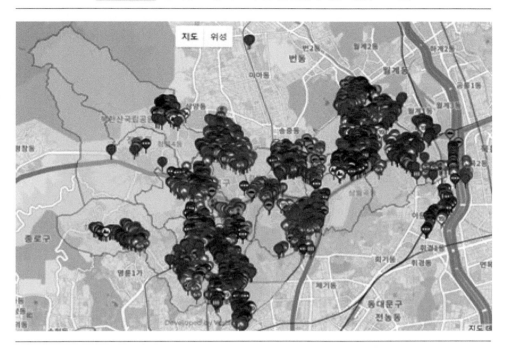

표 3-17 성북구 초등학교 주변 안전위해시설 매핑 현황(2017년)

연번	항목	세부항목	데이터 수(개)
1	교통안전시설	횡단보도	331
		신호등	298
		과속방지턱	430
		어린이보호지역표지판	253
		합계	1,312
2	청소년유해시설		1,197
3	19금환경		298
4	불법주정차		1,585
5	CCTV		1,142
6	기타		867
합계			6,401

그림 3-33 안전위해시설 매핑팀

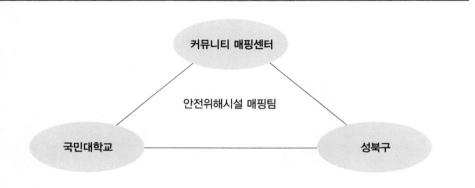

결국 이러한 매핑은 지방자치단체가 커뮤니티 매핑 관련 사단법인인 <커뮤니티매핑센터>와 협업하여 대학과 고등학교가 참여하면서 학생들을 모으고 지역의 자원봉사자들을 모아서 교육을 시키고 실제 매핑을 하러 필드를 나가 올린 정보를 지방자치단체가 활용하여 정책과 사업에 대한 우선순위 결정 등 주요한 의사결정을 내리는데 도움을 주고 궁극적으로 이것이 다시 시민들이 혜택을 보게 되는 선순환 구조를 이룰 수 있다는데 큰 강점이 있다. 이른바 지역위해안전시설매핑 오케스트라단이 생긴 것이고 성북구는 이 팀이 잘 작동할 수 있도록 잘 지휘해 주어야 한다.

이것이 정부가 해야 할 완성된 단계의 통치(governing)라고 생각한다. 정부가 중심이 되어 통치를 하지만 여기에는 사단법인, 자원봉사단체, 대학, 고등학교, 병원, 기업 등 다양한 비정부 기관이 들어오게 되고 궁극적으로 조직화되지 않은 개별 시민들이 들어오게 되면 멋진 오케스트라단이 꾸려지는 것이다.

실제 커뮤니티 매핑을 수행해 본 지방자치단체의 수는 상당수에 이른다. 서울시뿐 아니라 경기도를 포함한 전국에서 이러한 활동들이 이루어지고 있다. 그러나 이 활동이 지속되기 위한 조건이 있다. 그것은 바로 이 모든 과정을 정부가 혼자 다 하겠다는 생각을 버려야 한다는 점이다. 즉 'doing'에 대한 욕심을 버려야 한다. 그러나 여러 가지 관료사회에서의 특수성(선출직 기관장의 업적홍보와 담당공무원들의 승진 등)이 맞물려 돌아가면서 처음에는 이러한 모습을 갖추는 듯 하다가 결국에는 지속가능성을 이유로 정부가 직접 시스템을 구축하고 매핑을 주도하여 공개하는 쪽으로 돌아서는 경우가 많다. 성과가 나올 수 없는 구조이다.

정부가 직접 한일로 칭찬받기 보다는 이러한 비정부기관들과 개별시민들을 지원하고 이들의 역량을 높여 이들이 성과를 내게 만들었다는 점을 가지고 칭찬받아야 한다. 시민사회의 역량을 키우고 사회에 공존하는 비정부기관들의 역량을 키우려면 정부가 올바른 생각을 가지고 있어야 한다. 이것이 바로 정부가 통치(governing)의 개념을 이해해야 하는 이유다.

d. 산림청의 그루매니저와 그루경영체 육성을 통한 일자리 창출

지방자치단체뿐 아니라 중앙정부의 경우도 이렇게 유사한 형태로 일하는 기관이 있다. 사실 위의 성북구의 청소년상담센터나 커뮤니티 매핑 사례처럼 완성된 의미의 통치사례는 아니지만 정부가 직접 나서지 않고 중간조직을 만들어 지역의 인력자원을 활용해 이 인력자원들이 성과를 내도록 지원하고 있다는 점에서 주목할 만하다.

산림청은 산하기관인 임업진흥원에 <산림일자리 발전소>를 설치하고 산림분야에서의 일자리를 창출하기 위해 각 지역마다 지역에 대한 이해와 산림비즈니스모델에 전문지식이 있는 사람들을 선발하여 전국에 걸쳐 배치하고 이들을 '그루매니저'라 부른다. 그리고 그루매니저들은 산림청과 협의하여 지역에서 이른바 "그루경영체"[18]를 선발하게 하고 그루매니저들의 컨설팅을 통하여 그루경영체가 산림소득증대를 이루고 이후에 지속가능한 창업으로 이어지도록 돕는 사업체계를 운영하고 있다(<그림 3-34> 사업추진체계 참조). 즉 산림청은 정부로서 의사결정을 하는 것이고 집행은 지역의 임업진흥원 내 산림일자리 발전소와 그루매니저, 그루경영체들이 하는 것이다. 산림청이 직접 일자리를 창출하는데 나서는 것이 아니라 지역의 자원들을 활용하여 그루경영체 오케스트라단을 만든

---

18) 그루경영체는 2018년 4월에 처음 시작되어 2020년 현재 전국에서 40명의 그루매니저가 지역에서 산림일자리 개척자로 활동하고 있고 전국에 196개의 그루경영체에서 2000여 명의 구성원이 참여해 숲에서 새 희망의 꿈을 키우고 있다. 자세한 내용은 <「이로운넷」, "임업진흥원. 공공자원 '숲' 활용해 좋은 일자리 만듭니다". 2020.11.10., 박미리 기자, available at https://www.eroun.net/news/articleView.html?idxno=20435, Accessed on Jan. 8, 2021.> 참조.

것이다.

그림 3-34 그루매니저–그루경영체 사업관리 체계

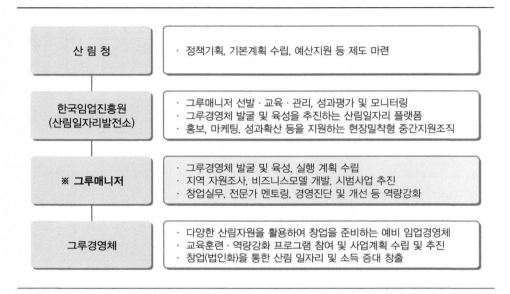

산 림 청	· 정책기획, 기본계획 수립, 예산지원 등 제도 마련
한국임업진흥원 (산림일자리발전소)	· 그루매니저 선발·교육·관리, 성과평가 및 모니터링 · 그루경영체 발굴 및 육성을 추진하는 산림일자리 플랫폼 · 홍보, 마케팅, 성과확산 등을 지원하는 현장밀착형 중간지원조직
※ 그루매니저	· 그루경영체 발굴 및 육성, 실행 계획 수립 · 지역 자원조사, 비즈니스모델 개발, 시범사업 추진 · 창업실무, 전문가 멘토링, 경영진단 및 개선 등 역량강화
그루경영체	· 다양한 산림자원을 활용하여 창업을 준비하는 예비 임업경영체 · 교육훈련·역량강화 프로그램 참여 및 사업계획 수립 및 추진 · 창업(법인화)을 통한 산림 일자리 및 소득 증대 창출

출처: 2019년 산림일자리발전소 그루매니저 모집 공고, 임업진흥원.

위의 <그림 3-34>에서 보는 바와 같이 그루매니저는 해당지역에서 그루경영체를 발굴하기도 해야 하지만 <산림일자리발전소>에서 그루매니저가 있는 지역에 그루경영체 선발을 대행하여 선발해 주기도 하며 총 3개년에 걸쳐서 지원을 하는 사업이다. 일종의 산림분야에 경험이 있는 사람들의 재능을 활용하고 그루경영체의 마케팅까지 도와준다는 측면에서 사실상 마지막 단계에 해당하는 통치단계로 진화할 수 있다는 점에서 긍정적으로 평가된다. 이 모델 역시 산림청과 임업진흥원이 일자리 및 소득증대 창출 사업의 지휘자가 되어 지역의 산림 관련 전문경험을 갖춘 개별시민들을 선발하여 육성시키고 이들이 성과를 내어 '5인 미만의 그루경영체'가 성공하도록 돕는 것이다.

산림청은 정책기획과 기본계획수립, 예산지원과 같은 의사결정만 하면서 임업진흥원을 중심으로 일자리 창출 및 사업소득 증대 사업을 통치해 나가고 있다. 여기서도 마찬가지로 일자리 창출을 중앙정부가 직접하려 했다면 그것은 'doing'

이 된다. 그루매니저로 선발된 시민들은 청년, 여성, 신중년, 퇴직자 등 이력과 경력도 다양하고 연령대도 다양하지만, 이들은 개별 시민으로서 자신들의 경험과 지식에 기초한 활동들이 사회의 공동의 목표인 일자리 창출과 임업인 소득증대에 기여한다고 생각하고 자부심을 느낀다. 산림청에서는 이 그루매니저들에 대한 집중적인 교육과 워크숍 등을 통해서 지속적으로 이들의 역량을 증진시켜 나가고 이 역량을 바탕으로 그루매니저들이 그루경영체에 맞춤형 비즈니스모델과 마케팅 전략 등과 관련한 컨설팅을 제공하게 되고 그루경영체는 새로운 창업으로 이어지거나 현재의 규모를 키워 더 성장해 나간다.

앞에서도 강조되었듯이 사회가 Unity로 존재한다는 것은 사회구성원이 공동의 목표와 공유된 가치를 가지고 있고 각자의 역할이 주어져 있으며 각자가 의미 있는 목표에 기여하고 있다고 느낄 때 통일체 또는 조화(Unity)를 이룰 수 있는 것이다.

이러한 Unity를 달성하기 위해서는 정부의 통치역량(governing capacity)의 극대화가 필수적이며 정부가 지휘하는 오케스트라단에서의 활동을 통해 모든 구성원들은 훌륭한 협업연주를 통하여 구성원으로서의 자부심과 소속감을 강하게 느끼게 된다. 이것이 바로 UNITY이고 이것이 바로 Blue Government가 지향하는 목적이다.

EQUILIBRIUM
(정치와 행정, 그리고 국민에 대한 이야기)

1. 무엇이 평형(Equilibrium)인가?

이제 Blue Government의 마지막 조건인 평형(Equilibrium)에 대하여 이야기할 순서가 되었다. 본서에서 얘기하는 평형이란 두 개의 서로 다른 방향으로 작동하는 힘이 있다고 가정할 때 양쪽의 당기는 힘이 똑같아서 그 어느 쪽으로도 움직이지 않는 상태를 말한다. 양쪽 중 한쪽은 정치로부터 자유로울 수 없는 정부이고 반대쪽 한쪽은 국민이다. 이것은 아이러니하게도 '정치로부터 자유로울 수 없는 정부'가 지켜야 하는 '대 국민 책임성(accountability)'에 대한 이야기이다.

최근 여야가 합의해 본회의를 통과한 2021년 정부예산은 전례 없이 큰 슈퍼예산이다. 558조의 규모로 역대 최대이며 당연히 코로나-19로 인한 재난지원금과 백신구입, 질병청의 설립과 공무원 증원 등의 항목이 포함되었고 정부가 편성한 예산안이 깎이지 않고 오히려 2.2조 가량 국회에서 증액된 최초의 사례이기도 하다. 전례 없는 코로나 팬데믹(pandemic)으로 그 어느 때보다 정부의 역할과 기능이 중요한 시기가 되었다. 시간이 지나고 새로운 사회 패러다임이 들어오면서, 특히 4차 산업혁명시대의 도래로 인한 데이터 경제와 AI, 소프트웨어 시장의 육성, 개인의 프라이버시 보호 등 새로운 사회문제가 대두되고 그 문제를 해결해가는 양상은 더 복잡해 질 것이고 이를 해결하기 위한 정부의 예산과 조직은 더 늘어 날 것이라는 것을 예상하는 것은 어렵지 않다. 그러면서도 동시에 과거에 존재했던 산업의 수요나 사회의 수요는 없어지는 것도 많을 것이다. 그런데 문제는 산업수요나 사회수요가 없어지는 반면 그 수요를 감당하기 위해 설립되었던 조직이나 프로그램들은 없어지지 않고 계속 살아남을 가능성이 높다. 결국 이번 정부뿐 아니라 역대정부에서 정부의 규모와 예산은 지속적으로 증가해 왔고 앞으로의 정부들도 특별한 제동장치가 없는 한 규모와 예산 면에서 매년 슈퍼예산의 신기록을 수립하며 증가할 가능성이 높다.

이렇게 비대해진 정부가 속도를 조절해 가며 없어져야 할 프로그램은 없애며 새롭게 대응해야 할 조직과 프로그램은 신설하고 축소할 조직은 축소하면서 운영될 수 있도록, 그래서 혈세를 낭비하지 않게 하고 돈을 잘 쓰게 할 수 있도록 하는 반대방향의 힘이 필요하다. 반대방향의 힘이 작용하지 않는다면 정부라는 열차는 정치의 힘의 관성으로 폭주하게 되어있다. 국민들(citizens)이 반대방향에 서서 정치로부터 자유로울 수 없는 정부의 폭주를 견제를 통해 막아주어야 한다. 이것은 곧 Blue Government의 완성을 위한 '마지막 퍼즐'을 국민이 맞추어 주어야 한다는 것을 의미한다.

2. B · L · U와 E간의 관계: 산출중심의 정치에서 결과중심의 정치로의 전환의 필요성

이론적으로 평형(equilibrium)은 대 국민 책임성(accountability)을 지키는 것으로 이 책에서 강조한 기초(Basics), 연계(Linkages), 조화(Unity)를 지키고 충실히 수행하면 달성될 수 있는 것이다. 즉 E(equilibrium)는 B · L · U의 함수라는 것이다.

외면적으로 보면 이러한 B · L · U의 온전한 실현을 위해서는 기관의 최고관리층(top management)의 의지와 몰입이 가장 중요하다. 여기서 최고관리자들은 선거를 통해 선출된 정부, 국회의원들, 지방자치단체의 기관장들과 의회의원들이다. 그러나 현실에서는 최고관리층의 의지와 몰입을 가로막는 영역이 있는데 그 것은 바로 정치(politics)라는 영역이다. 이 정치라는 영역이 역할을 잘 해 주면 최고관리층의 의지와 몰입에 따라 움직이게 되고(적어도 최고관리층이 민주주의와 대국민 책임성에 대한 올바른 생각을 가지고 있다면), B·L·U가 자연스럽게 E로 연결되어 Blue Government가 완성될 것이다. 그러나 안타깝게도 정치라는 영역이 이 부분을 잘 도와주지 못하는 속성을 가지고 있다.

이 책에서 행정학의 발달사를 리뷰 해 보면서 알 수 있었듯이 정치와 행정을 분리해서 운영한다는 것은 애초부터 불가능한 것이었으며 당연히 Blue Government도 정치로부터의 영향에서 자유로울 수 없다.

물론 정치인들은 국민들에 대해 책임 있는 정치를 해야 하는 것이고 이것이 정치의 목적이라 얘기할 수 있다. 하지만 현실에서의 정치는 결국 어떻게 시민들의 마음을 사서 선거에서 표를 얻는 것이냐에 집중되고 이는 경쟁후보와의 차별화를 위해 기존사업이나 정책보다는 새로운 정책(사업)을 시민들에게 제안하게 만든다. 정책이나 사업의 완료는 성과관리의 관점에서 보면 일종의 산출물(output)이다. 일단 당선이 되면 이러한 산출물을 완성하는데 힘쓰게 되고 이에 대한 결과를 측정해 볼 시간도 없이 다음번 선거를 또 맞이하게 된다. 이 상황 하에서 주민들도 그 사업의 결과가 어떻게 나오고 있는지는 크게 신경 쓰지 않고 또 어떤 다른 새로운 사업을 후보자가 제안할지에 더 신경을 쓰고 이러한 '선심성 산출물에 대한 약속'에 기초하여 투표권을 행사하기 쉽다. 결과를 보는 것은 시간이 많이 걸리며 물리적으로 보이는 것이 아닌 반면 산출물은 완성하는데 상대적으로 시간이 적게 걸리고 그 모습이 가시적이기 때문이다.

이런 이유 때문에 후보자는 당선되면 임기 내내 지역에 다양한 성과(산출)가 있었다는 점을 강조하게 되고 이를 중심으로 본인들의 '업적 쌓기'에 집중하게 된다. 이 모든 과정에서 성과라고 표현하는 것들 중의 대부분은 산출물이다. 예를 들면, "노인정을 지어주었다", "학교주변 교통안전zone을 만들었다", "CCTV와 신호등, 가로등을 몇 개를 설치했다", "노선버스의 배차간격을 더 줄였다", "준공영제를 실시하였다", "소상공인 보호를 위한 제도를 실시하였다", "전기차와 수소차로 버스를 대체 보급하였다", "지하철 구간을 유치하였다", "다리를 놓았다" 등 수많은 투입에서 시작한 산출중심의 업적이 봇물을 이룬다. 여기서 나열된 산출들의 결과가 지금 어떻게 나타나고 있는지를 묻는 사람들은 없다. 적어도 "전기차 또는 수소차 몇 대를 도입해서 지역의 미세먼지와 대기질 수준을 몇 % 이하까지 내 임기 중 떨어뜨리겠다"고 공약을 하는 후보자는 거의 없다.

산출물을 제시하고 그 산출물이 의도했던 결과에 이르기까지 잘 관리해 나가는 것을 보여주겠다는 후보자는 아직까지 없다(단정적으로 말할 순 없겠지만 거의 없다고 보아야 한다). 사실은 이렇게 주장하는 후보자를 다음번 선거에 다시 뽑아주어야 한다.

결과에 연계되지 않은 산출물은 아무런 의미가 없고 결과를 못 낸다면 그것은 나쁜 산출물이 되는 것이다. 나쁜 성과는 결국 세금의 낭비로 나타나면서 주민들에게 부담으로 되돌아온다.

선거에 나선 후보자들은 여기저기 흩어진 업적들을 하나로 모아 자신의 업적으로 포장해야 한다. 그리고 표를 흡수할 수 있는 파급력이 큰 '그럴듯한 센거 한방', 즉 자잘한 산출물이 아닌 임팩트 있는 큰 산출물(output) 하나가 필요하다. 그러다 보니 이 '그럴듯한 센 거 한방'이 정부 내의 자원배분의 기준을 왜곡시켰고 당선된 이후 한번 민자·국책사업이 시작되면 멈출 수 없게 되었다. 결국 결과(result)가 실종된 산출중심 정치가 행정이라는 기관차를 폭주하게 만든다. 사전에 철로가 안전한지, 기후는 어떤지, 앞에 사람이 있는지 차가 다니는지 확인하고 점검할 시간이 없이 일단 열차를 출발시키고 봐야 한다. 이 열차가 모두가 가고자 하는 목적지로 과연 갈지에 대해서는 아무도 검증을 하지 않은 채 말이다. 심지어 중간에 기차가 제대로 올바른 방향으로 달려가고 있는지도 점검을 하지 않는다면 예산은 줄줄 새는 것이다.

여기에 덧붙여서, 문제가 생길 때 마다 특별한 명칭으로 신설되는 조직이나 프로그램 또한 임기 중 정부의 노력을 행동으로 보여주는 좋은 수단이 되기도 한다. 이렇게 만들어진 민자·국책사업, 정부조직규모의 증가(추진단, 위원회, 신설기관, 프로그램 등)자체가 문제가 아니라 이러한 사업과 조직의 운영결과에 대해서 아무도 책임지지 않는다는 점이 문제인 것이다. 어떤 정부도 그 결과(result)를 측정하려 하거나 공개하려 하지 않는다.

정치를 하는 사람들의 재선에 대한 욕구와 조직을 신설하고 프로그램을 확대하는 것을 지지하는 관료들의 욕구를 비난하려는 것이 아니다. 민주주의 하에서 선거라는 하위시스템(sub-system)을 끼고 성장하는 정치라는 시스템이 그 무대에서 활동하는 사람들을 산출에만 집중하고 결과를 외면하게 만들었다. 그렇다고 정치 시스템 자체가 잘못되었다고 비판하는 것도 아니다.

다만 시장시스템도 수요와 공급에 의해 움직이지만 시장기능이 왜곡될 수 있는 것처럼, 정치시스템도 기능이 왜곡될 수 있고 이 경우 바로잡아 주는 역할을 누군가 해야 한다는 것이다. 시장시스템이 왜곡되면 그것은 정부가 개입하여 바로잡아 주어야 하고 정치시스템이 왜곡되면 국민이 개입하여 바로잡아 주어야 한다.

여하튼 이런 정치시스템이 주는 제약조건하에 활동하다 보니 공공부문의 최고관리층은 B·L·U가 각각 강조하는 점을 실행에 옮기고 싶어도 여러 가지 제약을 받을 수밖에 없다. 이런 상황에서 공공부문의 기관장들은 따라서 다음과 같은 상황에 직면하게 된다. 물론 이 상황은 가설적 상황이지만 현실에서 B·L·U가 바로 온전하게 정착되기 쉽지 않은 구조를 보여준다는 점에서 설명하기로 한다.

기초(Basics)와 관련하여 조직이 핵심가치와 핵심목적을 표방하고 이것을 꼭 지켜야 구성원들이 마음으로 공감하여 정렬되어 따라온다고 강조했지만 이 부분을 지키고 비전(장기적 결과)으로 녹여서 내재화 시키는데 시간이 걸리기 때문에 구성원들의 마음을 움직여서 따라오게 만들기 보다는 만들기 수월한 적절한 슬로건(slogan)으로 직원들을 무리하게 따라오게 강요하거나 인사권을 주된 통제수단으로 삼아 조직을 힘으로 이끌어 가려고 할 것이다.

연계(Linkages)와 관련하여 정부의 목표를 명확히 지표로 정의하고 이를 통해 부처나 산하기관들을 연계하며 정책문제를 당사자 입장에서 정의해야 진실 된 정책문제를 정의할 수 있고 정책실패가능성을 줄일 수 있다고 강조했지만, 현실은 시간에 쫓겨 문제를 대충 정의하고 빨리 그럴듯한 정책(output)을 만들어 보여주는 게 더 중요하게 되고, 성과지표를 연계 하여 부처들이나 지방자치단체들을 일사불란하게 정렬시켜야 한다고 했지만 결과지표는 눈에 보이는 것이 아니고 지표연계작업에 시간도 걸리므로 지표연계가 없는 단순 성과평가로 하위기관들을 통제하려 할 것이다. 또 빨리 정책을 보여주고 국민들에게 확신을 주어야 하므로 실증주의 관점에 갇혀서 정책을 많이 개발하고 시행할 것이지만 아직 국민들이 체감하지 못한다는 소리를 계속 듣고 이를 방어하는데 많은 시간을 투자할 것이다. 결국 시간이 오래 걸려 나타나는 결과(result)에 신경 쓰기보다는 산출(output)에 더 집중하는 모습을 보이게 될 것이다.

조화(Unity)와 관련하여 정부기관 내에 정책(사업)간 엇박자를 잡아내고 정부가 모든 것을 직접 다하려고 하지 말고 통치(governing)를 통해 사회의 공동목표에 대하여 모든 비정부기관 및 개별 시민들이 기여하도록 하여 이들이 성과(output)를 낼 수 있도록 지원하라 했는데, 기관장은 성과(output)를 독점하고 싶어 할 것이고 사회 전체의 목표를 보지 않고 자신들이 속한 조직의 목표만을 보고 산출(output) 중심의 목표달성을 홍보할 것이다. 또한 기관장의 업적으로 홍보하기 위해 기관이 홀로 직접 무언가를 적극적으로 하려고 달려드는 상황이 계속될 것이다.

그렇다면 시스템(system)을 고쳐야 한다. 즉 '산출의 정치시스템'을 '결과의 정치시스템'으로 바꾸어 주어야 한다. 이 말은 정부의 성과로 인한 결과(result)를 국민이 이해하기 쉽게 결과지표의 형태로 공개하는 것을 의무화하여 국민들에게 정부의 성과대비 결과에 대한 알권리를 보장해 주어야 하다는 것을 의미한다. 또한 이 정보들을 기초로 국민들이 선거와 주민소송 등을 통해 직접적으로 정부를 견제할 수 있는 시스템이 구축되어야 한다는 것을 의미한다. 즉 이 시스템을 수정하는 목적은 국민의 올바른 견제를 끌어들이기 위함이고, 동시에 주권자로서의 국민들의 선거에 대한 인식의 전환도 함께 요구됨은 물론이다.

3. 산출(Output)에 유혹되지 않고 결과(Result)에 대해 책임을 묻는 시민들의 인식의 전환의 필요성

대한민국 헌법 제1조 1항과 2항을 굳이 언급하지 않더라도 대한민국 정부는 국민들의 선거에 의해 선택된다. 그것이 대통령 선거이든, 지방자치단체의 장과 의원들을 뽑는 선거이든, 국회의원을 뽑는 선거이든 국민이 모든 선택권을 가지고 있다. 선거에 출마한 각 후보들은 나라와 지역을 어떻게 발전시키겠다는 것인지에 대해 청사진을 밝힐 의무를 지니고 있고 이것은 국민 또는 시민의 선택을 기다리는 후보자의 입장에서 공약이라는 것으로 구체화된다. 이념논쟁에 의해 후보자는 보지도 않고 어느 당 소속인지에 따라 투표를 하는 행위도 바람직하지 않은 것이지만, 후보자의 능력이나 약속을 공약을 토대로 판단하고 선택한 뒤에 그 공약이 헛된 것으로 나타나거나 국가 전체에 큰 부담을 주는 혈세낭비

사업으로 결론이 나는 경우, 이 후보자가 두 번째 선거에 나와서 또 당선된 다면 그것은 더 바람직하지 않다.

앞에서도 언급했듯이 대부분의 경우 후보자의 공약들은 해당 지역에 무엇을 만들어 주겠다는 것이고 어떠한 사업을 새롭게 시작하겠다는 것이어서 성과관리의 측면에서 보면 그것은 완성된다 하더라도 산출(output)에 해당되는 것이며 이러한 공약의 실현은 예산의 투입으로부터 시작된다. 기업이었다면 도저히 수요가 없거나 수지타산이 맞지 않아 시작할 수 없는 사업들을 국가는 공익적 관점에서 소수의 편의를 위하여 수행할 수 있다. 그러나 많은 경우 소수의 편의 보다는 지역의 발전을 위하여 시작하겠다고 하는 사업들은 대형 사업들이 대부분이고 아무리 예비타당성 조사를 거쳤다 하더라도 그 예측이 정확하게 맞아 떨어지기는 힘든 경우가 많다. 결국 사업은 시행되고 많은 사람들이 우려했던 것처럼 원래의 의도한 목적을 달성하지 못한 채 해당 사업을 유지하기 위해 엄청난 규모의 혈세가 투입되는 악순환을 반복한다. 이하에서는 최근 언론에 혈세를 낭비하는 사례로 보도된 내용들을 간단히 요약하여 정리한다.

표 3-18 언론에 보도된 세금낭비가 의심되는 사업사례[1)]

번호	세금낭비로 보도된 사례	현재 상황	투입된 총사업비 −국비, 지방비(도비, 군비 등) 포함	사업이 의도한 목표대비 실제수준
1	용인시 경전철 사례	− 최근 5년간 수입 360억 /지출 1,500억원	− 총 1조 투입	− 예비타당성분석에서의 이용객수 예측과는 달리 이용객 수 저조
2	부안 누에타운 사례	− 최근 5년간 도차원에서 27억원지원/ 수입 11억원	− 총 314억원 투입	− 이용자 수 저조
3	경주시 예술의 전당	− 민간사업자에게 2030년까지 1,680여억원 지급	− BTL 민간 투자방식 723억원 투자	− 이용자 수 저조
4	KTX 지하화 사업	− 이미 지상화한 KTX 철로 주변 환경정비사업	− 여전히 소음·진동 피해와 도심단절로 지하화 필요성 대두	− 지하화 예비타당성 용역비 대구시 20억원 확보

---

1) 한국경제신문에서 기획보도하고 있는 「세금먹는 하마」의 기획기사들을 최근순서로 요약·정리한 것이다. 각각의 사례에 대한 자세한 사항은 한국경제신문 홈페이지를 참조하기 바란다. <https://search.hankyung.com/apps.frm/search.news?query=%EC%84%B8%EA%B8%88%EB%A8%B9%EB%8A%94＋%ED%95%98%EB%A7%88&mediaid_clust=HKPAPER,HKCOM>.

		에 지금까지 6,680억 투입	− 새롭게 지하화 사업 하려면 8조 천억 대구시가 부담해야	
5	평창알펜시아 리조트	− 평창동계올림픽에 맞추어 개발 − 매년 100억원대 적자 계속	− 총 1조 6천억 투입	− 이용객 저조
6	서울대 평창캠퍼스	− 운영에 매년 100~200억 세금 투입 − 입주 기업들의 수 감소, 텅빈 캠퍼스	− 총 3,118억원 투입	− 바이오 산업클러스터 위해 캠퍼스 설립했으나 지역적 한계에 부딪힘
7	경북안동문화 관광단지(안동유교랜드/3대문화권 사업 등)	− 18년간 추진 중 완공시기 5년 앞두고 계속 적자발생 − 3대문화권 사업매년 24억 적자예상	− 총 5,680억원 투입	− 민자 유치 부지 중 분양이 완료된 면적이 절반이 채 안됨 − 아직 공사에 착수하지 못한 부지가 대다수
8	전남 영암 F1 써킷	− 1,000억 부채 − 2019년에 1억6100만원 적자	− 총 4,285억 투입	− 10년째 대체사업 지지부진 − 찾는 사람 없는 F1 경기장
9	전북 무안공항	− 매년 100억 이상 적자	− 총 3,059억 투입	− 이용객수 저조
10	인천로봇랜드	− 사업자 선정이후 13년만에 개발시작	− 총 7,000억 투입	− 사업 추진 중
11	춘천레고랜드	− 2021년 개장 목표	− 총 4,355억원 투입	− 10년째 추진 중
12	경남로봇랜드	− 대출 상환금 채무불이행 등 각종 논란에 휩싸이고 법적 소송에 걸려있음	− 총 7,000억 투입	− 개장 후 1년간 방문객 23만명(당초 150만명 예상)

<표 3−18>에서 보여주듯이 대부분의 사업들이 최종결과여야 하는 '이용객이나 관람객의 수'에 있어 당초 계획보다 크게 못 미치고 있고 이로 인하여 적자가 발생하고 유지보수 및 운영을 위한 비용은 계속 세금으로 충당되고 있음을 알 수 있다. 대부분의 사업들이 주변 교통이나 인접산업, 상권 등 주변 인프라를 갖추지 못하고 허허벌판에 사업을 벌인 경우가 대분이고 시장의 논리가 작동한다면 수요가 없어서 해서는 안 될 사업들을 벌리고 있는 셈이 되는 것이다. 그 결과는 국비와 지방비로 상당부분이 충당되는 사업비용의 증가로 인하여 지역주민뿐 아니라 전 국민이 부담해야 할 세금부담으로 돌아오게 된다.

이렇게 문제가 발생하면 이미 늦은 것이다. 아무리 정부가 지역을 살릴 수 있는 또는 문제를 해결할 수 있는 방안을 머리를 써서 내 놓는다 하더라도 미봉책일 뿐 궁극적으로 그 부담은 세원의 증가를 통해 감당해야 하는 현재세대와 미래세대의 몫이 된다.

더 이상 이런 비극이 일어나지 않기 위해서는 국민이 깨어있어야 한다. 국민들은 후보를 선택할 때 공약을 보고 선택할 수밖에 없겠지만 잘못된 사업을 시작하고 민폐를 끼치는 결과를 초래한 후보자가 두 번째 선거에서 재선되는 것은 막아야 한다. 최근 대법원이 용인경전철 사업에 관여한 지방자치단체장(시장)과 지자체 공직자, 국책연구기관에 손해배상 책임을 묻는 주민소송이 가능하다고 판결했다.[2] 따라서 향후 예산낭비 민자사업이나 국채사업과 관련하여 주민들이 단체소송을 할 수 있는 길이 열려 주민들의 견제기능이 강화되었다는 것은 다행스러운 일이다.

즉 국민들이 결과(Result)에 대한 책임을 선거를 통해 물어야 한다는 것이다. 지금까지 국민들은 공약사업이 초래할 결과를 꼼꼼히 따져 보고 후보자에게 투표하기 보다는 나중에 결과가 어떻게 나오든지 간에 새롭게 제시된 산출(output)의 모습만 보고 표를 주어왔던 것이다.

이러한 폐단을 막기 위해서는 선거권자인 국민들이 해당 사업들에 대해 식견을 갖고 정보를 얻을 수 있도록 사회적 토론 내지는 담론이 활성화되어야 한다. 요즘 많은 토론들이 이루어지고 있고 예전에 비해서는 국민들이 공약에 대해서 올바른 판단을 할 수 있는 여건이 많이 개선되었지만 전문가와 전문기관들의 분석과 토론, 그리고 후보자들과의 토론 등이 더 다양하고 활발하게 일어나야 한다.

그러나 무엇보다도 이제 국민들이 자신들이 살고 있는 지역이 아닌 대한민국 전체를 보고 선거를 해주어야 하는 인식의 전환을 Blue Government는 요구하고 있다.

이를 위해서 후보를 배출하는 정당들이 먼저 후보선출을 위한 룰(rule)을 바꾸어 주면 더 좋겠지만(예를 들면 후보자가 재선에 출마하려 할 경우 재임기간 중 추

---

2) 「MBC 뉴스」, "'혈세낭비' 용인경전철 주민 소송 길 열려", 2020.7.30., 공윤선 기자. available at <https://imnews.imbc.com/replay/2020/nwtoday/article/5858511_32531.html,Accessed on Jan. 9, 2021.>

진했던 사업들의 성과를 평가하여 재선에 출마하게 할지를 결정한다거나), 정치를 목적으로 하는 정당이 변해주기를 기대할 수는 없다.

결국 국민들이 결정해주어야 한다. 정책이나 사업 그 자체에 현혹되지 않고 결과를 엄중히 따져서 묻고 그에 대한 책임을 함께 묻는 인식의 전환이 어느 때보다도 필요한 때이다.

4. 결과중심의 정치시스템(Result-focused Political System: RFPS)구현 방안: 성과보고(Performance Reporting)

1) 중앙정부차원에서의 Performance Reporting

이 책의 연계(linkages)부분에서 언급했듯이 미국의 연방정부에서는 성과에 대한 책임성 확보를 위하여 <performance.gov>라는 포털을 운영하고 있고 여기에는 대통령이 관리적 측면에서 중점적으로 추진하는 전 부처 공통사항에 관한 지표들과(management priorities), 각 부처들의 대표성과지표(Agency Priority Goals)를 공개하면서 그 진행과정에 대해서 분기별로 보고하고 있다.

그림 3-35 연방정부의 부처별 성과관리 플랫폼

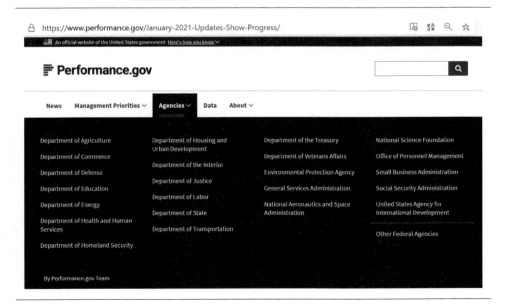

이것은 GPRAMA(Government Performance & Result Act Modernization Act)에서 법으로 의무화하고 있는 것으로 각 부처는 3~5개 사이의 대표 성과지표를 제출하고 이에 대한 성과관리를 관리예산국(Office of Management & Budget: OMB) 컨설팅 하에 해나가게 된다.

아울러 각 부처는 부처의 전략기획과 성과계획보고서, 대표성과지표를 올리게 되어있고 각 지표들 마다 Goal Leader들을 선정하여 책임성을 강화하고 있다 (<그림 3-36> 참조).

그림 3-36 교통부의 전략기획, 성과보고서, 대표지표, 미션에 대한 공개

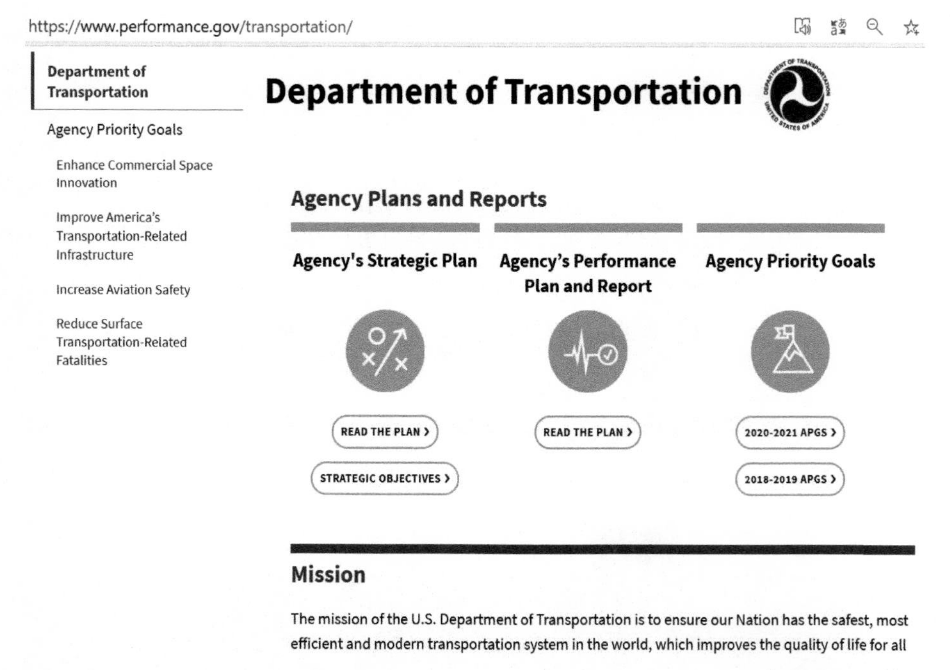

성과지표 달성에 책임이 있는 Goal Leader들의 공개

🔒 https://www.performance.gov/transportation/APG_transportation_4.html 🔍 ☆

Department of
Transportation

Agency Priority Goals

Enhance Commercial Space
Innovation

Improve America's
Transportation-Related
Infrastructure

Increase Aviation Safety

Reduce Surface
Transportation-Related
Fatalities

Department of Transportation

Reduce Surface Transportation-Related Fatalities

Goal Leaders:

 Nicole R. Nason, Administrator, Federal Highway Administration (FHWA)

 Wiley Deck, Deputy Administrator, Federal Motor Carrier Safety Administration (FMCSA)

 James Owens, Deputy Administrator, National Highway Traffic Safety Administration (NHTSA)

Goal Statement: Reduce overall surface transportation-related fatalities. By September 30, 2021, the Department will reduce the rate of motor vehicle fatalities to 1.01 per 100 million Vehicle Miles Traveled (VMT).

<그림 3-38>의 교통부(DOT) 지표에서 보다시피 구체적으로 "노면 교통사고사망자수를 줄이겠다(Reduce Surface Transportation-Related Fatalities)"는 성과지표와 함께 이 지표를 언제까지 얼마만큼 달성하겠다는 표현이 나와 있다(goal statement 참조). 또한 이 지표에 대한 과거데이터를 통해 연도별 추이를 보여 주면서 정보를 공개하고 있고 이것은 또한 종합지표(overall indicator)로서 제시되고 있으며 이를 세분화한 세부지표들이 별도로 관리되고 있음을 알 수 있다. 이 세부지표들의 추이분석을 통하여 종합지표개선을 위해 어느 세부지표에 더 집중해야 하는지에 대한 관리도 가능하게 되고 이러한 교통부의 노력을 시민들에게 공개하고 있는 것이다.

그림 3-38 교통부의 종합지표와 세부 성과지표들

Goal Structure & Strategies

This APG is measured through the following performance goals and indicators:[2]

Reduce Total Motor Vehicle-Related Fatalities (Overall)
- Indicator: Total Motor Vehicle-Related Fatalities
- Indicator: Motor Vehicle-Related Roadway Fatalities Per 100 Million VMT

Reduce Motor Vehicle-Related Fatalities (by Type)
- Indicator: Passenger Fatalities Per 100 Million VT
- Indicator: Large Truck and Bus Fatalities Per 100 Million VMT
- Indicator: Non-Occupant Fatalities (Pedestrian, Bicycle) Per 100,000 Population
- Indicator: Motorcycle Fatalities Per 100,000 Motorcycle Registrations

Reduce Transit-Related Fatalities
- Indicator: Total Transit Fatalities
- Indicator: Total Transit Fatalities per 100 Million Passenger Miles

Reduce Transit Collisions Involving Persons
- Indicator: Total Transit Collisions with Persons

Reduce Rail-Related Deaths and Injuries
- Indicator: Highway-Rail Grade Crossing Incidents
- Indicator: Rail Right-of-Way Trespass Incidents

Reduce Fatalities Caused by Pipelines and Hazardous Materials
- Indicator: Fatalities Caused by the Release of Hazardous Materials Transported Via Pipeline or Surface Transportation Conveyance

또한 <그림 3-39>와 <그림 3-40>을 주요지표에 대한 연도별 추이를 보여줌과 동시에 각 지표마다 성과목표치 달성이 안 된 경우 그에 상응하는 교통부의 추론 및 설명을 제공하고 있다. <그림 3-39>에서는 코로나-19로 인해 분모에 해당하는 여객마일(passenger miles)수치가 급격히 줄어들어 실질적인 사망자는 전년(2019) 동기 대비 줄었음에도 불구하고 치사율 값이 커졌다고 설명하고 있다. 따라서 2020년 회계연도 말에 목표치를 달성하지 못할 것으로 추정된다고 설명하고 있다.

이와 같이 개별 주요지표에 대해 추이를 보여주고 당해년도 당해분기의 목표 달성정도를 전년도 동기대비 비교하면서 시민들에게 설득력 있는 설명을 해 주고 있는 것이다. 이것은 또한 시민들에게 공개하는 목적 외에 미국 의회의원들과 OMB를 통해 대통령에게 보고된다.

그림 3-39 주요지표에 대한 추이분석

Key Indicators

Surface Safety

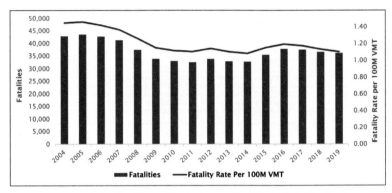

Figure 1: Total Fatalities and Fatality Rate per 100 Million Vehicle Miles Traveled

The Nation has made progress in reducing overall transportation-related fatalities and injuries, even as the U.S. population and travel rates increased significantly. Over the past 16 calendar years (2004 to 2019), the number of fatalities on the Nation's roadways has dropped by 16 percent, from 42,884 to 36,120.

그림 3-40 지표의 달성여부와 지표달성 노력에 대한 설명 공개

Key Indicators

Performance Goal: Reduce Motor Vehicle-Related Fatalities (Overall)		CY 2016	CY 2017	CY 2018	CY 2019	CY 2020	CY 2021
Motor Vehicle-Related Roadway Fatalities Per 100 Million Vehicle Miles Traveled	**Targets**	1.02	1.02	1.02	1.02	1.01	1.01
	Actuals	1.19	1.16	1.11	1.10*	N/A	N/A

Statistical projection for 2019. Final CY 2019 data will be available in late CY 2020. CY 2020 data will be available by May 2021.

The fatality rate declined 7.6 percent from 2016 to 2019, and the Department continued to make progress in reducing the motor vehicle fatality rate in FY 2019. While it did not meet the goal for that period, the decline reflects the impact that ongoing safety efforts have had.

Transit Safety

Performance Goal: Reduce Transit-Related Fatalities (FTA)							
		FY 2016	FY 2017	FY 2018	FY 2019	FY 2020	FY 2021
Total Transit Fatalities*	Targets	---	278	278	260	255	255
	Actuals	259	259	245	255	203**	N/A
Total Transit Fatalities per 100 Million Passenger Miles*	Targets	---	0.607	0.601	0.596	0.596	0.596
	Actuals	.594	.613	.601	.632	.950**	N/A

N/A not available.
*Targets for these indicators were changed in FY 2018. . .
**An estimate of FY 2020 fatalities will be available in December 2020.
***As of July 1, 2020. Q4 dataexpected November 10, 2020..

> FTA expects to end FY 2020 off-target for several reasons. Total fatalities for Q1 were 20 percent higher than in 2019, while the number of passenger miles remained even (<1% change). This spike caused the fatality rate to increase. The spike in fatalities in Q1, combined with a decrease in passenger miles of 11 percent over 2019 (42 percent decrease in March due to COVID-19), caused the increased Q2 rate. Total fatalities for April/May 2020 were lower than April/May 2019; however, passenger miles decreased by 81 percent, due to COVID-19.

한편 아래의 <그림 3-41>과 같이 각 지표들이 측정되는데 사용되는 데이터에 대한 정확성과 신뢰성 확보를 위해 어떤 데이터 소스를 사용했고 이 데이터들이 얼마나 신뢰할 만한 것인가에 대한 정보를 밝히고 있어 행정의 투명성을 확보하려고 노력하고 있음을 보여준다.

그림 3-41 지표 측정을 위한 데이터 소스의 정확성과 신뢰도 공개

Data Accuracy & Reliability

Pipeline and Hazardous Materials Fatalities

Measure

Confirmed Fatalities Caused by the Release of Hazardous Materials Transported via Pipeline or Surface Transportation Conveyance

Scope

Incidents on gas pipeline systems, liquefied natural gas facilities, and underground natural gas storage facilities must be reported to PHMSA under 49 CFR 191.15. Hazardous liquid and carbon dioxide (CO_2) pipeline system accidents must be reported to PHMSA under 49 CFR 195.50. Both interstate and intrastate pipeline systems are subject to the reporting requirements. Additionally, any person in possession of a hazardous material(s) during air, water, rail, or highway transportation, including loading, unloading, and storage incidental to transportation, must disclose them if certain conditions are met under 49 CFR 171.15 and 171.16.

A fatality resulting from a failure in a hazardous materials transportation system in which there is a release of a hazardous liquid, CO_2, or natural gas must be reported. This includes operator employees, contractors working for the operator, other workers in the right of way, emergency responders, and the public. If an injured person dies within 30 days of the incident date, it is counted as a death, not as an injury. PHMSA partners with operators, state partners, and other stakeholders to identify/confirm deaths that occurred due to a release of hazardous liquid, gas, or other hazardous materials regulated by PHMSA.

Sources

DOT/PHMSA incident data are used for this measure. For pipeline incidents, these data are derived from pipeline operator reports submitted on PHMSA Forms, F-7100.1, F-7100.2, F-7100.3, and F-7000-1. PHMSA regulations require incidents to be reported online through the PHMSA Portal. For incidents involving all other modes of transportation, hazardous materials transportation incident data are derived from reports submitted on Form DOT F 5800.1 and maintained in the Hazardous Materials Information System (HMIS). In addition,

49

2) 우리나라의 정부업무평가위원회와 성과보고(Performance Reporting)

한편 우리나라도 정부성과를 한곳에 모아서 공개하는 홈페이지가 있고 이는 정부업무평가위원회 홈페이지이다. 그러나 아직까지 이 홈페이지는 국민들의 입장에서 이해하기 쉬운 언어로 정보가 전달되기보다는 공무원의 입장에서 정보가 전달되는 느낌이다. 「평가자료방」에 올라와 있는 자료들은 전문평가단이 작성한 보고서이고 부처가 내부 보고를 위해 올린 내용들이어서 일반 시민들이 해당부처가 무슨 일을 하였고 어떠한 성과를 내었는지 한눈에 이해하기 힘들다.

그림 3-42 정부업무평가위원회 평가자료 홈페이지 화면캡쳐

번호	제목	담당부서	정부	조회수	등록일
186	2020년도 기금평가 결과	정부업무평가실	🖫	81	2020.12.31
185	2020년도 중앙행정기관 자체평가(행정관리역량 부문) 계획	정부업무평가실	🖫	831	2020.07.14
184	2019회계연도 재정사업 평가 결과	정부업무평가실	🖫	276	2020.07.14
183	2020년도 중앙행정기관 성과관리·자체평가 계획수립 결과	정부업무평가실	🖫	695	2020.07.14
182	2020년도 지방자치단체 합동평가 결과	정부업무평가실	🖫	302	2020.07.14
181	경제·인문사회분야 정부출연연구기관 2019년도 평가결과 및 2020년도 평가계획	정부업무평가실	🖫	171	2020.07.14
180	2020년도 특정평가 세부지침	정부업무평가실	🖫	534	2020.07.14
179	2020년도 정부업무평가 시행계획(수정)	정부업무평가실	🖫	863	2020.06.30
178	2019년도 부처별 자체평가결과	정부업무평가실	🖫	1198	2020.05.04
177	2019년도 부처별 자체평가계획	정부업무평가실	🖫	437	2020.05.04
176	2019년도 부처별 성과관리시행계획	정부업무평가실	🖫	480	2020.05.04
175	2019년도 자체평가 행정관리역량평가 운영실태 점검결과	정부업무평가실	🖫	234	2020.04.22
174	2019년도 중앙행정기관 성과관리 운영실태 점검결과	정부업무평가실	🖫	292	2020.04.22
173	2019년도 공공기관 경영실적평가 계획	정부업무평가실	🖫	158	2020.04.22

한편 「국정과제방」에 올라와 있는 과제들에 대해서는 과제개요와 보고서, 분기별 추진현황이 잘 정리되어 있는 편이다. 그러나 보고서를 보면 3년간 핵심성과를 지표중심으로 보여주고 있는데 이 부분을 좀 더 자세하게 만들어 공개하여야 한다. 지표의 달성도와 추이공개 외에 지표를 측정하는 방법, 데이터의 소스 등을 명확하게 밝혀야 하며 산출지표보다는 결과지표 중심으로 목표치를 설정한

것을 보여주어야 하고 목표치 대비 실적 값이 달성되지 못한 부분에 대한 설명이 있어야 한다. 현재의 보고서에는 모든 부처가 100% 달성한 지표만을 중심으로 보고하고 있기 때문에 성과정보 공개에 대한 신뢰를 주지 못하고 있다고 판단된다(<그림 3-43> 참조).

그림 3-43 국정과제 추진현황에 대한 성과보고

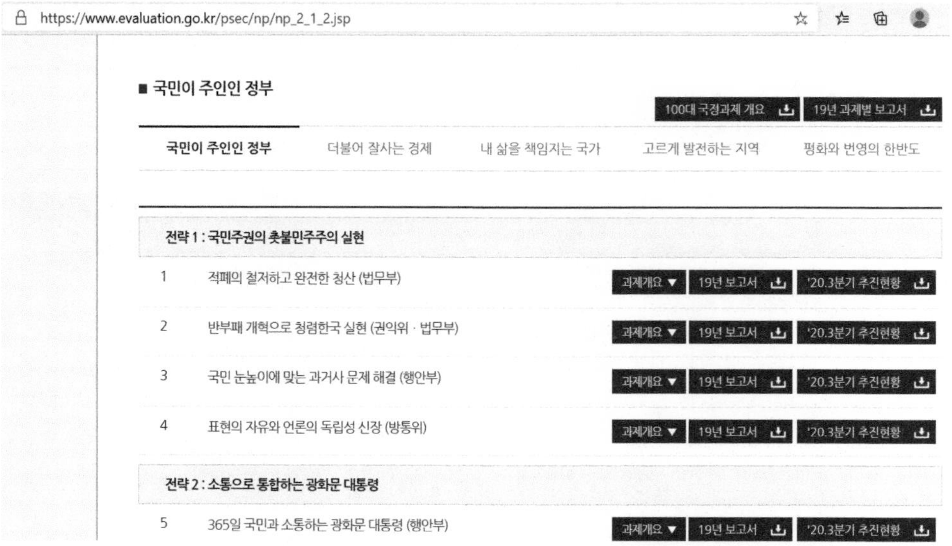

또한 아직까지 우리나라는 중앙부처별로 대표성과지표를 관리하고 있지 못하고 매년 평가위원들이 참여하여 평가한 정부업무평가에 대한 결과보고서를 업로드하고 있는 수준이어서 향후 개선이 요망된다. 현재의 정부업무평가는 부처별 자체평가결과, 국정과제평가결과, 부처별 성과관리시행계획, 기금평가, 재정사업평가결과 등 다양한 평가정보가 업로드되어있고 원하는 사람은 누구든지 접근하여 확인할 수 있으나 기본적으로 평가결과보고서의 포맷이 일반 국민들이 이해할 수 있는 형태로 만들어져 있지 않고 평가단이 평가한 보고서를 그대로 올려놓거나 부처가 제출한 성과관리시행계획도 성과지표를 포함하고는 있으나 성과지표별로 연도별 추이를 분석하고 해석하며 상황을 알려주는 형식을 갖추지 못하여 일반 국민이나 시민단체 등이 이해하기가 어렵게 되어 있다.

향후 정부업무평가위원회 홈페이지에는 중앙부처의 대표성과지표가 올라오고 성과지표별로 해당 부서들이 지정되며 새롭게 신설된 부서가 있다면 반드시 이 부서의 역할과 성과를 파악할 수 있는 정보들이 올라와야 한다.

또한 현재의 부처들의 자체평가보고서도 담당부서의 과제중심으로 기술되고 정책효과에 대한 기술을 포함하고 있으나 성과지표를 중심으로 기술되지 못하여 정책효과와 성과지표가 분리되는 느낌마저 주는 보고서가 많으므로 이에 대한 개선이 필요하다.

이러한 과정을 통하여 정부업무평가위원회는 정기적으로 각 부처들의 지표별 추진상황을 올리고 공개하여야 하며 시민들이 이 내용들을 쉽게 이해할 수 있도록 전달방식을 바꾸어야 한다. 다시 말해 잘 정의된 성과지표별로 연도별 추이를 그래프로 시각적으로 표현하고 목표치 달성전망과 현황에 대한 해석을 요약하여 전달하는 방식이어야 한다. 그래야만 국민들의 알권리가 충족될 수 있다. 궁극적으로는 이러한 포맷변경을 위해서는 정부업무평가의 틀에 대한 개선과 함께 성과관리시행계획의 작성포맷도 개선될 필요가 있다. 4차 산업혁명시대에 데이터 경제가 중심이 되고 있는 상황 하에서(그것이 빅데이터이든, 질적인 데이터이든) 이제 성과지표중심의 관리가 그 어느 때 보다도 수월한 환경이 만들어 지고 있다. 즉 데이터 접근과 활용가능성(data availability)이 점점 높아지고 있다는 의미이다. 정부는 DNA(Data, Network, AI)를 강조하고 있고 국가경쟁력 제고를 위해 무엇보다도 데이터 중심의 사회를 구축하는데 많은 투자를 해야 한다.

3) 지방정부차원에서의 성과보고(Performance Reporting)

(1) 샬롯시의 사례: 회계연도별 성과보고

또한 지방자치단체의 경우도 대 시민 책임성 강화를 위하여 성과보고를 하여야 한다. 중앙정부보다도 지방정부에서 이 부분이 더 중요할지도 모른다. 광역자치단체와 기초자치단체에서는 성과목표와 성과지표를 중심으로 주민들에게 그 성과추진현황을 정기적으로 홈페이지를 통하여 보고할 수 있어야 한다. 이때에서 주민들이 이해하기 쉽게 성과지표의 형태로 공개되고 이해하기 쉬운 언어로 설명되어야 함은 물론이다.

미국 노스캐롤라이나주의 샬롯시의 경우는 매 회계연도마다 정기적으로 성과보고를 하고 이를 홈페이지에 게시하는데 성과지표를 중심으로 당초 목표치로 설정했던 부분이 달성되었는지 여부와 달성하지 못했을 때 간단한 사유를 적어 시민들에게 공개함으로써 투명성을 보장하고 있다.

샬롯시는 성과 및 결과를 시민들에게 알리기 위해 매년 핵심영역(focus area) 별로 성과리포트를 작성하여 홈페이지에 공개하고 있다(<그림 3-44> 참조).

그림 3-44 샬롯시 성과관리 홈페이지 화면

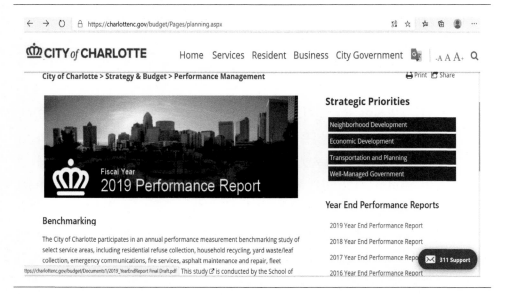

또한 <그림 3-45>를 보면 샬롯시가 2020년부터는 핵심영역을 새롭게 정의하여 Strategic Priorities(전략적 우선순위)로 이름을 바꾸고 더 구체적인 차별화된 전략집중형 조직의 모습을 갖추어가고 있음을 알 수 있다. 이 화면에서 알수 있듯이 샬롯시는 성과지표가 곧 시민들과의 의사소통을 위한 언어라고 생각하고 이를 실천에 옮기는 대표적인 시로 평가된다. 즉 성과지표가 지역사회의 요구를 관리하고 잘 기술하는 도구라고 생각하고 있다.

그림 3-45 샬롯시 2019 성과리포트 첫 페이지 화면 캡처

Focus Areas
and Performance Measures

The city is committed to using performance measures to manage and address community needs. These are organized according to Charlotte City Council's five Focus Areas:

Community Safety
Charlotte will be one of America's safest communities.

Economic Development
Charlotte will thrive with diverse businesses and economic opportunity for all.

Environment
Charlotte will become a global leader in environmental sustainability, balancing economic growth with preserving our natural resources.

Housing & Neighborhood Development
The City of Charlotte will sustain and create distinct and diverse neighborhoods for all of its residents.

Transportation & Planning
Charlotte will be a vibrant, livable city where residents of all income levels have convenient transportation access to employment, services, and housing choices.

New Strategic Priorities in FY 2020
FY 2019 concludes the two-year cycle of Focus Areas and Focus Area Plans used by City Council to guide policy and budgetary decisions. During the FY 2020 budget development process, City Council adopted new Strategic Priorities to set a revised framework for their decision-making. As such, the new Strategic Priorities include: Economic Development, Neighborhood Development, Transportation and Planning, and Well-Managed Government.

CHARLOTTE

**Fiscal Year 2019
City Council
Members**

MAYOR
Vi Lyles

MAYOR PRO TEM
Julie Eiselt

**CITY COUNCIL
At-Large**
Dimple Ajmera
James Mitchell Jr.
Braxton Winston, II

District 1
Larken Egleston

District 2
Justin Harlow

District 3
LaWana Mayfield

District 4
Greg Phipps

District 5
Matt Newton

District 6
Tariq Bokhari

District 7
Ed Driggs

**Fiscal Year 2019
City Leadership**

**CITY
MANAGER**
Marcus Jones

For additional information, contact the City of Charlotte Office of Strategy & Budget.

704-336-5105

**Want to Know More or
Get Involved?
Visit charlottenc.gov**

<그림 3-46>은 핵심영역별로 구체적인 지표의 달성도를 공개하고 달성이 안되었을 때 시민들이 이해할 수 있는 언어로 간단한 원인분석을 홈페이지에 공개하고 있음을 보여준다. 또한 그래프를 이용하여 가시성을 높이고 주요 지표들의 연도별 추이를 분석하고 시민들에게 설명하고 있음을 알 수 있다.

그림 3-46 샬롯시의 2019 성과리포트 예시

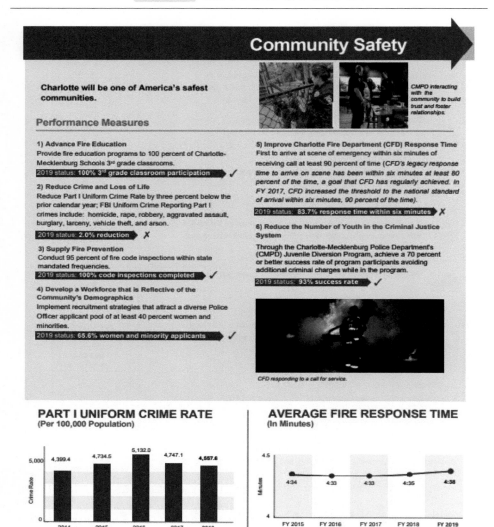

FY 2019 Performance Report 3

(2) 우리나라의 지방자치단체 성과보고(Performance Reporting)

우리나라의 경우 공식적인 지방자치단체 수준에서의 성과보고를 위한 플랫폼은 마련되어 있지 않다. 다만 전국 지방자치단체를 대상으로 한 평가는 행정안전부가 주관이 되어 실시하는 <지방자치단체 합동평가>가 있다. 이는 정부업무평가위원회에서 총괄 관리하는 형식으로 매년 시행되며 국정과제중심의 지표개발로 정부의 국정철학을 반영하게 하고 이를 중심으로 정렬(alignment)을 유도하는 차원에서 바람직하다고 생각된다. 또 한국일보가 한국지방자치학회와 함께 2018년부터 시행해 오고 있는 평가가 있는데 지표별로 지방자치단체를 비교하고 그 결과를 순위와 함께 지면을 통하여 보도하고 있다.[3] 그러나 이러한 평가 결과에 기초한 자치단체 간 순위라든지 우수자치단체에 대한 포상 및 표창이 대 시민 책임성 확보로 자동적으로 이어지지는 않는다. 여전히 주민들의 입장에서는 자신들이 낸 세금으로 지방자치단체가 무엇을 하고 있고 진척이 어떻게 되어 가고 있는지에 대한 현실적인 설명을 듣고 싶어 할 것이다. 특히 지방자치단체의 장들은 민자·국책사업에 대한 성과보고서를 주기적으로 공개하도록 의무화하여야 한다.

우선적으로는 각 지방자치단체가 스스로 홈페이지에 성과보고 사이트를 개설해야 한다. 그리고 궁극적으로는 지방자치단체를 위한 성과보고를 위한 포털이 만들어져야 한다. 정부업무평가위원회와 전국시도지사협의회, 그리고 전국시장군수구청장협의회 등이 주축이 되어 포털 사이트를 만들고 「정부업무평가기본법」에서 이를 의무화하는 규정을 만들어야 한다.

(3) 지방정부간 비교성과 보고: 노스캐롤라이나 주의 벤치마킹 프로젝트[4]

한편 지방자치단체 수준에서는 효율성지표를 중심으로 타 자치단체와 비교하여 비교지표를 공개함으로써 대 시민 책임성을 강화할 수 있다. 물론 이러한 상황은 선거로 선출된 기관장의 입장에서는 매우 불편할 수 있는 상황이기도 하겠지만 일단 책임성 강화를 위한 움직임이 시작되고 공감대가 형성되면 지표를 비교하는 웹사이트를 만들고 시민들에게 알리는 것이 가능하다. 모든 자치단체가 동시에 처음부터 참여할 필요도 없고 자발적으로 의지를 가진 기관장들이 자치단체 간 이미지 경쟁보다는 스스로의 효율성 개선을 위한 참고자료로 파악하고

---

3) 한국일보 전국 지방자치단체 평가 홈페이지 참조. < http://local.hankookilbo.com/ >
4) 노스캐롤라이나 주의 벤치마킹 프로젝트와 관련한 더 자세한 정보는 North Carolina Benchmarking Project | UNC School of Government 홈페이지 참조. <https://www.sog.unc.edu/resources/microsites/north-carolina-benchmarking-project> 접근일자: 2020.12.10.

벤치마킹을 위해 사용한다면 좋은 결과를 보여줄 수 있다.

　샬롯 시가 속한 노스캐롤라이나 주에서는 노스캐롤라이나 대학교(University of North Carolina at Chapel Hill)의 정부 대학원(School of Government)이 주관하여 이러한 비교지표를 위해 벤치마킹 프로젝트를 진행해 오고 있다. 샬롯 시는 이 프로젝트에 참여하는 15개의 시 중의 하나이다. 1995년 9월 1단계로 부터 시작하여 현재 15개의 시정부(municipalities)가 참여하고 있는데 총 3종류의 지표를 공개하는데 시와 다른 시의 평균값을 비교하여 해당시의 성과가 다른 시들에 비해 상대적으로 어느 정도 우수하고 어느 정도 미흡한지를 가늠해 볼 수 있는 중요한 자료를 이 프로젝트에서 제공하고 있다. 매년 조사가 이루어지고 노스캐롤라이나 대학 정부대학원 전문가 팀이 보고서를 작성하고 이 내용이 공개된다. 무엇보다 비교가 가능하려면 지표의 측정방식과 내용들이 통일되어져야 하지만, 더 중요한 것은 여기서 만들어진 정보는 각 시마다 인구 통계적 변수와 재정능력이 다르므로 이를 감안하여 의사결정을 하여야 한다. 세 가지 종류의 지표는 다음과 같다.

- 업무량 지표(Measures of Workload): 이 지표는 시에서 제공되는 서비스의 강도를 측정하는 것이며 이는 서비스에 대한 수요를 평가하는데 도움을 준다. 예를 들면 '생활쓰레기 수거량'이 대표적인 업무량 지표이다.
- 효율성 지표(Measures of Efficiency): 이 지표는 말 그대로 투입대비 산출을 보는 지표로서, 예를 들면 '생활쓰레기 톤당 수거에 드는 비용'이 대표적인 효율성 지표이다.
- 효과성 지표(Measures of Effectiveness): 이 지표는 제공된 서비스의 질에 대한 수준 내지는 시민들의 체감도 등을 측정하는 지표로서 '생활쓰레기 1,000개 수집 장소당 발생하는 민원의 건수'가 여기에 해당된다.

출처: North Carolina Benchmarking Project, Measures available at, https://www.sog.unc.edu/resources/microsites/north-carolina-benchmarking-project/measures

　또한 위의 세 가지 유형의 지표를 기준으로 노스캐롤라이나 대학교 전문가 팀들은 시와 협의를 통해 총 13개의 영역에서 성과지표를 통일시키고 이를 측정하고 비교하기로 결정하였다. 그 영역은 아래와 같다.

- 생활쓰레기수거(residential refuse service)
- 가정재활용품수거(household recycling)
- 정원쓰레기 및 낙엽수거(Yard wastes/leaf collection)
- 경찰서비스(police service)
- 위기상황시 소통(emergency communications)
- 아스팔트유지 및 보수(asphalt maintenance and repair)
- 소방서비스(fire services)
- 건물점검 및 준공검사(building inspections)
- 대중교통수단관리서비스(fleet maintenance)
- 중앙인사관리서비스(central human resources)
- 수돗물 서비스(water services)
- 폐수 서비스(wastewater services)
- 공원 및 위락시설 서비스(core parks and recreation services)

출처: North Carolina Benchmarking Project, Services, available at https://www.sog.unc.edu/resources/microsites/north-carolina-benchmarking-project/services.

아래의 <그림 3-47>은 애슈빌(Asheville) 시의 생활쓰레기수거 분야에서 위에서 언급한 유형의 지표들을 타 시들의 평균치와 비교한 결과를 보여준다. 이러한 비교를 통해 각 시정부는 효율성과 효과성 측면에서 타 시와 비교하여 무엇이 부족한 것인지에 대하여 정보도 공유하게 되고 또 다른 한편으로 혁신을 하게 되어 성과를 향상시키는데 기여할 수 있게 된다.

서두에도 언급하였지만 지방정부의 선출직 기관장의 입장에서 보면 이러한 성과지표가 공개되는 것이 유쾌한 일은 아닐 것이다. 다만 이러한 정보를 최대한 비교가 가능하게 가다듬고 정보가 알려지는 것으로 인해 감당하는 비용보다 정보의 공유와 비교를 통해 개선을 했을 때에 시민들에게 돌아가는 이익이 더 많이 생긴다는 사고의 전환을 해야만 이러한 프로젝트의 참여가 가능할 것이다. 이러한 사례가 점차 확산되어 한국에서의 기초지방자치단체들로 광역자치단체 단위 내에서 소속 기초자치단체들을 중심으로 시도해 볼 만할 가치가 충분히 있다고 본다.

최근 한 연구조사결과에 의하면 지방정부들이 이 프로젝트에 참여하는 이유

중 첫 번째는 내부책임성 강화(greater internal accountability)를 위한 것이었고 두 번째 요인은 더 나은 의사결정을 위한 것이었다. 오히려 성과관리 그 자체가 직접적 참여요인은 아니었다는 점이 흥미롭고 참여하는 지방정부들은 이 비교데 이터를 내부적으로 부서들에게 제공함으로써 부서들의 책임성을 강화하는데 활용하고 있다는 점이다. 참여한 지방정부 중 하나는 이 결과를 시민들과 공유했 다고 하는데 이것이 바로 외부책임성 강화와 연결된다. 그러나 아직까지 이 지 표들에 대한 상대적 랭킹(ranking)을 지역의 주민들에게 공개하기에는 정치적으 로 부담이 따를 수밖에 없다. 다만 내부책임성 강화를 위해 각 지방정부의 부서 들이 타 지방정부의 부서들과 비교할 때의 상대적 랭킹과 관련하여 후속미팅을 하게 되고 원인분석을 한 후 기관장에게 보고하는 등 긍정적 의미의 선순환이 일어나고 있다(Rivenbark, Roenigk, & Fasiello, 2017).

그림 3-47 애슈빌(Asheville) 시의 벤치마킹 리포트 예시

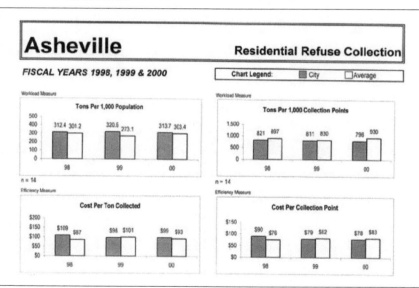

출처: North Carolina Benchmarking Project (https://www.sog.unc.edu/sites/www.sog.unc.edu/ files/Asheville%20residential%20refuse.pdf) 접근일자. 2020.12.10.

사실 이러한 비교성과데이터에 대한 활용도가 증가하기 위한 조건으로는 첫 번째로 효율성 지표와 같은 고차원의 지표(단순히 워크로드나 산출지표가 아닌)에

의존이 높아야 하고, 두 번째는 기관장의 비교 데이터를 의사결정에 활용하려는 의지가 높아야 하며, 세 번째는 비교 데이터 지표들이 기존의 주요 관리시스템 (key management system)내에서 통합관리 되어져야 한다는 것이다(Ammons & Rivenbark, 2008).

이러한 벤치마킹 프로젝트가 결국에는 조직간 학습(inter-organizational learning) 을 불러올 수 있고 이러한 학습은 비공식적·공식적 학습을 통해 참여하는 지방 정부에 많은 도움을 줄 수 있다. 먼저 비공식적으로는 각 지방정부가 다른 정부 를 방문하여 노하우와 전략, 전술들에 대해 학습하는 기회를 제공할 수 있고 공 식적으로는 프로젝트의 결과가 발표된 뒤 공식적으로 주관기관(여기서 North Carolina 대학의 정부대학원)이 우수사례(best practices)를 공표해 공유하는 것이다 (Ammons & Roenigk, 2015).

5. 성과지표가 체감되지 못하는 이유와 체감하는 성과지표 설정방법

성과보고가 국민들에게 체감되기 위한 가장 중요한 선결조건은 성과지표의 의 미전달력이다. 성과지표는 국민들과 소통하는 대화언어(communication language) 이며 여기에는 그 어떤 오해도 있을 수 없다. 사람들 간의 대화에서 종종 오해 가 발생하는 이유는 그만큼 대화에서 사용하는 말이 명확하지 않거나 추상적이 기 때문에 받아들이는 상대방의 입장과 관점에 따라 달리 해석될 수 있기 때문 이다. 잘 만들어진 성과지표든 못 만들어진 성과지표든 일단 성과지표의 형태로 측정이 되면 의사전달에는 문제가 없다. 다만 그것이 국민들에게 공감을 얻지 못하고 체감되지 못하기 때문에 문제가 되는 것이다. 즉 단순한 의사전달이 아 니라 의미전달에 실패하고 있는 것이다. 그렇다면 성과지표가 국민들에게 의미 전달이 되지못하고 체감되지 못하는 이유는 무엇일까? 본서에서는 그 이유로 아 래의 4가지를 들어본다.

1) 정부의 혁신노력을 보여주는 효율성 지표를 사용하지 않기 때문

시민들의 입장에서 보면 자신들이 낸 세금이 어떻게 잘 쓰이고 있는가에 관 심을 갖게 마련이다. 정부는 지속적으로 규모가 커지고 계속 늘어나는 세 부담에 조세저항까지 거론되는 상황 하에서 시민들이 그 돈이 얼마나 효율적으로 잘 쓰이고 있는지를 알고 싶어 하는 것은 당연한 것이다. 이를 위해서 정부는 여러 가지를 고민하고 혁신적인 방법을 강구하며 예산을 절약해 나가는데 주안점을 두어야 한다. 예를 들면 전년도에는 도로를 200km 깔았는데 총 1,000만원이 들었다면 올해 추가로 200km를 까는데 990만원이 들었다고 시민들에게 알려주는 것은 매우 중요하다. 효율성은 결국 산출(output)/투입(input)인데 산출(output)을 늘리고 투입(input)을 줄여나가는 것이 중요하다. 투입이 인력이든 예산이든 이 부분이 관리되어져야 한다. 그러나 안타깝게도 많은 정부들이 이 부분을 시민들에게 전달하고 있지 못하다.

효율성 지표는 이른바 지수의 개념을 통하여 시민들에게 소통과 체감의 지표로 다가갈 수 있다. 아래의 예시에서 보면(<표 3-19> 참조) 매년 투입과 산출의 수치를 보고 효율성 지수를 산출해 낼 수 있다. 즉 첫해 산출이 4이고 두 번째 해의 산출이 6이라면 그 증가분은 1.5가 된다. 마찬가지로 세 번째 해의 산출은 8÷4로 2가 된다. 투입(여기서는 투입 인력 수)도 만찬가지로 계산할 수 있고 기준년도인 첫해를 100으로 잡으면 효율성 지수는 두 번째 해에 125, 세 번째 해에 143이 되어 효율성이 개선되고 있음을 알 수 있다.

표 3-19 효율성 지수(Efficiency Index)에 대한 이해

Year	Output (Quantity Produced)	Input (Staff Years Expended)
1	4	10
2	6	12
3	8	14

Year	Output		Input		Efficiency Index
1	100		100		100
2	150	÷	120	=	125
3	200		140		143

출처: Usilaner, B. and Soniat, E.(1972). "Productivity Measurement," In George Washins (Ed.). *Productivity Handbook for Local and State Government*, pp.96-97, Wily & Interscience.

여기서 또한 산출(output)은 정책이나 프로그램, 사업, 구체적인 액션 등으로 표현되는데 특정한 정책이나 프로그램, 사업은 그 자체가 산출(output)이 아니라 구체적으로 측정 가능한 형태로 표현될 수 있어야 한다는 점을 잊지 말아야 한다. 예를 들면 쓰레기 수거 프로그램(garbage collection program)은 톤 단위의 쓰레기 수거량(tons collected)으로, 전력생산사업(power production project)은 킬로와트 단위의 전력생산량(kilowatts of power generated)으로, 고속도로 포장사업(highway construction project)은 포장된 콘크리트의 평방야드(square yards of concrete paved)로 측정되며 이러한 지표들이 산출지표(output measures)가 된다.

더 나아가 효율성지표라 할지라도 무조건 분자가 늘어나고 분모가 줄어드는 것이 좋은 것은 아니며 질(quality)이 보장된 효율성 지표여야 하는 경우가 있다. 예를 들면 "경찰의 달러비용 당 또는 소요시간 당 체포건수(number of arrests per dollar or per police officer hour)"는 잘못된 사인을 줄 수 있다. 무조건 비용과 시간이 줄고 체포건수가 늘어나는 것이 바람직한 것이 아니기 때문이다. 이런 경우에 조건을 달아 "사전공청회를 통과한 체포건수"를 분자로 하고 분모를 "경찰의 시간이나 달러비용"으로 잡으면(number of arrests that pass the preliminary hearing per dollar or per police officer hour) 양질의 지표를 유지할 수 있게 된다. 이렇게 지표를 정의하는 방식에 이제 익숙해 져야 한다.

2) 효과성 지표를 세분화하지 않고 거시적인 목표치만 제시하기 때문(구체적인 타겟의 결여)

효과성 지표는 결과지표인데 우리는 흔히 너무 포괄적인 지표를 보여주는데 익숙하고 구체적으로 기준점으로 정하여 세분화되거나 잘게 쪼개진 지표를 만들어 보여 주는 데는 익숙하지 못하다. 이 책의 앞에서 언급된 다양한 성과지표들 중, 예를 들어 메사추세츠 주의 "2020년까지 지난해 의료예방방문을 한 18~44세 구간에 있는 여성들의 비율을 베이스라인에서 5% 더 증가 시키겠다"는 지표나 연방정부의 "100,000명의 병원출산 당 산모의 심각한 질병 발생률", "2,500그램 미만의 저체중 아기가 출산되는 비율" 지표들은 같은 효과성 지표라도 매우 구체적이며 정부가 어디를 타겟(target)으로 보고 있는지가 분명하게 나타난다. 단순히 "출산률"과 "취업률", "교통사고사망율" 등의 거시적 지표를 공개하

는 것만으로는 시민들에게 정부가 무엇을 구체적 타켓으로 보고 있는지를 알려
주는데 실패하는 것이다. 이제 우리도 이러한 구체적인 효과성 지표를 정의하고
관리해 나가며 이를 공개하는데 익숙해 져야 한다.

아래의 <표 3-20>은 구체이며 세분화된 효과성 지표들이 그 자체로서만
의미를 갖는 것일 뿐 아니라 측정값들을 지역별로도 분류해서 입체적으로 보여
주고 전년도와 올해를 비교하여 보여주는 등 다양한 관점에서 보여줄 때 의미전
달력이 더 높아지고 체감도와 공감도가 더 높아질 수 있다는 점을 보여준다. 또
한 이외에도 고객집단별 비교와 성과목표대비 실적비교도 정보전달의 입체감을
더해 줄 수 있다.

특히 <표 3-20>에서 2번의 경우를 보면 "정부시설물을 5번미만으로 사용
한 사람들이면서 동시에 그 이유가 적어도 정부행동에 의해 영향 받았다고 답변
한 사람들의 비율"을 측정할 수 있다는 것을 보여주면서 성과지표가 단순히 하
나의 단어로 끝나는 것이 아니라 구체적인 문장으로 표현될 수 있다는 점을 잘
보여준다.

표 3-20 구체적인 효과성 지표를 통한 소통과 체감

Measures of Effectiveness	Region (Current Year)									Total City	
	I	II	III	IV	V	VI	VII	VIII	IX	Current Year	Previous Year
1. 정부시설물을 5번 미만으로 사용한 사람들의 비율(Percentage of persons who used government facilities fewer than 5 times during this year)	15	25	25	70	10	60	5	70	80	40	50
2. 정부시설물을 5번 미만으로 사용한 사람들이면서 동시에 그 이유가 적어도 정부행동에 의해 영향 받았다고 답변한 사람들의 비율(Percentage of persons who used government facilities fewer than 5 times during this year and whose reasons for nonuse were at least partly capable	7	20	10	40	2	40	4	50	60	25	30

of being affected by government action)											
3. 공원으로부터 자동차로 15분 이내에 위치하지 않은 사람들의 비율(Percentage of persons not within 15 minutes driving time of a park)	6	8	10	8	7	21	3	16	22	11	14
4. 중상을 입을 사람들의 수(Total number of severe injuries)	4	0	2	3	1	3	1	4	7	25	32
5. 전반적인 휴양 기회제공에 대하여 "보통" 또는 "부족"이라고 응답한 사람들의 비율(Percentage of persons rating overall recreation opportunities as either "fair" or "poor")	10	7	5	18	14	30	5	12	25	12	12

출처: Usilaner, B. and Soniat, E.(1972). "Productivity Measurement," In George Washins (Ed.). *Productivity Handbook for Local and State Government*, p.104, Wily & Interscience.

3) 최종결과지표만 집착하고 중간결과, 즉시결과지표를 도출해서 보여주지 못하기 때문(Risk Chain과 Result Chain의 중요성)

설사 결과지표 또는 효과성 지표들이 구체적으로 잘 만들어 졌다 하더라도 결과지표의 목표치가 달성되거나 개선되는 데에는 시간이 많이 걸리는 경우가 많다. 이러다 보니 성과지표가 달성되었다는 것을 보여주는데 집착한 결과 목표치를 적당히 낮게 잡거나 정부에게 유리해 보이는 지표들을 변형시켜 사용하는 현상이 나타나기도 한다. 이른바 보여주기 식 성과지표의 관리 및 공개가 이루어지고 있는 것이다. 이렇게 하면 체감되지 못하는 것은 당연하고 신뢰까지 잃게 만든다. 최종결과지표의 목표치는 도전적으로 설정하되 중장기적으로 봐야 하는 지표에 대해서는 특히 결과사슬(result chain)에 입각한 즉시결과지표와 중간결과지표를 잘 정의해서 보여주어야 한다. 즉시결과지표는 태도와 인식, 사고의 변화와 관련된 것이며 중간결과지표는 행동으로 일어나는 변화이다. 이러한 부분은 양적인 지표가 되기보다는 질적인 지표로도 표현된다. 최종결과지표는 달성이 안 되었다 하더라도 현재 즉시결과지표에 변화가 발생하고 있으니 조금만 더 기다려 달라는 메시지가 훨씬 더 국민에게는 체감이 된다. 물론 이 경우에도 결과(result)만 보고 결과사슬(result chain)을 설정하면 괴리가 더 생기게 되므로 반드시 위험사슬(risk chain)을 고려한 후 지표들을 설계해야 함은 이미 강조한 바와 같다. 앞의 Head Start 프로그램에서도 궁극적으로는 빈민가 저소득층 아이들의 reading score를 상승시키겠다고 했지만 첫 번째 평가에서 점수가 오르지 않았다. 그러나 Head Start 프로그램의 목적이 문제 상황에 적합한지를 따져보고 그 목적 외에 동일한 가치로 경합하는 다른 가치가 무엇인지를 살펴보면서 이 아이들에게 필요한 것은 "사회적으로 적절한 경험(socially relevant experience)"이라는 것을 파악하게 되었고 이러한 경험의 변화가 일어나고 있다는 점을 측정하기 위해서 "그 가족들과 아이들이 지역의 사회복지센터를 방문하려고 문의하는 빈도수가 많이 증가하고 있다"는 점을 질적 지표(qualitative measure)로 발표하였다. 이것은 일종의 심경과 태도의 변화가 일어나고 있다는 즉시결과지표의 형태로 표현한 것이었고 이 과정을 통해 Head Start 프로그램이 존폐위기에서 벗어나 지속적 지원을 받게 되었다. 물로 나중에 reading score가 목표치를 초과한 것은 물론이다. 질적 지표(qualitative measure)가 reading score라고 하는 결과지표에 선행요인이 된 것이다.

4) 지표를 가격표(price tag) 위주로만 보여주려 하고 다양한 측면을 동시에 못 보여 주기 때문(Government Decisions Vs. Public Decisions)

공공부문의 성과지표는 정부의 결정이 아닌 공공의 결정이어야 한다. 왜냐하면 다양한 이해관계가 하나의 지표로 통합될 수 없기 때문이다. 특히 서비스의 질(quality of service)을 측정할 때에는 하나의 지표로 모든 것을 설명할 수 없다. 반드시 다차원적으로 지표를 제공해야 시민들이 납득을 하게 될 것이다.

아래의 8개 항목은 Urban Institute가 제공하는 서비스의 질을 측정할 때 고려해야 하는 지표의 종류이다.[5] 정부는 여기서 보여주고 싶은 지표만 선별적으로 공표해서는 안 된다. 다차원적인 지표를 함께 제시해야 시민들이 이해할 수 있고 수용할 수 있다는 점을 명심해야 한다.

---

5) Usilaner, B. and Soniat, E.(1972). "Productivity Measurement," In George Washins (Ed.). *Productivity Handbook for Local and State Government*, p.92, Wily & Interscience.

(1) 서비스 활동이 의도했던 목적에 대한 만족도
(2) 서비스를 제공하는 과정에서 예기치 않게 발생할 수 있었던 부정적 결과를 어떻게 회피했는지를 보여주는 지표
(3) 서비스를 적절한 물량을 제공하고 있는지에 대한 지표
(4) 서비스가 공평하게 배분되고 있는지에 대한 지표
(5) 시민들에게 제공되는 서비스가 예의바르고 친절하게 제공되는지를 측정하는 지표
(6) 서비스를 제공하는 과정에서의 시민들의 요구에 대해 반응하고 있다는 것을 보여주는 지표
(7) 서비스를 이용하는 시민들의 수
(8) 서비스를 받는 시민들이 인식하는 만족도

6. 잘 만들어진 성과보고(Performance Reporting)가 어떻게 국민들에게 전달될 수 있을까?: 언론과 학회의 역할

이렇게 국민들이 이해할 수 있는 언어로 구성되고 일목요연하게 구성된 성과보고표가 국민들의 관심을 끌 수 있을까? 각 부처와 지자체, 기관의 홈페이지에 정보를 올려놓는다 하여도 시민들이 얼마나 찾아볼까?

이러한 현실적인 문제는 국가마다 정치적 시민의식 수준과 민주주의 성숙도에 따라 다르게 나타날 것이다. 그러나 이 부분을 통하여 필자가 강조하고자 하는 것은 디지털 시대에 미디어와 SNS의 역할이다.

각 기관들은 다양한 SNS를 통하여 시민들에게 다가가야 하고 지상파, 종합편성채널, 신문 등 다양한 매체를 통하여 정부의 성과보고 행동들을 보도하게 하여야 한다.

일정한 포맷에 맞추어 정기적으로 홈페이지나 정부성과포털 사이트에 발표되는 내용을 중심으로 언론의 비판과 견제가 있어야 한다. 관련 학회들과 연합하여 공동조사를 하고 발표를 해도 좋고 적어도 이러한 보도가 정기적으로 이루어져 국민들에게 소식이 전해 질 수 있도록 해야 한다.

전문학회들은 어느 부처의 성과보고가 대국민 책임성의 차원에서 가장 잘 이루어졌는지, 어느 자치단체의 성과보고가 가장 잘 이루어졌는지를 평가할 수 있

는 지표를 만들고 이에 따른 평가를 통하여 순위를 국민들에게 알릴 수 있어야 한다.

이러한 학회들을 통한 전문가들의 노력과 언론을 통한 정부견제의 역할이 긍정적인 방향으로 작동할 때 성과보고(performance reporting)가 민주주의를 실현하는 중요한 장치로 자리잡을 수 있을 것이다.

기존의 한국행정학회와 한국정책학회, 한국지방자치학회 등 유관학회들에서 선거공약평가단이 만들어 지고 선관위나 언론사와 제휴하여 평가결과를 발표해왔는데 이러한 평가를 선거 때만 하는 것이 아니라 매년 정기적으로 국민의 세금으로 운영되는 중앙정부와 지방자치단체, 공공기관 등이 연초에 성과지표를 공개하고 연말에 이에 대한 달성결과를 요약정리해서 국민들이 이해하기 쉽도록 잘 전달하려고 노력했는지에 대해 언론사들을 포함한 미디어와 학회들이 평가를 하고 이 결과를 국민들에게 알려주는 역할이 필요하다.

이제는 투입(input)중심, 즉 '무엇을 하겠습니다'라는 버전으로 선거가 이루어지고 여기에 국민들이 표를 던지는 관행에서 벗어나 결과(results)를 중심으로 국민들이 표를 던질 수 있도록 정치·행정시스템을 개편해 나가야 한다. '무엇을 하겠습니다' 했으면 그 결과가 무엇이었는지를 다음 선거에는 꼭 국민들이 물을 수 있어야 하고 이 결과를 알고 국민들이 표를 던질 수 있어야 한다. 그동안 학회와 언론사 등도 공약의 적절성, 실현가능성에 대한 평가만 해왔지 그 공약이 실제로 얼마나 달성되었는지에 대한 평가는 없어왔던 것이 현실이라는 측면에서 보면 이제 우리 정치행정시스템이 결과(results) 중심으로 평가받는 시기가 와야 한다고 믿는다. 이것이 민주주의를 더 성숙한 단계로 끌어올리는 길이다.

참고문헌

기획재정부(2019). 「2020년도 공공기관 경영평가편람」.

_____ (2020). 「2019년도 준정부기관 경영실적평가보고서(위탁집행형)」.

김지선(2014). "체감안전도에 영향을 미치는 요인들", 「한국정책학회-서울지방경찰청 학술 대 심포지엄 논문집」, pp. 3-26.

김태영(2014). "언론보도가 체감안전도에 미치는 영향", 「한국정책학회-서울지방경찰청 학술 대 심포지엄 논문집」, pp. 27-46.

대한민국 정부(2020). 「문재인 정부 3년: 100대 국정과제 추진실적」.

안진호92019). "사용자경험과 에스노그라피를 활용하여 페르소나 워크숍으로 풀어보는 저출산의 원인분석", 한국정책분석평가학회 하계학술대회 발표논문.

와카마츠 요시히토(2000). 「하루 1시간만 일하는 도요타형 인간」, 삼진기획.

이석환(2008). 「UOFO(Unreasonable Objectives-focused Organization): 신뢰받는 정부와 기업을 위한 전략적 성과관리」 법문사.

이성우(2008). "후기실증주의와 질적연구방법의 정책분석평가연구에의 적용가능성", 「한국정책분석평가학회보」, 18(4), 15-42.

Ammons, D.N. & Rivenbark, W.C.(2008). "Factors Influencing the Use of Performance Data to Improve MunicipalServices: Evidence from the North CarolinaBenchmarking Project." *Public Administration Review*, 68(2), pp. 304-318.

Ammons, D.N. & Roenigk, D.J.(2015). "Benchmarking and Interorganizational Learning in Local Government." *Journal of Public Administration Research and Theory*, 25(1), pp. 309-335.

Atkinson, P. & Hammersley, M.(1994). "Ethnography and Participant Observation." In Denzin, N.K. & Y.S. Lincoln (Eds.), *Handbook of Qualitative Research* (pp. 236-247). Thousand Oaks, CA: Sage.

Baehler, K., Liu, A.C. & Rosenbloom, D.H.(2014). "Mission Extrinsic Public Values as an Extension of Regime Values: Examples from the United States and the People's Republic of China." *Administration & Society*, 46(2), pp. 199-219

Bryer, T.A. & Cooper, T.L.(2007). "Challenges in Enhancing Responsiveness in Neighborhood Governance." *Public Performance & Management Review*, 31(2), pp. 191-214.

Collins, J. & Porras, J.(1996). "Building your company's vision." *Harvard Business Review*, September-October Issue, pp. 65-77.

Denzin, N.K, & Lincoln, Y.S.(1994). "Introduction: Enterning the Field of Qualitative Research." In Denzin, N.K & Y.S. Lincoln (Eds.), *Handbook of Qualitative Research* (pp. 1-18). Thousand Oaks, CA: Sage.

Drucker, P.(1954). *The Practice of Management*, NY: Harper.

_____.(1993). *Innovation and Entrepreneurship*. NY: HarperCollins.

_____.(2003). 「단절의 시대」, 이재규 옮김, 한국경제신문.

_____.(2008). *The Essential Drucker: The Best of Sixty Years of Peter Drucker's Essential Writings on Management*. NY: HarperCollins.

Epstein, Paul D. & Paul M. Coates & Lyle D. Wray.(2005). *Results That Matter: Improving Communities by Engaging Citizens, Measuring Performance, and Getting Things Done*. San Francisco: Jossey-Bas.

Fischer, F.(1995). *Evaluating Public Policy*, IL: Chicago, Nelson-Hall.

Guba, E.G. & Lincoln, Y.S.(1994). "Competing Paradigms in Qualitative Research." In Denzin, N.K. & Y.S. Lincoln (Eds.), *Handbook of Qualitative Research* (pp. 105-117). Thousand Oaks, CA: Sage.

Hamilton, D.(1994). "Traditions, Preferences, and Postures in Applied Qualitative Research." In Denzin, N.K. & Y.S. Lincoln (Eds.), *Handbook of Qualitative Research* (pp. 60-69). Thousand Oaks, CA: Sage.

Ho, A. & Coates, P.(2004). "Citizen-Initiated Performance Assessment." P*ublic Performance & Management Review*, 27(3), pp. 29-50.

Ho, Alfred T.(2007). "Exploring the Roles of Citizens in Performance Measurement." *International Journal of Public Administration*, 30(11), pp. 1157-1178.

Holstein, J.A. & Gubrium, J.F.(1994). "Phenomenology, Ethnomethodology, and Interpretive Practice." In Denzin, N.K. & Y.S. Lincoln (Eds.), *Handbook of Qualitative Research* (pp. 262-272). Thousand Oaks, CA: Sage.

Janis, I.L. & Mann, L.(1977). *Decision Making*, NY: Free Press.

Janis, I.L.(1982). *Groupthink: Psychology Studies of Policy Decisions and Fiascoes* (2nd ed.). Boston: Houghton-Mifflin.

Jensen, U.T. & Moynihan, D.P. & Salomonsen, H.(2018). "Communicating the Vision: How Face to Face Dialogue Facilitates Transformational Leadership." *Public Administration Review*, May 2018, 78(3), pp. 350-361.

Liao, Y.(2018). "Toward a Pragmatic Model of Public Responsiveness: Implications for Enhancing Public Administrators' Responsiveness to Citizen Demands." *International Journal of Public Administration*, 41(2), pp. 159-169.

Longley, J. & Pruitt, D.G.(1980). "Groupthink: A Critique of Janis's Theory." In L.

Wheeler (ed.), *Review of Personality and Social Psychology* (pp. 74-93), Beverly Hills, CA: Sage.

Massachusetts(2016). "Maternal and Child Health Services Title V. Block Grant," *FY 2016 Application/FY 2014 Annual Report*.

Nick, Craig & Scott, A. Snook.(2014). "From Purpose to Impact." *Harvard Business Review*, May Issue, pp. 104-111.

Piotrowski, S., Rosenbloom, D.H, Kang, S., Ingrams, A.(2018). "Levels of Value Integration in Federal Agencies' Mission and Value Statements: Is Open Government a Performance Target of U.S. Federal Agencies?." *Public Administration Review*, 78(5), pp. 705-716.

Rivenbark, W.C., & Roenigk, D.J., & Fasiello, R.(2017). "Twenty Years of Benchmarking in North Carolina: Lessons Learned from Comparison of Performance Statistics as Benchmarks." *Public Administration Quarterly*, 41(1), pp. 130-148.

Schachter, Hindy L.(1996). *Reinventing Government or Reinventing Ourselves: The Role of Citizen Owners in Making a Better Government*, Albany, New York: State University of New York Press.

Stewart, Thomas A. & Raman, Anand P.(2007). "Lessons From Toyota's Long Drive. The HBR Interview. Katsuaki Watanabe." In: *Harvard Business Review*, 85(7), pp. 74-83.

Usilaner, B. and Soniat, E.(1972). "Productivity Measurement," *Productivity Handbook for Local and State Government*, Wily & Interscience.

Yang, K. & Pandey, S.K.(2007). "Public Responsiveness of Government Organizations: Testing a Preliminary Model." *Public Performance & Management Review*, 31(2), pp. 215-240.

샬롯시 홈페이지(https://charlottenc.gov/Pages/Home.aspx)
맵플러[주유소] 홈페이지(http://mappler.net/gasstation/)

Epilogue

I

융복합의 4차 산업혁명시대와
Blue Government

　많은 사람들이 4차 산업혁명을 이야기하고 인공지능과 빅데이터, 사물인터넷, 로봇을 이야기한다. 많은 사람들이 이제 곧 4차 산업혁명시대의 도래로 말미암아 우리사회의 모든 분야가 예외 없이 패러다임이 바뀔 것이라 예측한다. 교육, 윤리, 문화·예술, 금융, 제조업 등 사회 모든 분야에 걸쳐 지금까지 해 왔던 방식이 먹혀들지 않을 것이라 경고한다. 또한 많은 사람들이 이러한 현상은 전 세계적인 현상이기 때문에 대한민국이 이미 늦은 감이 있고 미국 등 선진국들이 이미 새로운 사회를 맞이하기 위해 제도와 법령을 정비하고 새로운 직업을 발굴하고 새로운 질서를 만들어나가고 있기 때문에 서둘러야 한다고 주장한다.

　그래서 많은 사람들이 이러한 사회에 대비하기 위해 정부가 적극적으로 나서서 역할을 해야 하고 정치권에서도 이에 부응해야 한다고 주장한다. 가상·증강현실산업, 자율주행산업, 3D 프린팅산업, 인공지능산업, 디스플레이산업, 생체인식산업 등 다양한 분야의 산업을 선제적으로 육성하기 위해 정부가 노력해야 한다고 주문한다.

이들이 주문하는 것은 정부가 규제를 완화하고 관련법령을 정비해 주어야 하며 관련 산업에 과감한 재정투자를 해 주어야 한다는 것이다. 다 맞는 말이다.

그러나 이러한 사회에 대비하기 위해서 정부가 그에 맞게 바뀌어야 한다고 주문하는 사람은 내 주변에는 별로 없는 것 같다. 4차 산업혁명은 사회 모든 분야에 걸쳐 크나큰 변화를 가져올 것이며, 정부도 그 사회 모든 분야 중 한 분야인데도 마치 그 변화에서 정부는 예외가 된 것처럼 착각하는 경향이 있는 것 같다. 정부도 4차 산업혁명시대에 없어져야 할 조직이 있고 불필요한 인력이 발생할 것이며, 없어지는 직책과 새로 생기는 직책 사이에서 많은 고민을 해야 하는 것이 당연하다. 정부는 미래의 수요에 적응할 수 있도록 공무원들에게 새로운 교육을 시켜야 하고 이들이 새로운 보직을 감당하게 하여야 한다. 정부는 로봇과 인공지능이 행정시스템에 들어와 서비스하는 모습에 대비하고 이에 맞는 시스템 구축과 사람과의 역할분담을 준비해야 하며, 이와 관련한 윤리와 책임의 문제 등을 깊이 논의해야 한다. 정부는 낮은 가치의 일을 했던 공무원들이 높은 가치의 일을 할 수 있도록 도와야 하며 그에 맞는 미래업무를 만들어 내야 한다. 이제 더 이상 과거에 만들었던 조직과 프로그램을 그대로 놓아두고 4차 산업혁명시대가 도래하였으니 또 하나의 추가업무가 늘어났다는 판단 하에 새로운 조직과 프로그램을 늘려나갈 생각도 버려야 한다. 시장에서는 수 만개의 일자리가 사라질 것이라고 예측하는데 정부 내에서 공무원들의 직책이 그대로 살아 있을 거라 생각해서도 안 된다.

여전히 정부부처는 자신의 목표와 기능에만 충실하여 하나의 시장에 서로 다른 규제를 내 놓고 충돌하는 정책을 내놓는다. 개별 부처와 함께 관련주제와 관련하여 토론을 하면 정부가 하나로 즉 'one government'로 움직여야 한다는 점에 동의하면서도 부처로 돌아가면 다시 부처중심주의로 모든 정책이 흘러버린다.

여전히 정부는 전문가들의 주문에 취해 마치 정부부처가 (예를 들면) 3D 프린팅 산업을 키우는데 자신의 부처가 1등 공신 이었다는 말만 듣고 싶을 뿐, 시장에서 여러 부처의 이해관계로 복잡하게 얽혀있는 문제를 그 어느 부처도 직접 나서서 풀려하지 않는다.

여전히 정부는 4차 산업혁명에 맞는 체질을 갖추기 위해 덜어내야 할 업무나

관리상의 효율성 이슈에는 관심을 크게 갖지 않은 채 몸집만 커진 비만한 정부가 시장에 채찍을 가하며 4차 산업혁명시대를 대비해 체중감량을 해야 한다고 기업들에게 주문하는 격이다.

여전히 정부는 불필요한 사업들을 펼쳐가면서 4차 산업혁명시대에 걸맞지 않은 선심성 사업들을 펼치고 혈세를 낭비해 나간다.

오해는 없기 바란다. 지금 대한민국의 정부전체가 그리고 정부에서 근무하는 공무원들이 모두 이렇다는 것이 아니다. 전 세계적으로 정부는 이런 모습들을 보여 왔고 정부에 대한 신뢰는 모든 국가에서 예외 없이 시간이 흐를수록 하락하고 있다. 누군가는 이제 생각을 바꾸어야 한다. 정부가 사회의 한 복판에 존재하고 정부가 바뀌어야 사회가 바뀐다는 생각을 가져야 한다. 그래서 이 책에서 반복해서 말하지만 "생산적인 사회는 생산적인 정부에 의존한다(productive society depends on productive government)"라는 Hindy Schachter 교수님의 말이 가슴에 와 닿는다. 필자가 미국에서 박사과정에 있을 때 Schachter 교수님에게 수업을 들었는데 그때 당시 이 말이 멋있게 보였지만 단순히 행정학을 공부하니까 민간부문 보다는 공공부문의 중요성, 정부의 중요성을 강조하는 말로만 들렸었다. 그러나 학위를 받은 지 20년이 지난 지금 이제 와서야 이 말이 왜 중요한 말인지를 깨달았다. 지금 여기서 써 내려가는 에필로그가 그 답을 제공해 준다고 믿는다. 행정학자로서 많은 부족함을 느낀다.

Blue Government는 민주주의 사회에서 우리 모두가 바라고 꿈꾸는 정부의 모습일 것이다. 지금까지 이야기 했던 가상의 우려가 Blue Government에서는 나타나지 않는다.

Blue Government는 변해서는 안되는 진실된 가치에 기반하여 목적을 정의하고 이를 구현하기 위한 비전을 설정한 후, 미래를 예측하지 않고 이미 발생한 사건에 집중하는 전략적 기획을 통하여 다가올 미래를 대비하는 목표를 세우며, 관련된 조직들은 정렬시키고 당사자의 관점에서 시민이 부여하는 의미에 기초하여 정책문제를 정의하며, 사회전체를 보면서 조직간 나타나는 목표의 충돌을 사전에 조율하며, 사회전체를 지휘하는 오케스트라의 지휘자로서 사회구성조직들이 성과를 낼 수 있도록 통치하고 이 모든 과정을 투명하게 공개하여 국민에 의해 견제받을 수 있도록 준비하고 움직이는 이상적인 정부의 모습이다. 이 모든 과정에는 국민을 위해 존재해야 하는 정부의 목적(purpose of government)이 반영되며 이를 하나의 키워드로 표현한다면 아마도 '공감(sympathy)'일 것이다. "시민들의 감정, 의견, 주장에 대해 정부도 그렇다고 또는 그럴 수 있다고 느끼는 감성" 이것이 정부에게 필요하다. 그래야 변화된 패러다임 하에서 문제를 해결할 수 있는 방안이 생긴다. 패러다임의 변화는 정부가 만들어 가는 것이 아니다. 사회가 만들어가는 것일 뿐이며 정부는 그러한 사회의 한 복판에서 다른 사회구성조직과 함께 가야 하는 구성원일 뿐이다. 이것이 정부가 사회와 분리될 수 없고 사회의 한 구성원으로서 핵심적인 역할을 해야 하는 이유이다.

만일 Blue Government가 이상적인 모델에 그친다면 말 그대로 대한민국의 미래는 "blue" 할 수밖에 없다.

이제 대한민국이 4차 산업혁명시대를 전 세계적으로 리드하는 국가로서 세계의 모범이 되기를 기대하며 그 한가운데 대한민국 Blue Government가 있기를 기대한다.

Epilogue
Ⅱ

BLUE Society를 위하여

BLUE House / BLUE Government / BLUE Parties
/ Blue Enterprises / BLUE Citizens

지금까지 Blue Government를 이야기했지만 사실 이제 공공부문과 민간부문 사이에 경계선이 모호해 지고 있는 것이 사실이다. 필자의 저서인 「UOFO: 신뢰받는 정부와 기업을 위한 전략적 성과관리(법문사, 2008)」에서도 언급했듯이 공공부문의 비전과 민간부문의 비전이 유사해 지고 있다. 필자는 다음과 같이 공공부문과 민간부문의 경계선이 무너지고 있음을 설명하였다.

최근 기업들의 사회적 책임(CSR: Corporate Social Responsibility)에 대한 논의가 강화되면서 윤리경영을 내세우고 기업의 이익을 사회에 환원하려는 행동들이 자주 나타나고 있다. 물론 기업의 이미지 제고를 위해서이지만 어쨌거나 과거에는 볼 수 없었던 적극적인 사회참여 활동들을 기업들이 보이고 있는 것이 사실이다. 그런데 이러한 사회적 책임이라는 범위에서 한 단계 더 나아가 공공부문을 자처하고 나서는 기업들이 생겨나고 있다는 사실을 주목해야 한다. 실제 소프트웨어 회사와 지역경제개발 회사들이 회사의 미션을 "We are part of the society..."로 시작하는 문구로 대체하고 비전 문구에 "Wellness of Citizen"이 들어가기 시작했다는 것이다...(중략) 기업들의 논리는 과거에 Micro-level에서의

전략으로 Macro-level(매출액, 수익증대)을 달성하기 위해 노력하는 소위
Inside-Out Strategy를 사용했다면, 이제 기업들이 Micro-level 위에 Mega
Level을 올려놓고 Micro-Level에서의 전략을 통하여 Mega-Level의 목표를 달성
하려고 노력하고 있다는 것이다(Outside-In Strategy). 이것이 바로 공공부문이
비전으로 달성하고자 하는 시민들의 삶의 질과 관련된 내용들이며 이 역할을 기
업이 하겠다고 나선 것이다. 그러나 기업의 논리는 이른바 Mega-Level에서의 목
표달성을 통하여 그 효과가 Macro-Level로 다시 이어질 수 있다는데 대해서 확
신을 가지고 있다(이석환, 2008: 162).

위의 설명에서도 알 수 있듯이 비전만 보면 기업의 비전인지 지방정부의 비
전인지 구분하기 어려운 경우가 자주 등장하고 있다. 최근의 대한민국에서도 SK
그룹은 <사회적가치연구원>[1]을 설립하고 계열사들이 사회적 가치 창출에 많
은 투자를 하게 하는 등 적극적인 노력을 하고 있다. 단순한 이윤창출이 목적이
아닌 나누고 함께 성장하는 사회를 이루려고 하는 기업들의 움직임이 가시화되
고 있다. <사회적가치연구원>의 홈페이지를 보면 기업이 하는 일들을 어떻게
하면 사회적 가치에 연결시킬 수 있고 그 영향력은 어느 정도나 되는지를 분석
하는 작업들이 일어나고 있다. 역시 얼핏 보면 중앙정부나 지방자치단체가 하는
일과 유사해 보일 수 있다. 이 연구원에서 논의되는 모델과 사업들을 바탕으로
SK 계열사들이 사회적 가치 창출에 많은 노력을 기울이고 있는 것으로 보인다.
중앙정부와 지방자치단체가 함께 협업해서 만들어 갈 수 있는 부분들이 많이 존
재함은 물론이다.

그렇다면 이제 Blue Government는 정부만의 몫이 아니다. 기업도 Blue
Enterprises가 되어야 하고 청와대도 진정한 의미의 Blue House가 되어야 하며
정당들도 블루정당(Blue Parties)이 되어야 한다. 그리고 일반 시민들도 Blue
Citizen이 되어야 한다. 조직과 개인의 단위는 다르지만 BLUE의 정신은 개인
차원에서도 얼마든지 적용될 수 있는 개념이다. BLUE는 연계맺고 있는 모든 대
상들과 쌍방향 커뮤니케이션이자 네트워크여야 하기 때문이다. 이렇게 Blue

---

1) 사회적가치연구원 홈페이지 참조. <https://www.cses.re.kr/>

House, Blue Government, Blue Enterprise, Blue Citizen이 활동하는 무대, 그곳은 바로 Blue Society가 된다. 그 어떤 사회보다 가장 아름다운 민주주의 사회, 누구나 소속되어 살고 싶고 꿈 꿀 수 있는 사회가 될 것이라 확신한다. Blue Society를 위하여!!!

The B·L·U·E Government Basics·Linkages·Unity·Equilibrium

부록

●부록 1●

비합리적 목표들의 중요성[1]

성매매특별법 위헌논란과 실증주의 기반의 성과관리, 그리고 비합리적인 목표들의 중요성

2004년부터 시행되어왔던 성매매특별법에 대한 위헌 논란이 현재 뜨겁다. 한때 미아리 집창촌의 저승사자라 불리었던 김강자 전 종암경찰서장이 최근 헌법재판소에서 열릴 위헌심판에 증인으로 나와 성매매특별법이 위헌이라고 주장할 예정이라고 한다.

김강자 전 서장의 이야기를 들어보면 집창촌 집중단속을 하면서 그곳에서 일하는 여성들을 만나보고 대화를 해 보니 이들에게 집창촌은 가정에서 당한 성폭력과 가정불화로 인한 괴로움으로부터 탈출하여 안전하게 보호해 주는 삶의 생계형 피신처였다는 것이다. 이들에게 아무리 직업을 전환하라고 권유하고 내보내도 끝내는 적응하지 못하고 다시 돌아왔다는 것이다.

성매매특별법을 반대하는 또 하나의 이유로 김강자 전 서장은 집중단속으로 인해 변종 성매매 업종이 등장하고 더 음성화했다는 이유를 들었다. 물론 김강자 전 서장이 성매매를 다시 허용하는데 동의하는 것이 아니다. 생계형 성매매를 획일적으로 금지하는 특별법에 위헌소지가 있다는 의미를 강조하는 것이다.

최근 이 기사를 보면서 정책의 성과에 대한 평가의 기준을 현실에서 다시 생각해 보게 되었고 평소에 필자가 주장하고 생각해 왔던 성과관리에 대한 철학이 틀리지 않았음을 다시 한 번 확인하게 되는 계기가 되었다.

역사상 끊임없이 계속되어왔던 학문적·실제적 논쟁이지만 이른바 논리 실증

---

[1] 이 글은 이석환(2015). 정책논단: 성매매특별법 위헌논란과 실증주의 기반의 성과관리, 그리고 비합리적인 목표들의 중요성, 한국정책학회 「e-정책 Magazine」 38호에 기고한 글임을 밝힌다.

주의적 관점에서 객관적, 경험적 데이터에만 의존하는 성과평가가 얼마나 결점이 많은 것인지에 대해 강조를 하고 싶다.

아마도 당시에 김강자 전 서장의 목표 내지는 성과지표는 미아리 집창촌에서 영업하는 업소의 수를 최종적으로 '0'으로 만들려는 것이었을 것이다. 객관적으로 증명할 수 있고 경험적으로 뒷받침될 수 있는 성과임이 분명하며 재임기간 동안 상당한 정도의 목표를 달성했다고 보인다. 그러나 김강자 전 서장은 단속이나 규제행위가 대상 집단의 삶에 어떠한 영향을 미칠 수 있는지를 고려하지 못했다.

이른바 해당단속이 Frank Fischer가 정책평가 모델에서 이야기한 2단계인 상황적 타당성(Situational Validation)을 고려하지 못했다는 점이다. 규제나 단속이 집창촌에서 일하는 여성들을 내모는 방식으로 이루어져서는 안되며, 이들에게 재활을 할 수 있는 재교육 기회와 취업을 시킬 수 있는 노력이 병행되어야 했지만 이건 종암경찰서, 더 나아가 서울경찰청이 담당할 몫이 아니었다.

성매매특별법은 Fischer가 언급한 3단계 기준인 사회적 지지(Societal Vindication)를 얻는데에도 성공하지 못했다. 특별법으로 인해 변종 성매매가 나타나고 점차 주택가로 음성화하여 번지는 예상치(?) 못한 결과도 초래했던 것이다.

공공정책의 성과평가에 있어, 특히 규제나 단속이 수반되는 정책평가나 사회적 약자를 대상으로 하는 지원정책을 평가함에 있어서는, 객관적으로 측정할 수 있는 계량지표만으로 정책이나 사업의 성과를 평가하는 우를 범해서는 안된다.

최근 정부 3.0에 대한 관심이 대통령과 정부 내에서 높다. 정부 3.0의 핵심은 결국 개방·공유·소통·협력을 통하여 맞춤형 서비스를 제공하는 것이고 기관 간 수평적 협업을 통하여 이를 이루자는 것인데 성매매특별법으로 현장을 단속을 하면서 그곳에서 일하는 여성들에 대한 재교육과 재활에 대해 유관기관들이 서로 경찰청과 함께 협업했더라면 조금 상황이 나아지지 않았을까라고 믿는다면 필자가 너무 순진한 것일까?

경찰서나 경찰청의 입장에서는 성매매여성들의 재교육과 재활까지 돕는 일이 자신들의 업무가 아니라고 생각했을 것이다. 집창촌에서 영업하는 업소의 수를 줄이는 목표달성과 함께 여성들의 재교육과 재활까지를 함께 성과지표로 주고 유관기관과의 협업을 유도하는 성과관리 시스템의 정착이 아쉽다. 이러한 시스템이 정착되지 않는 한 집창촌 여성들의 재활을 돕는 성과지표는 경찰서나 경찰청에게 여전히 비합리적인 목표(Unreasonable Objectives)일 것이다.

이러한 비합리적이고 비상식적인 목표(Unreasonable Objectives)들이 정부 부처 전반에 많이 뿌려졌으면 좋겠다.

● 부록 2 ●

Guiding Principles과 체크리스트

Example Behaviors

- Accepts responsibility for own performance and that of all direct reports
- Is dependable; keeps commitments
- Responds promptly
- Follows up on unresolved issues or questions
- Maintains confidentiality as required and requested

—— —— —— —— ——

Productivity: Seeks to achieve the best balance of cost and quality in accomplishing organizations goals.

Comments:

Example Behaviors

- Puts in a day's work for a day's pay; begins work assignments promptly, meets deadlines, and establishes priorities to make best use of time
- Actively looks for ways to complete tasks in the absence of supervision
- Completes assignments accurately and on time; meets quality standards
- Adapts to changing priorities and job responsibilities
- Offers suggestions for continuous improvement and cost efficiency
- Looks for opportunities to improve services

—— —— —— —— ——

Diversity: Promotes an inclusive environment in which everyone respects individuals and values the contributions of all.

X   F   A   M   II

Comments:

Example Behaviors

- Treats others with respect and dignity
- Understands past experiences, personal values and biases might affect working relationship
- Communicates effectively with others who are different from you
- Shows a willingness to learn about others who are different from you
- Seeks to understand different points of view, both internally and externally
- Recognizes and challenges harassment, discrimination and culturally biased behaviors

—— —— —— —— ——

Employee Development: Strives to grow personally and professionally; looks for ways to help others develop.

Comments:

Example Behaviors

- Integrates new knowledge as skills
- Adapts to changing priorities and job responsibilities
- Shows initiative in finding and participating in growth activities
- Finds and corrects own mistakes; learns from mistakes
- Readily accepts challenging work assignments, schedules or priorities
- Recognizes own limitations and seeks help when needed
- Continually seeks to improve and grow; seeks to improve computer literacy
- Coaches and/or mentors others in their personal and career development
- Creates a positive climate through fostering career growth and opportunities

—— —— —— —— ——

We will provide all customers with courteous, responsive, accessible and seamless quality services

Comments:

Example Behaviors

- Provides our customers (internal and external) with courteous service that is readily accessible, seamless in delivery, and responsive to needs.

- Displays effective, respectful and professional behavior in all contacts
- Seeks to exceed City, KBU, and workgroup performance targets.
- Treats customers and fellow workers with courtesy, patience, and integrity
- Seeks to improve current processes; works to meet emerging needs
- Adheres to the City's Code of Ethics, guidelines, and customer-related policies

We will take initiative to identify, analyze and solve problems

Comments:

Example Behaviors
- Seeks to improve current processes; works to meet emerging needs
- Looks for opportunities to improve services
- Brings problems to the forefront
- Offers suggestions/options to resolve problems
- Encourages open dialog
- Is open-minded and considers multiple options
- Finds positive ways to solve problems

THE FOLLOWING TWO GUIDING PRINCIPLES WERE NOT INCLUDED ABOVE BECAUSE THEY ARE NOT APPLICABLE TO ALL EMPLOYEES AND BEHAVIORS ARE NOT READILY IDENTIFIED. THEY ARE TO BE INCLUDED IN THE PERFORMANCE PLAN FOR INDIVIDUAL EMPLOYEES WHO ARE ACCOUNTABLE FOR SUCCESS IN THESE AREAS.

We will attract and retain a skilled and diverse workforce

We will collaborate with stakeholders to solve problems and make decisions

부록

PERFORMANCE REVIEW AND DEVELOPMENT PLAN
Fire Inspector

Marking Period	Name:

PRD Commitment To City Guiding Principles — Employee Initials:

CUSTOMER SERVICE
Employee values teamwork, openness, accountability, productivity, diversity and self-development

Appraisal	Exceptional or Exceeds Performance
X	Consistently exceeds expected behaviors and regularly produces superior & unique results
E	Frequently exceeds expected behaviors and meets requirements
Expected Behaviors	*Improves current processes; works to meet emerging needs*
	Performs to exceed City, KBU, and workgroup performance targets
	Extraordinary helpfulness and friendliness when serving the external or internal customer

Appraisal	Achieved Expectations
A	Met expected behaviors consistently and occasionally exceeded requirements
Expected Behaviors	*Provides our internal and external customers with courteous and responsive service that is readily accessible, seamless in delivery, and responds to their needs*
	Displays effective, respectful and professional behavior in all contacts
	Treats customers and fellow workers with courtesy, patience, and integrity
	Adheres to the City's Code of Ethics, guidelines, and customer-related policies

Appraisal	Marginal or Unacceptable Performance
M	Inconsistently met all behaviors listed above for achieving expectations
U	Rarely met or failed to meet all behaviors listed above for achieving expectations

Supervisor Comments:

Fire Inspector Job Performance	Employee Initials:	

FIRE INSPECTION DOCUMENTATION
Properly documents all fire inspections related information in FDM. Inspector ensures building history information is correct, checks permits and chemical list, and updates contacts.

Appraisal	Expected Behaviors
X	Consistently exceeding expected behaviors / regularly produces superior & unique results
Expected Behavior	*Audit inspections reveal a less than 2% margin of error in inspector's FDM entries.*
E	Frequently exceeds expected behaviors and meets requirements
Expected Behavior	*Audit inspections reveal a margin of error between 3% and 10% of inspector's FDM entries.*
A	Met expected behaviors consistently and occasionally exceeded requirements
Expected Behavior	*Inspector enters all reports into FMD in a timely fashion with minimal data entry errors. Inspector provides clear and concise explanation of violations and special inspection notes. Inspector completes building history and related information in FDM. Audit inspections reveal a margin of error between 10% and 15% of inspector FDM entries*
M	Inconsistently met behaviors listed above for achieving expectations
Expected Behavior	*Audit inspections reveal a margin of error below 15% of inspector FDM entries*
U	Rarely met or failed to meet all behaviors listed above for achieving expectations
Expected Behavior	*Audit inspections reveal a margin of error below 15% and inspector has failed to take corrective action.*

Supervisor Comments:

부
록

국문색인

○

영문색인

■ 이 석 환

서울 출생. 국민대 행정학과와 고려대 대학원 행정학과를 졸업하고 미국 뉴저지주 립대학교(Rutgers University)에서 성과관리 및 생산성 분야에서 행정학 박사학위를 취득하였으며 미국 일리노이대학교(University of Illinois-Springfield) 행정학과 조교 수, 가톨릭대학교 행정학과 조교수를 거쳐 현재 국민대학교 행정학과 교수로 재직하 고 있다.

2004년 국내최초로 경기도 부천시에 중앙정부에 앞서 BSC(Balanced ScoreCard) 에 기반한 성과관리모델을 도입 구축하는데 자문교수로 활동하였으며 이후 (전) 행정 자치부 성과관리 자문위원 및 지방자치단체 성과관리 도입을 위한 TFT 자문교수로 활동하면서 광역 및 기초자치단체(하남시, 김포시, 전남 순천시, 전라북도청, 충청남 도청, 강원도청, 강원도 평창군, 대구 동구청 등)에 성과관리시스템을 도입하는데 자 문을 해 왔다.

한편 국무총리실 정부업무평가단 평가위원, 중앙부처 자체평가위원회 위원장 및 위 원, 기획재정부의 공공기관경영평가단 위원 등을 역임하면서 성과관리 및 평가분야에 다양한 평가활동 및 자문을 수행해 왔으며 성과관리와 평가 관련 분야에서 중앙정부 및 지방자치단체, 공공기관, 공무원 교육원 등에서 강의를 해 오고 있다.

2019년에 한국정책분석평가학회 회장을 역임하였고 주요저서로는 「Public Productivity Handbook(2004, 2nd Edition, Marcel Dekker, 공저자: Marc Holzer)」, 「UOFO (Unreasonable Objectives-focused Organization): 신뢰받는 정부와 기업을 위한 전 략적 성과관리(2008, 법문사)」, 「Public Administration in a Globalized World: Theories and Practices between the US and Korea(2014, ME Sharpe & Daeyoung, 공저자: Marc Holzer & Rechard Schwester)」 외 국내외 다수가 있고 공 공부문 생산성 및 성과관리, 시민주도형 정부성과관리, 조직구성원의 동기부여에 연구 관심을 가지고 있고 이와 관련된 논문들이 *Public Administration Review, Public Performance & Management Review, Review of Public Personnel Administration, International Journal of Public Administration* 등 다수의 유명 해외저널과 국내저 널에 실려 있다.

현재 미국행정학회(ASPA)의 SSCI 등재저널인 *Public Performance & Management Review (PPMR)*와 *Review of Public Personnel Administration(ROPPA)*의 편집위원 (Editorial Board Member)으로 활동하고 있으며 SCOPUS 등재저널인 *International Review of Public Administration(IRPA)*의 편집위원장을 역임하였다.

The B · L · U · E Government

2021년 8월 20일   초판 인쇄
2021년 8월 30일   초판 1쇄 발행

저 자 이   석   환

발행인 배   효   선

발행처 도서
       출판   法 文 社

주 소 10881 경기도 파주시 회동길 37-29
등 록 1957년 12월 12일/제2-76호(윤)
전 화 (031)955-6500~6 FAX (031)955-6525
E-mail (영업) bms@bobmunsa.co.kr
        (편집) edit66@bobmunsa.co.kr
홈페이지 http://www.bobmunsa.co.kr
조 판   법 문 사 전 산 실

정가 20,000원   ISBN 978-89-18-91216-5